Música e Mimese

Coleção Estudos
Dirigida por J. Guinsburg
(*in memoriam*)

Coordenação de texto Luiz Henrique Soares e Elen Durando
Preparação Geisa Mathias de Oliveira
Revisão Juliana Sergio
Capa Sergio Kon
Editoração A Máquina de Ideias/Sergio Kon
Produção Ricardo W. Neves e Sergio Kon.

Leonardo Aldrovandi

MÚSICA E MIMESE

leoaldrovandi@yahoo.com.br

Dados Internacionais de Catalogação na Publicação (CIP)
(Câmara Brasileira do Livro, SP, Brasil)

Aldrovandi, Leonardo
    Música e mimese / Leonardo Aldrovandi. – São Paulo : Perspectiva, 2019. – (Coleção Estudos / coordenação J. Guinsburg [in memoriam])

    ISBN 973-85-273-1163-2

    1. Literatura brasileira 2. Mimesis musical I. Título. II. Série.

19-29707   CDD-780.08

Índices para catálogo sistemático:
1. Música e literatura 780.08
Iolanda Rodrigues Biode - Bibliotecária - CRB-8/10014

1ª edição

Direitos reservados em língua portuguesa à
EDITORA PERSPECTIVA LTDA.

Av. Brigadeiro Luís Antônio, 3025
01401-000 São Paulo SP Brasil
Telefax: (011) 3885-8388
www.editoraperspectiva.com.br

2019

Sumário

PRELÚDIO

NOTA DE APRESENTAÇÃO XV

PEQUENO TIRA-GOSTO TEÓRICO XVII

INTRODUÇÃO XIX

PERCURSO DO LIVRO XXXI

PARTE I

MÚSICA E MIMESE NA ERA CLÁSSICA. 3

    Música e Mimese na Grécia do Século v a.c. 3

    Mimese Platônica e Música 6

    Mimese Aristotélica e Música 29

MÚSICA E MIMESE NA ANTIGUIDADE PÓS-CLÁSSICA. 39

    Mimese Musical em Diógenes da Babilônia 40

    Mimese Musical em Aristides Quintiliano. 45

    Mimese Musical e o Pensamento de Agostinho 58

MÚSICA E MIMESE: DA IDADE MEDIA À RENASCENÇA 73

Boécio e a Mimese Musical 73

Hucbaldo e o Contraponto: Sobre Notação e Outros
Campos de Mimese 77

A Mimese Medieval Entre Música, Retórica e
Arte Literária 81

Jean de Murs: Figura Como Signo e a Libertação
Mimética da Escrita............................. 86

Mimese Músico-Poética e Visual em Jacopo
da Bologna 91

Abertura Renascentista: Afeto, Retórica e Mimese
Musical em Nicola Vicentino..................... 98

MIMESE MUSICAL NO PERÍODO MODERNO 103

Introdução Geral: A Mimese Musical
nos Séculos XVI e XVII..........................103

Vanitas Vanitatum: A Mimese em um Moteto
de Carissimi 109

O Florescimento da Forma Sonata no Século XVIII
Como Mimese da Dispositio.....................112

Charakterstücke no Século XIX Como Exemplo de uma
Mimese Sugerida 115

Varèse e a Mimese do Imaginário Pictórico e Cientificista
da Sua Época................................... 120

PARTE II

MIMESE MUSICAL E A FILOSOFIA MODERNA E
CONTEMPORÂNEA 127

Apresentação da Discussão Teórica................127

Mimese Moderna, Música e Som: Retraço, Semente e
Fruto do Sujeito 147

Zona de Indistinção Mimética e Experiência
de Escuta.. 164

Participação e Mimese na Distinção Entre
Barulho e Ruído.................................. 171

PARTE III

A MIMESE DE PRODUÇÃO MUSICAL: CONCEPÇÕES
RECENTES 187

Gesto, Aprendizado e Mimese em Música...........187

Nota Sobre Textura Musical e Mimese............. 190

Mimese e Objeto Sonoro..........................194

A Ideia de Figura em Operações Miméticas de
Composição: Os Casos de Sciarrino e Ferneyhough . 196

PARTE IV

CONCEPÇÕES MIMÉTICAS DE AMIGOS COMPOSITORES:
BREVE COMENTÁRIO SOBRE EXEMPLOS SONOROS 215

Mimeses Texturais de Tempo e Espaço
em Guilherme Nascimento........................216

Mimese e Ceifa de Sons Noturnos
em Rodolfo Caesar..............................219

Mimese de Vizinhanças Sonoras e Afetos
Despossuídos em Bruno Ruviaro 224

Imantação de Timbres e Sujeitos em Michelle
Agnes Magalhaes 227

Mimese de Espectros e Humores em Leonardo
Aldrovandi 233

POSLÚDIO

Resumo Sintético da Nossa Teoria................ 241

Esquema Teórico Geral.......................... 245

Once quick in the brains of men.
Still: but an itch of death is in them,
to tell me in my ear a maudlin tale,
urge me to wreak their will.

JAMES JOYCE, *Ulysses*

PRELÚDIO

Nota de Apresentação

O processo de elaboração desta obra resultou no esboço de uma teoria mimética. Como toda teoria, pode ser vista como genérica, limitada e "falível". No entanto, tem um ponto de vista próprio, o qual consideramos útil para se falar da experiência humana que chamamos de arte. Essa teorização é exposta gradativamente, em especial a partir da segunda parte do livro, aparecendo de forma sintética e esquemática ao final. Ela é concebida como um instrumento para pensar a experiência de feitura e fruição da música, mas, potencialmente, a de qualquer arte. O que chamamos de teoria é apenas uma maneira de ver, sentir, generalizar e pensar, não uma verdade definitiva sobre a experiência das coisas. A própria mimese, como já dizia um diálogo de Platão, é sempre escorregadia, sendo assim desconectável a qualquer momento da relação com a verdade ou com um conhecimento fixado.

A teoria mimética aqui emergente nasceu de uma pesquisa sobre a relação entre música e mimese desde autores antigos, passando pela observação de alguns textos medievais, até chegar ao que se chamou de Renascença e período moderno. Tal foi feito de maneira progressivamente afunilada e seletiva, dada toda a literatura mais abrangente e específica do período moderno até hoje. Vale dizer que, mesmo com uma pesquisa rigorosa, não se trata de um estudo de origem acadêmica: nem no estilo (nesse caso, notas de rodapé detalhadas e uma bibliografia minuciosa formariam outro livro; por isso, tomamos a decisão de escrever o trabalho num estilo que se aproxima mais do ensaísmo teórico de tipo amplo e sintético, inclusive para podermos dar conta do que pretendíamos desenvolver e tornar útil como proposta teórica global) nem na prática, pois foi um trabalho feito com uma paixão de leitor, escritor e músico, procurando sempre manter o maior rigor, cuidado filológico ou de pesquisa possível. Igualmente, por questões de língua, limites de tempo e de conhecimento, o escopo ocidental apresentado não leva em consideração uma série de tradições e culturas humanas de grande relevo e singularidade, a de povos anteriores, contemporâneos ou posteriores a gregos e latinos, como indianos, chineses, hebreus ou mesmo aristotélicos/árabes do medievo.

Na segunda parte, a discussão sobre a mimese principia em autores mais recentes, sendo mais sincrônica do que histórica, e a relaciona com a música, o som, a escuta, o sujeito, com diferentes conceitos e analisa a correspondência, nem sempre firmada ou necessária, entre a mimese de produção (aquela que se dá na feitura de uma obra) e a mimese de recepção (a qual consideramos mais fundamental). Cria-se aos poucos, portanto, uma síntese de entendimento sobre o assunto que ganha uma primeira formulação teórica, síntese que emerge da observação e da digestão de autores de épocas diferentes da cultura ocidental, partindo da filosofia, do discurso de compositores e teóricos da música, mas também da prática de escuta e da análise de obras ou ideias específicas.

A colaboração dos compositores e queridos amigos Guilherme, Rodolfo, Bruno e Michelle, com a liberação e a divulgação de suas obras como exemplos sonoros que acompanham o livro, além do incentivo do extraordinário Jacó Guinsburg, e do apoio da Luana Chnaiderman, motivaram em muito a realização do trabalho. Aproveito para agradecer ao amigo Vicente Sampaio, o Viça, que me passou indicações filológicas e dicas preciosas, aos meus amigos e intérpretes Filipe de Castro, Thiago Abdalla, Esequias Ferreira, Thiago Tavares, ao violista Gabriel Marin e ao maestro Carlos Moreno, dentre outros, que participaram, ou ao menos tiveram o intuito de participar, das gravações de algumas peças cogitadas para o projeto.

A todos, devo aqui minha gratidão, meu afeto e minha admiração.

Pequeno Tira-Gosto Teórico

A imaginação produtiva não nasce no indivíduo, emerge de um sujeito. Ela passa por ele como um processo. Ele mesmo, sujeito, é um processo singular de reapropriação e processamento de representações, sensações e afetos que transitam numa zona do que nos é comum. O sujeito que cruza, seleciona e transforma o que experimenta, a ponto de produzir algo considerado distinto, próprio ou novo, opera mimeticamente, instalando e desinstalando correspondências, não existindo uma origem imanente do que é produzido. Como um transformador eficiente, mas não autônomo, ele opera sua produção com base em obras, sujeitos e ideias existentes. A ideia de mimese se torna vital para esse tipo de consideração sobre a produção artística, por descrever obras de arte, seu discurso e sua recepção mediante a capacidade de assimilar e transformar o que se apresenta, por meio de sujeitos vistos como singularidades não autônomas que se dão tanto nas obras (ou em qualquer coisa que se apresente) como nos seus receptores. Veremos como essas e outras ideias que partem da mimese começam a se cristalizar ao longo do livro.

Introdução

Às vezes, a assimilação não para na superfície.

ROGER CAILLOIS

Na medida em que autores e artistas se estabelecem com uma produção considerada própria, assinada por meio de um nome próprio ou atribuído, seja como coletivo ou indivíduo, a mimese, como termo ou ideia que nos ajuda a entender os processos de produção e de recepção artísticos, costuma recuar ou ficar obscurecida. Veremos que isto se dá, em grande parte, por um vínculo estabelecido entre o artista e uma ideia moderna de originalidade, de criatividade individual, de propriedade ou mesmo de expressividade pessoal, não raro tratada como origem; algo reforçado, a partir do fim do século XVIII, pela valorização da ideia de gênio criador (numa convergência observável entre termos latinos, como *genius* e *ingenium*), agora visto por sua originalidade ou liberdade (muito embora essa ideia pudesse ter uma intenção inicial distinta do que se tornou depois, sendo até anti-individualista, se pensarmos na *Crítica do Juízo*, de Immanuel Kant)[1].

---

1 A sua ideia parece ter sido subvertida historicamente, pois acabou por auxiliar uma visão de mundo romântica (burguesa e/ou revolucionária) na qual a seguinte ideia passou a se confundir com a de um indivíduo excepcional: para Kant, gênio é visto como uma aptidão mental inata (*ingenium*, cuja origem medieval é por ele reapropriada e transformada) pela qual a natureza fornece a regra para a arte. O fato de Kant ter visto o talento (parte da natureza identificada ao gênio) como faculdade ou habilidade produtiva *inata* do artista talvez ►

XX

Não é à toa que leis em torno do direito autoral só vão surgir nesse período, e não seria equivocado pensar que o obscurecimento da visão sobre a mimese também gira em torno de aspectos da vida no capitalismo, especialmente no que diz respeito à relação entre indivíduo, autoria, produção e propriedade. No século seguinte, o XIX, podemos notar todo um esforço de pensamento que pretendia "ultrapassar", conforme termo comum da época, qualquer lógica mimética, embora, como veremos, sem nunca deixar de se filiar a ela em algum instante ou fundamento. Prática comum do período moderno até dias recentes e atuais, principalmente após a revolução burguesa: escamotear, reduzir, desvirtuar ou camuflar a visão sobre a mimese nas artes. Por exemplo, é interessante observar como a mimese em relação à música é considerada em autores como Arthur Schopenhauer, entre muitos outros: ao comparar a música com a arquitetura, o filósofo afirma que ambas não seriam artes imitativas, embora assim tenham sido consideradas. Mas o que ele entende por imitação, pelo menos naquele momento da sua obra, não diz respeito a tudo que veremos sobre a mimese desde os antigos: a imitação, para esse filósofo, pressupõe a ideia (num sentido platônico que ele mesmo elabora) ou refere-se apenas à representação geral de um protótipo natural ou de um objeto externo (como em muitos casos de uma visão moderna e redutora sobre a mimese, Schopenhauer não vê a mimese a partir da *Darstellung*, ou, mais genericamente, de *Stellung*, mas da *Vorstellung*). Hoje, sabemos que há toda uma origem da mimese mais ampla, inclusive aquela vinculada à experiência da raiz *st* indo-europeia que está nesses termos alemães, tanto como em muitos outros das línguas latinas, ou seja, ao que se apresenta vivamente e se sustenta, e não só ao que se representa (como no caso da *stêlê* grega, o túmulo, a lápide ou o estuque de pedra visível à distância).

Schopenhauer defende que a música exibe sua vontade em si, e não a objetificação da vontade. A música não seria mimética porque não dependeria da ideia ou da objetificação. De certo

▷ tenha colaborado para essa subversão, a qual atuou com certo desprezo para o seu conceito de natureza. Muitos autores posteriores não encararam mais essa faculdade inata conforme Kant, ou seja, como algo estruturado universalmente a partir da sua ideia de natureza, e não como algo que partiria ou surgiria do indivíduo ou de um eu (pois esse, em Kant, seria apenas um meio).

modo, ela paira num plano mais metafísico, como imagem não representativa da vontade. Assim, ela agiria diretamente na vontade, nos sentimentos, nas paixões e nas emoções do ouvinte. Ao definir a música como "uma completa e verdadeira imagem da natureza do mundo", o filósofo alemão poderá estar próximo do que nós, e não ele, consideramos mimese, num sentido mais amplo e fundamental. Num capítulo anterior ao daquele sobre arquitetura, do mesmo *O Mundo Como Vontade e Representação em questão*, ele afirma e procura demonstrar que a música imitaria o mundo de uma maneira muito mais profunda e imediata. É como se ela fosse um (re)traço (no sentido não representativo) da própria vontade, uma imagem – ou, para nós, uma mimese não representativa – ou uma apresentação, portanto, de seu conceito mais caro: a vontade.

Logo, um pouco na contramão de certa ideologia sustentada em torno da criatividade individual ou da obra de arte vista como ser autônomo e purificado, independente dos processos de sua produção e de sua recepção, veremos que a mimese ajuda a demonstrar que inclusive autores ou obras considerados singulares ou excepcionais sempre se valem de processos que emergem de uma zona do que nos é comum (do não próprio ou impróprio), processos mais ou menos complexos, claros, obscuros ou específicos. Nenhuma experiência de escuta ou de observação, por exemplo, está isenta do que chamaremos de mimese e do que é comum entre nós, e até qualquer possibilidade de imaginação criativa também opera de forma mimética. O aprendizado, o processo educativo ou uma percepção compartilhável ou de conhecimento, por mais aguçado ou pessoal que seja, dá-se por meio da mimese, isto é, pelo que iremos chamar aqui, entre outras coisas, de *assimilação*; isto, por instalação e desinstalação de correspondências, seja ao que se apresenta ou no efeito produzido pelo que se apresenta num receptor.

Daí nosso interesse em preludiar sobre o assunto, que será teorizado em maior detalhe na segunda parte do livro, tomando aqui como cenário o início do período moderno, séculos xv e xvi, tempo em que, ao menos no Ocidente, o nome do autor e a importância da autoria estarão cada vez mais associados ao produto de um indivíduo, tornando-se assim mais relevantes e elevados. Tal ocorre sem deixar de disfarçar ou mesmo rebaixar,

XXII

como numa gangorra mais ou menos simétrica, processos miméticos que continuaram a se formar em música e na arte como um todo, até os dias atuais.

A derivação, a correspondência e o rastreamento de ideias, práticas e procedimentos entre autores diferentes, entre artistas entre si, entre artista e técnicas, teorias e aspectos do mundo, são uma constante mais ou menos evidente em qualquer período da história. Sabemos que não existe originalidade ou expressividade *per se*. A marca diferencial de um artista nasce de processos miméticos mais ou menos específicos, mais ou menos abstratos, com maiores ou menores desvios; em suma, de uma singularidade que emerge de seus processos de *assimilação*, operante em dado contexto cultural, com determinada política de exposição e de atribuição. Veremos como alguns desses processos podem ser pensados através da mimese, ela mesma em boa parte indefinível, seja vista como uma promiscuidade da verdade, como afirma uma leitura de Lacoue-Labarthe sobre Heidegger, seja como algo sempre "escorregadio", como sugere um diálogo de Platão (*Sofista*, 231 a).

Pensaremos também, ao longo do trabalho, em tipos bem diversos de processos miméticos da música: na escuta (mimese de recepção) ou na concepção da música (mimese de produção). No caso desta última, poderemos observar como são formadas correspondências entre estruturas ou características sonoras e determinados afetos, sensações e representações. Isto pode se dar tanto num nível mais abstrato como em relação à sonoridade propriamente dita. Se, no século xv, Guillaume Dufay usa determinadas proporções numéricas para estruturar a forma de um moteto, proporções que simbolizam entidades idealizadas, construções ou conceitos cristãos, Josquin des Prez vincula o sentido ou o significado de um texto utilizado ao tipo de sonoridade composta. Tantas, portanto, são as formas de criar correspondências numa mimese de produção, da mais pictórica à mais abstrata, da mais matemática àquela centrada na sensação. Em Josquin, basta pensar na verdadeira cascata sonora que parece mimetizar a sensação ou o afeto da alegria, em seu canto *Jubilate Deo omnis terra*, ou, em contraste, a melancolia mimetizada, em sons de *Mille regretz*.

Qualquer afeto, representação ou sensação que se dá entre o que se apresenta em sons ou imagens e o efeito num receptor consideraremos parte de uma mimese de recepção. Existe ainda a mimese pensada apenas para a produção de uma obra, na qual o artista faz e desfaz correspondências entre uma situação sensível e ideias, representações, técnicas, conceitos, afetos, sensações, dispositivos etc. A forma geral de como pensamos o processo mimético será apresentada do meio ao final do livro (consideramos a mais fundamental a da recepção, pois é ela quem permite a de produção como decorrência possível, mas não necessária). A mimese de produção, por si mesma, faz corresponder (ou desfaz correspondências entre) o que se apresenta em sons ou imagens e determinados conteúdos éticos, conceituais, referenciais, tecnomórficos, técnicos, simbólicos ou afetivos, na própria feitura da obra.

Já mencionamos que um tipo mais evidente de mimese de produção do século XVI ocorre, por exemplo, na correlação entre sonoridade e significado do texto (*word painting*), como em Josquin des Prez, ou, de forma ainda mais clara e direta, em autores como Clément Janequin. Bastará observar a construção do maquinário sonoro que busca expressar a guerra, em seu *La Guerre*. É evidente que não é, nem deve ser, preciso escutar essa música procurando tal derivação ou instalação entre som e texto, ou por meio de qualquer correspondência efetuada pelo compositor, pois veremos que um processo mimético de produção pode, em boa medida, independer de processos miméticos de recepção, e vice-versa. Além disso, dentro do processo de produção, graus de maior ou menor proximidade a algo que serviria de referência, signo ou modelo, podem variar a ponto de desaparecer da zona de perceptibilidade de um receptor: sonoridades referentes a pássaros, em Jean-Philippe Rameau, são mais geométricas, angulosas do que as de Janequin ou Olivier Messiaen. Para um desavisado sobre a mimese de produção de Rameau, torna-se bem menos evidente a percepção de uma referência ao canto dos pássaros.

No caso de Guillaume Dufay, como foi dito, podemos encontrar um processo mimético de produção um tanto diferente, mais abstrato e formal, como na concepção das proporções simbólicas de uma obra como *Nuper rosarum flores*, na qual o compositor estabelece um relação ao menos parcial com as proporções arquitetônicas da catedral de Florença e com todo o simbolismo bíblico tradicional sobre o templo de Salomão. O fato pode nos fazer lembrar da mimese no sentido da tradição pitagórico-platônica, como veremos, a das proporções e das formas, das relações de medida como conformação mimética (ou correspondência) a determinadas qualidades (éticas e afetivas) atribuídas, desejáveis ou compartilháveis. Faremos considerações variadas a respeito desse tipo de mimese, de Platão a Agostinho, de Quintiliano a Boécio.

Muitas são, portanto, as formas de se mimetizar: seja ao instalar correspondências, criando vínculos mais ou menos representativos, mais ou menos abstratos, com mais ou menos desvios e dissimulações entre o que se apresenta e determinados conteúdos éticos, de sensação, representativos e afetivos, seja ao desinstalar correspondências, pela *des-istência* de relações ou de verdades estabelecidas sobre a arte, como quer uma visão filosófica mais recente ou moderna sobre a mimese e sobre a arte. Veremos como tanto a instalação como a desistência ou desinstalação de correspondências são visadas em muitos discursos sobre composição ou criação musical, quando não, nas artes como um todo.

Ideias de arranjo e de transcrição em música, por exemplo, revelam processos miméticos por si mesmos mais evidentes, por se basearem num modelo ou numa referência clara de partida, como o que podemos observar em peças atribuídas ao próprio Josquin, em livros de música instrumental, como o *Trium vocum carmina*, de Hieronymus Formschneider, ou *Seconde livre de tabelature de luth*, de Albert de Rippe. Tem-se o arranjo e a transcrição como tipos de recriação mimética mais evidentes da arte musical. Ou até no caso de qualquer tipo de empréstimo ou reelaboração de materiais publicamente conhecidos ou reconhecidos; isto também é uma parte mais evidente de um jogo mimético, presente em tantas formas de composição. Para permanecermos nos renascentistas, a mimese mais óbvia seria aquela que se identifica com algum grau de imitação, de uso e de derivação mais explícito: a missa paródia de Dufay, o uso do chamado *cantus firmus*, as melodias de missa em Johannes Martini e assim por diante. Os casos em nossa época são os mais variados possíveis, da citação ao empréstimo, do processamento singular de materiais de partida ou de correspondências abstratas, ou de modelos naturais preexistentes, alguns dos quais serão comentados na segunda parte do livro. O grau de maior ou menor singularidade envolvido num processo artístico como esse estará vinculado à percepção de cada sujeito (que não é autônomo e pode se dar numa pessoa, num grupo, num povo etc.) e ao jogo de determinadas forças sociais e culturais, para o qual nunca faltará algum tipo de processo mimético observável, inclusive em relação a uma obra considerada "original".

Desde Platão, todo um campo de forças expressivas compartilháveis, participativas, considerável a partir da associação inerente entre *mimēsis* e *méthexis* (participação), que são como dois lados de uma moeda, é parte fundamental para o que chamamos, neste livro, de processo mimético ou mimese, algo que envolve mas vai além do conceito de representação, por mais amplo que seja, abarcando igualmente ideias de apresentação (como as ideias e conceitos em torno da raiz germânica de *Ge-stell* ou a própria *Darstellung*), instalação, derivação, modelagem, rastreamento, concepção, sensação, afeto, correspondência, figuração, desinstalação, desistência, forma ética etc.

Num plano mais abrangente do que o da arte, vale citar uma visão menos "comunitarista" sobre mimese do que a nossa. Essa visão pode ser sentida através do medo, da violência ou da ameaça do que é mimético, num contexto mais básico e global: por exemplo, a teoria da rivalidade mimética de René Girard, baseada na ideia de que o desejo humano é imitação do desejo de outro humano. O autor realça a natureza imitativa ou mimética do desejo humano, por meio da qual somos, ao mesmo tempo, atraídos e repelidos uns dos outros. Nosso desejo pelo que o outro tem ou é nos ata a esse outro num fluxo de desgosto fascinado ou fascínio desgostoso, a ponto de procurar destrui-lo ao imitá-lo. Também nesse sentido, a mimese ou imitação é muito mais ampla, portanto, a qualquer ideia fechada de representação e seu efeito, aliando-se inclusive a pesquisas recentes da neurociência, como aquela sobre os neurônios-espelho, presentes em abundância no ser humano; neurônios que são ativados tanto numa ação como na imagem dessa ação vista ou ouvida em outro ser. Esse tipo de consideração teórica geral e global, como a de Girard, infinitamente aplicável aos mais variados exemplos, demonstra como uma teoria mimética pode se basear em considerações mais abrangentes sobre a vida humana do que costumamos imaginar. No caso da arte, é relativamente fácil percebermos essa rivalidade

XXVI

mimética entre artistas, como na imagem daquele que está em exposição como modelo-alvo de deglutição e despedaçamento constantes, uma espécie de Orfeu constantemente despedaçado quando em evidência ou exposição acentuada.

Assim, ao manter uma visão ampla e até certo ponto indefinível sobre a mimese, passamos a acreditar que ela está presente em todo e qualquer trabalho artístico e é isto o que podemos sentir com um olhar atento aos textos antigos e a autores modernos que pensaram no assunto de forma mais aprofundada. Quando uma obra de arte é produzida, ela se vale de tais processos que pretendemos descrever, quer queira, quer não. A obra de arte moderna, recente ou contemporânea, seja do tipo que for, também poderá revelar ou ser vista por esses processos.

Caberá aqui antecipar algum tipo de exemplo menos nítido de mimese, somente para ilustrar o campo amplo sobre o assunto de que estamos falando, o qual será discutido em maior detalhe posteriormente: mesmo um quadro de expressionismo abstrato apresenta texturas específicas que remetem a marcas e ritmos gestuais do corpo humano, de objetos, de materiais específicos, de processos da natureza, da gravidade, fazendo diferentes registros sensíveis entrar em relação participativa (um tipo de *méthexis* a partir dos materiais e das marcas entre si). Quando registros sensíveis participam uns dos outros, de forma "contagiante", formando uma história expressiva, como no caso dos timbres de uma arte sonora, já poderemos falar de um processo de mimese. Pois as marcas de uma obra ressoam e se contagiam num conjunto de registros sensíveis diferentes (estados da matéria, tipos de matéria (madeira, corda, vidro etc.), gestos, marcas de instrumentos ou de técnicas etc.), como especulou o filósofo Jean-Luc Nancy a respeito da mimese[2]. Resumindo: por mais abstrata, livre ou complexa que pareça uma obra ou experiência sensível, seus traços expressivos sempre reportarão a algum tipo de processo mimético, ainda que esse processo fale mais a um receptor ou a um teórico do que ao seu produtor. Pois é pela mimese que participamos da obra. Veremos que o processo da mimese revela o que há de impróprio, de participativo e de comum entre seres humanos e registros sensíveis. O tipo e a forma de um processo

2 No livro *À l'écoute*, Paris: Galilée, 2002.

INTRODUÇÃO

mimético destacável dependem tanto da concepção da obra como da sua recepção, nunca sendo revelados como gestos cientificamente confirmados, uma vez que a mimese, como antecipamos, pode desistir, assim como insistir, em relação a qualquer ideia ou representação, ou em relação a qualquer forma da verdade ou do conhecimento.

A discussão sobre autoria de obras musicais ou artísticas resvala nessas considerações, bem como nos parece fundamental a posição do que o Ocidente costuma chamar de sujeito e de alma em relação a mimese. Talvez não seja preciso dizer que sujeito e alma são noções distintas entre si, e distintas em diferentes épocas e autores, mas nosso enfoque não será esse tipo de discussão sobre diferenças particulares.

Em Agostinho, para dar só um exemplo desse tipo de distinção particular, uma ação ou um estado de alma não é uma ação ou um estado subjetivo. A mistura ou generalização dos termos não é rara, daí a exemplificação. Baseado nas *Categorias*, de Aristóteles, o próprio Agostinho justifica a diferença ao considerar que os atos e os estados da alma, alma que ultrapassa a si mesma em direção a outra coisa, não podem ser considerados acidentes de um sujeito. Para ele, o acidente não pode ultrapassar o limite de seu sujeito, visto como o substrato ou o suporte de uma substância, assim como em Aristóteles; um portador onde se dá o acidente, dito de outra forma. Para Agostinho, o acidente não é compartilhável, pois não pode ultrapassar o limite do sujeito (algo certamente questionável, ainda mais com nossa concepção moderna do sujeito, mas que foi definido dessa forma por ele). Também por isso, não podemos usar uma noção nossa de sujeito para falar do sujeito em Agostinho, ou de um conceito de sujeito genérico e a-histórico, tendo semelhante significação em diferentes épocas, textos ou autores. Muitos dizem que Agostinho foi o pai do sujeito moderno, mas a afirmação não costuma levar em conta o seu sentido específico de sujeito, a sua trama de pensamentos específica, a qual nada tem a ver com concepções modernas de sujeito. Analogamente para termos como afeto ou representação.

É preciso ter cuidado, portanto, em querer encontrar em igual palavra ou conceito o mesmo significado em autores tão distintos nas filosofias, nas ideias e no tempo. O universo de entendimento

XXVIII

da *repraesentatio* medieval, por exemplo, que por vezes foi tradução para a mimese, costuma ser muito diferente e bem mais amplo e vivo do que o que os autores modernos ou recentes vão chamar de representação na nossa era (falo de filósofos como Michel Foucault, Gilles Deleuze, Jacques Derrida etc.). Ainda assim, por trabalhar também por meio de paisagens gerais e comparações, sem querer me comparar a grandes pensadores, assumo sem lamento, neste livro, a inevitabilidade dos anacronismos e de generalidades sintéticas ao falar de uma mimese musical, mas com a ideia de que esse tipo de exercício igualmente nos permite criar conexões plausíveis que auxiliam o entendimento e o pensamento mais geral sobre a prática artística e a sua relação com a recepção. Neste trabalho, estamos preocupados com a formação de uma visão geral, sintética e singular a respeito do assunto, que tenha lá a sua utilidade teórica. Deixamos especificidades para especialistas em cada autor, época ou texto, para podermos direcionar nossa energia para uma concepção sintética que parte da discussão específica para se tornar cada vez mais panorâmica, ganhando a forma de uma teoria geral.

Comentemos brevemente, então, ambos os casos mencionados: o da autoria e o da alma/sujeito, apenas a título de introdução. Cabe antecipar que, neste livro, idealizamos nossa concepção do que chamaremos de sujeito, tratado por nós mediante a ideia de singularidade. Emprestada da matemática, a ideia de singularidade diz respeito a valores indefinidos ou infinitos e a pontos de desvio ou de transformação que se dão através do que aqui chamaremos de sujeito, sujeito não autônomo, vale dizer, uma vez que se dá em função do que nos é comum.

Primeiro, portanto, um pequeno comentário sobre a discussão da autoria. Do ponto de vista da mimese, ela pode envolver a ideia de que muitas obras ou corpos de obras talvez sejam mais coletivos do que aparentam, mesmo ao levar o nome de um algum autor individual ou grupo, ou que esse autor opere um processo singular ou crítico visto como autonomia criativa. Isso não é difícil de se sentir na música, em que misturas mais ou menos camufladas de ideias, técnicas e materiais similares entre autores diferentes são bastante comuns, em determinada época. E até um autor que se destaca como excepcional ou singular também se valerá de processos miméticos detectáveis, mais ou menos aparentes, relacionados com uma comunidade de representações, sensações e afetos compartilhados por ele, assimilados e processados através da sua subjetivação singular.

Discute-se até hoje a questão do que seria em absoluto de Shakespeare, Leonardo da Vinci ou Josquin des Prez, por exemplo. O que circula em torno de artistas pode gerar modelos, contágios, cooperativas e derivações de produção, o que torna muitas vezes difícil a tarefa de definir uma delimitação clara da autoria individual como valor absoluto, ou, ao menos, de estabelecer qual o sentido da propriedade de ideias relacionadas com determinadas obras. E, como alguns filósofos recentes já discutiram, a própria autoria é uma ideia um tanto abstrata e historicamente construída. Isto tudo se torna mais evidente quando pensamos nos tantos processos miméticos envolvidos numa arte como a música, da escuta à produção. Em nosso contexto histórico, a ideia de autoria se aliou de forma exemplar à ideia de indivíduo como um ser originário, embora ela pareça ter recuado sensivelmente numa percepção social da arte, a partir do século xxi. Esse livro é intuído a partir de tal momento.

Podemos mencionar, de passagem, apenas duas amostras do vasto mar da participação e da comunhão miméticas, quando se fala em autoria: uma melodia sonhada é de autoria da pessoa que a sonhou? Quem, de fato e não de direito, seria o primeiro autor do serialismo em música? E assim por diante. Aos poucos, vamos percebendo que a observação sobre a mimese sempre pode revelar algo mais básico e coletivo sobre a realidade da produção e da recepção artística, pois, entre outras coisas, demonstra que nunca há tabula rasa ou originalidade na criação, e que a criação nunca é simplesmente originária de um indivíduo: ela se revela mais como produção ou processamento, formação e desinstalação de correspondências do que como uma origem imanente ao indivíduo ou à obra; sempre refletirá processos de assimilação, instalação e desinstalação pelo que há de comum circulando entre nós. Por isso, conforme veremos na segunda parte do livro, pensar a mimese sempre é, de alguma forma, comprometer qualquer ideia de propriedade e de originalidade, em especial quando essas se pretendem delimitadas de forma absoluta, isolando a obra num em si, num ser socialmente purificado, ou ignorando seus processos miméticos; assim, a consideração aprofundada da xxx

mimese poderá entrar em choque, evidentemente, com certo ideário burguês ou romântico-revolucionário sobre a arte que ainda continua a ressoar, inclusive em críticos e filósofos renomados. Hoje, sabe-se que a invenção e a dissimulação – ou seja, a mimese – foram operatórias até na origem da atribuição de nomes de autor na arte ocidental. Desde os cancioneiros dos trovadores, por exemplo, todo um teatro em torno do nome foi criado por meio das *vidas* e *razos*, quando não das próprias imagens dos poetas, não sendo possível diferenciar muito bem realidade de ficção sobre um ou outro autor. Isto não está tão longe do que pode ser dito a respeito de qualquer artista ou forma de arte da nossa época, mediante formas diversas de mistificação, fetiche ou legitimação discursiva que transitam entre senso de realidade e figuração. Veremos que essa zona de indistinção entre ficção e senso de realidade, apresentação e representação, sensação e sentido, como queiramos, será importantíssima para uma maior efetividade da mimese na própria obra de arte, não apenas em relação ao seu autor e sua repercussão.

Quanto ao segundo ponto, perceberemos também, no curso do trabalho, como as noções de sujeito e de alma se tornam incontornáveis, principalmente quando vistas em relação a processos miméticos. Se um pensador ou compositor antigo pode associar e dissociar a organização de características e estruturas da música (como ritmo e melodia) a determinadas qualidades éticas e afetivas, ambas assimiláveis entre si por semelhança ou simpatia na alma, um pensador ou compositor moderno poderá atrelar sua "subjetividade" à experiência musical de determinadas obras específicas, revelando um processo mais ou menos singular de assimilação e desvio, ou, então, procurando desinstalar determinado conteúdo ético e afetivo da sua relação fixada com determinadas estruturas musicais (mimese mais tipicamente moderna, vista aqui por meio de termos como desinstalação, inverdade e desistência). Em suma, veremos que quando o assunto é mimese, e, em especial, no caso da música a partir do período moderno, noções de sujeito e de interioridade se tornam fundamentais, intensificando-se do fim do século XVIII em diante, mas perdendo um pouco de terreno, mais recentemente.

Percurso do Livro

A primeira parte deste livro procura elaborar sobre a questão da mimese musical desde registros, textos e autores gregos ou latinos que consideramos relevantes para tanto. Procuramos tratar, essencialmente por meio de fontes primárias e da língua de origem, da mais remota referência à mimese musical que pudemos encontrar na tradição grega, passando por alguns autores do chamado período pós-clássico e do pensamento sobre música no medievo, até chegar ao período moderno (século XVI) e além. Uma visão aprofundada sobre a mimese, a meu ver, deve partir dos registros mais antigos e não diretamente de comentadores, tradutores e intérpretes, em especial aqueles que já colocam a sua lente ou etiqueta em torno da questão, homogeneizando suas variantes e a sua riqueza em aberto. Isto, ainda que em se tratando de filólogos muito respeitáveis, ou com frequência citados. Ao observarmos aspectos específicos da língua de origem e da cultura textual em pauta, podemos perceber, sem dificuldade, que não se pode reduzir a visão da mimese apenas a questões de imitação e de representação (embora esta última talvez possa nos dizer bem mais a seu respeito hoje do que a primeira). Comentamos o fato porque esse tipo de tratamento "instrumental" do termo mimese, sem uma leitura aguçada dos textos em que aparece, não é rara em nosso tempo. Esse tipo de tratamento, quase que invariavelmente, arranca a palavra de todo um contexto ou universo de entendimento presente em cada texto da Antiguidade, muitas vezes assumindo interpretações que costumam distorcer, reduzir drasticamente ou atribuir o que não está nas visões de Platão e de Aristóteles, entre outros antigos. É claro que a nossa visão teórica, tal qual exposta ao longo deste livro, também oferecerá formas de generalização sintética, operando em torno de abstrações próprias e anacronismos, mesmo sabendo que estes, no fundo, sejam sempre inevitáveis. Mas, ao modelar nosso "bolo teórico", fermentado por essas ideias remotas, visamos respeitar ao máximo as múltiplas faces do termo antigo, especialmente quanto à questão da forma relacionada com a ética, contribuindo para um tratamento mais amplo e detalhado da mimese em relação à experiência da arte; mimese como algo que, desde a Antiguidade, vai muito além da ideia de representação que geralmente temos hoje. Buscamos, assim, partir de um esforço sobre textos na língua de origem, os quais nos revelam a impossibilidade de qualquer definição ou tradução cabal e definitiva para o que chamavam de mimese, um processo amplo, tanto artístico como político-social, e sem limites tão evidentes quanto muitos modernos, e mesmo alguns especialistas, costumam querer atribuir.

Escolhemos o enfoque inicial na Antiguidade europeia grega e latina pela maior dificuldade de operar o resgate do tema no passado mais remoto, inclusive porque, a partir do período moderno, uma série de discussões, provindas dos próprios autores da época, mas também de pesquisadores e musicólogos de séculos posteriores, evidencia com maior facilidade, detalhe e fecundidade, determinados processos miméticos que pretendemos iluminar, bem como suas associações com o passado. Esperamos que esse percurso que vai de uma ênfase na Antiguidade até o período moderno e recente (esse, de forma cada vez mais resumida e selecionada) sirva de orientação para muito do que se pode encontrar ou falar sobre mimese musical em qualquer época, principalmente quanto a questões, obras e períodos que não pudemos abarcar de modo específico.

A segunda parte do livro, mais sincrônica do que diacrônica, procura elaborar uma reflexão global sobre a relação da mimese – como conceito ou ideia discutida também numa filosofia e numa crítica mais recentes – com a escuta e a concepção de compositores igualmente mais recentes. Partimos de alguns textos de filósofos, como Philippe Lacoue-Labarthe ou Jean-Luc Nancy, bem como de algumas ideias de críticos e teóricos de áreas distintas, para nos posicionar a respeito e fomentar, aos poucos, o esboço da nossa visão teórica. Buscamos elaborar reflexões sobre mimese musical de produção e de recepção a partir de exemplos musicais e de concepções de determinados filósofos, compositores e artistas. O comentário sobre exemplos musicais é feito com base na leitura e na escuta de determinados pensadores e compositores, até certo ponto subjetivas; logo, abrangendo a discussão da mimese em relação a ideias, práticas de escuta e concepções composicionais específicas. Vale reafirmar que, como toda forma de assimilação humana, o próprio gesto de teorização e observação de obras e ideias também é um processo mimético.

Por fim, acreditamos que a amostragem escolhida da quarta parte, que inclui a colaboração de compositores e intérpretes mais próximos e amigos, permite-nos dar uma ideia mais concreta sobre diferentes processos miméticos que teorizamos, detectáveis na produção e na escuta, sem que tais processos sejam tomados como uma verdade objetiva ou científica das músicas ou reflexões em questão, uma vez que, como observaremos em maior detalhe, os processos miméticos não são e não podem ser ontologicamente fixados, ou seja, podem instalar ou desistir de correspondências, em especial aquelas tomadas por verdade, a qualquer momento. Tudo dependerá também de cada sujeito, de cada situação de escuta, de cada processo mimético em particular.

PARTE I

Música e Mimese na Era Clássica

MÚSICA E MIMESE NA GRÉCIA DO SÉCULO V A.C.

Em nossa tradição ocidental de fundamentos gregos, o sentido mais remoto que encontramos para a mimese, apesar da variabilidade expressiva a qual ela se associa (música, dança, teatro, poesia, artes visuais), parece sempre apontar para alguma forma de dramatização ou quase dramatização de gestos e atitudes de seres animados (homens, seres mitológicos e animais), por meio da expressão de semelhanças de voz, aparência e movimentos corporais. Os exemplos são variados. Seja na referência ao uso de um instrumento musical, como o rombo, pela semelhança de seus sons aos sons vocais dos bois (*rhombos*), como aquele citado indiretamente por Estrabo para o *Edônoi*, de Ésquilo; seja na criação mitológica da chamada "flauta polifônica", a da "melodia de muitas cabeças", como uma correspondente terapêutica dos gritos lancinantes das Górgonas e dos silvos das serpentes na cabeça da Medusa, de acordo com o belo poema de Píndaro; seja na descrição da tópica da decepção enganosa e deliberada, gerada por determinadas personagens ou situações vistos como fingimento ou dissimulação, como o culto de Dionísio para Licurgo; seja na imitação do sotaque ou da pronúncia, habilmente perpetrada pelas jovens de Delos, segundo o Hino Homérico a Apolo (ou seja, tudo a que se refere o verbo *mimeîsthai*, em torno da linha 163, seja como revivência ritual ou processo mental e expressivo de uma atuação performática). Em quase todos os momentos em que há uma referência à mimese pré-platônica, no século v a.c., ela parece tomar esta forma: a da dramatização ou quase dramatização de gestos e atitudes de seres animados. Mesmo tendo a canção, a dança ou a música como meio, a referência à mimese anterior às concepções de Platão e Aristóteles, em suas variantes significativas e gramaticais (*mimôs, mimēsis, mimêma, mimeîsthai*), parece indicar, prioritariamente, a representação da voz, do som, da aparência e dos gestos de seres animados, reais ou mitológicos, geralmente em alguma atuação, encenação ou performance.

Mas a forma de representar esses modelos, fossem eles reais ou imaginários, já se dava em planos distintos, assim como se valia de meios diferentes; instrumentos musicais, roupas, gestos, figuras e falas. Era possível representar as características físicas de um ser animado, e também as morais, o que pode ser considerado um segundo plano de representação. "Vou imitar a nova Circe [...] todas as suas artimanhas."[1] Vemos referências à imitação moral ou mais abstrata em Heródoto, por exemplo, ou nas referências a paródias de figuras públicas, como em Aristófanes. Nas gozações sempre tão inteligentes e atuais que encontramos em *As Nuvens* ou em *Os Pássaros* é possível, inclusive, observar a oscilação entre os diferentes planos (físico e moral) num mesmo momento. Estrepsíades, por exemplo, ao ser admoestado moralmente pelo filho, que relata como os pássaros tratam os pais, diz: "Já que está imitando os galos em tudo, por que não come esterco e dorme no poleiro?" Imita-se moralmente e/ou fisicamente dois planos que podem se cruzar.

Vale destacar que a própria palavra "mimese" (*mimēsis*) denota uma ação, uma performance, já que é um substantivo de ação. E mais, seu sujeito gramatical será afetado pela ação denotada, pois a condição morfológica da palavra se dá na chamada voz média do grego antigo. Assim, parece indicar mais uma relação subjetiva entre ação e modelo, por exemplo, do que entre um ator e uma coisa alvejada objetivamente. Ela ainda pode sinalizar

---

1 *Egō de tēn Kirkēn* [...] *mimēsomai pantas tropous*; frase de Aristófanes na peça *Pluto*.

MÚSICA E MIMESE NA ERA CLÁSSICA 5

mais um vir a ser, um processo, um vir a ser outro, por exemplo, do que uma correspondência a algo finalizado ou delimitado. Isso também é importante de ser ressaltado para que seu entendimento como representação, se for o caso, seja amplo, ativo e aberto, mais próximo da *repraesentatio* medieval do que da forma como a representação costuma ser tratada na filosofia moderna; um entendimento que não seja restritivo e fechado, como na forma da correspondência fixada entre conceito e objeto, ou no papel de carrasco da diferença, como veremos numa discussão adiante.

Já a referência a um meio mimético isento da condição mais comum da performance, no universo pré-socrático do século V, também aparece em certos textos: os da imagem, da pintura ou da escultura. Em Ésquilo, fala-se da imagem ou dos *ex-votos* que os sátiros carregam de si mesmos, réplica engenhosa de Dédalo, que "só falta falar". Uma imagem poderia ser tão benfeita que seria capaz de enganar até a mãe de um sátiro, confundindo-a com o próprio filho[2]. Helena, na peça homônima, fala da imagem de Alexandre como uma marca de fogo, sonhada por sua mãe antes de ele nascer. Ela mesma, mito da beleza, é tratada por Teucer, em outro momento, como uma imagem de si mesma. O *mimêma* como retrato, marca de aparência, espelhamento ou efígie, imaginado, pintado ou esculpido. Retrato também como algo que se aproximará da ideia de *retraço* e *retração*, recuo e (re)tratamento, campo de forças significativas relacionado com a mimese, convocado por filósofos mais recentes, de Martin Heidegger a Philippe Lacoue-Labarthe, de Jacques Derrida a Jean-Luc Nancy.

No intuito de antecipar a ideia de mimese na música como um processo menos evidente, além de procurar vislumbrar a riqueza multiforme das formas de expressão musical na Antiguidade grega, podemos destacar aqui uma operação mimética que já era elaborada e efetiva naquela época. Por exemplo, a produção da chamada forma musical livre de compositores virtuoses, como Sakadas de Argos. A chamada *Pythikos nomos*[3] era uma

---

2 Além da imagem carregada, todo o mistério sobre a questão da potencialidade das máscaras, umas sobre as outras (escondendo a suposta face real do sátiro), é discutido a partir desse trecho; máscaras que, segundo Jean-Pierre Vernant e Françoise Frontisi-Ducroux, permitem ao homem grego o confronto com as alteridades. A mimese vista como meio de lidar com a alteridade é bem explorada e exemplificada pelo antropólogo Michael Taussig, em *Mimesis and Alterity*.

3 Cf. Martin Litchfield West, *Ancient Greek Music*, Oxford: Clarendon, 1992.

6

forma de composição programática e puramente instrumental que *retratava* ou *retraçava* sonoramente o mito da vitória de Apolo sobre a serpente píton. A peça seria organizada em cinco seções que, segundo a versão de Pollux, teria a seguinte estrutura: *peiras* ("tentativa", algo como um prelúdio mais simples, retratando a sondagem do terreno feita por Apolo para saber se valeria a pena lutar), *katakeleusmos* ("chamado", no qual ele desafia a serpente), *iambikon* (na qual ele luta, com sonoridades metálicas e chiados que representariam o som dos dentes da cobra enfurecida e os choques do conflito), *spondeion* (a afirmação da vitória) e *katachoreusis* (uma dança alegre de celebração final). Essa música "de programa" já pode ser pensada, portanto, como um processo mimético complexo, muito aparentado àquele que costumamos observar em boa parte da produção musical moderna (pensemos, por exemplo, no poema sinfônico), partindo de uma estrutura narrativa ou referencial para criar tanto a forma quanto muito do conteúdo de uma composição puramente instrumental.

MIMESE PLATÔNICA E MÚSICA

Na época clássica, a relação entre mimese e as artes em geral parece ter sido parte de certo senso comum. Vale lembrar que, no pensamento grego antigo, a mimese, assim como tantos outros termos, plana num território de pensamento que hoje pode ser visto como vago, amplo e diverso, ou mesmo controverso, fazendo da sua discussão uma tarefa praticamente sem fim. Para entender esse sentimento de vagueza é fundamental levar em consideração, entre outras coisas, o contexto dessa filosofia antiga, justamente por ser tão diferente do nosso. Geralmente, a filosofia antiga tinha a intenção de formar, mais do que de informar, de exercitar ou de criar certa disposição vivida, mais do que sistematizar ou criar conceitos bem talhados. Ela também não visava a um discurso em si ou por si, como o que é feito por muitos filósofos modernos e recentes, mas antes uma espécie de inventário das práticas de existência, inclusive quando tais práticas visavam o privilégio ou o ideal de uma vida teorética ou contemplativa, como encontramos em Aristóteles. Pois mesmo na obra do estagirita, que teria desenvolvido uma filosofia mais sistemática e muito diferente, ou seja, para além dos modos de vida e das práticas existenciais, encontramos uma teoria da *phronesis* como virtude prática mais fundamental. Heidegger, por exemplo, quis ver nessa teoria algo mais primordial em Aristóteles do que a própria *sophia*. Esse contexto diferente da filosofia antiga – não como discurso sistematizado ou "criativo" de conceitos, mas como prática de formação, modo de vida, exercício espiritual vivido, *askesis*, como na visão de Pierre Hadot – pode, entre outras coisas, ajudar-nos a compreender a frequente falta de uma coerência global nos textos antigos, assim como o sentimento moderno de vagueza em relação a seus pensamentos, tão distanciados, no tempo, na língua e na cultura, de nós. Veremos aqui um caso típico, com um olhar mais clínico, ou seja, numa dimensão de leitura mais aguçada: a aparente incoerência entre diferentes momentos das *Leis*, de Platão, quanto à definição da música como sendo ou não mimética, no seu contexto e entendimento do que seria mimese, evidentemente.

Para nossos propósitos, é válido partir do fato de que foi Platão quem estabeleceu o vínculo, no caso da música, entre a tradição pitagórica do músico e sofista Damon, que tanto o influenciou, e a questão da mimese na música. Essa ligação parece ter surgido de todo um pensamento sobre o *éthos* musical: a música interagiria com a alma e marcaria o caráter, porque seria, supostamente, capaz de *mimetizar*, assemelhar-se, assimilar, afetar, expressar ou representar estados de alma e conteúdos éticos específicos. A alma seria afetada pela música, sendo esta última capaz de orientar o comportamento e moldar o caráter dos homens, pela mimese dos conteúdos éticos que transmitiria. Modos, gêneros, melodias, ritmos e andamentos teriam, portanto, um papel decisivo na determinação do efeito emocional, moral e ético de uma composição no processo mimético de assimilação do cidadão em geral. A diversidade – e a ambiguidade – desse efeito na alma era motivo de grande discussão na Antiguidade e se estendeu indefinidamente ao longo dos séculos, a ponto de Friedrich Nietzsche chamá-la de "a grande questão" platônica[4].

Do diálogo *Crátilo* em diante a mimese ganha um papel importante no pensamento platônico, tornando-se um campo

---

4 Sobre a influência moral da arte como "grande questão", cf. Friedrich Nietzsche, *Genealogia da Moral*.

conceitual operatório e dinâmico para falar, não apenas da poesia, mas das artes em geral. Ao lermos gradualmente os textos de Platão (427-347 a.c.), percebemos que o campo de entendimento do que seria a mimese, ao contrário das visões mais estigmatizadas a respeito (em especial as que só consideram a discussão da *República*), não pode ser fechado por uma síntese, definição ou desejo de sistematização totalizante; em Platão, ao contrário do que alguns possam tentar encontrar, a concepção da mimese não se encerra, permanecendo dialeticamente aberta e dinâmica ao longo dos textos.

No texto *Crátilo*, a arte passa a ser discutida tanto por si mesma, por seu mundo interno, como na sua relação com o mundo externo, com valores e com a verdade. É a mimese quem permite esse trânsito. Ela aparece na discussão sobre linguagem, distinguindo a mimética da nomeação (linguagem no sentido estrito) da mimética da *mousikē*, da músico-poética e das artes visuais. Enquanto a primeira diria respeito à essência das coisas (*ousia*), a segunda estaria vinculada a propriedades sensíveis (sons e aparências). Inclusive, Platão parece falar de uma espécie de processo de significação nas artes. Pela semelhança, elas mostram (*dēloun*) e significam (*sēmainein*) um mundo perceptível, mas não remeteriam à essência, à verdadeira realidade das coisas. Semelhança que, numa passagem mais adiante (430a, 31d), não significa a cópia de coisas particulares da realidade, mas o que poderíamos chamar de uma representação de generalidades, do que é geral. Toda essa linha de raciocínio, sobre o que é geral e, no entanto, opera no plano da semelhança sensível, parece ter fortes implicações na visão sobre a arte em seus textos posteriores, aproximando a mimese tanto do plano das ideias ou das formas (gerais, comuns) como da valorização da correspondência correta entre conteúdos éticos e morais (como bravura, covardia, temperança) e manifestações sonoras específicas.

No livro III da *República*, Platão lida com o tema da expressão poética, primeiro por meio das palavras (*lexis*, em versos falados), depois por meio da melodia e do ritmo (pois fala essencialmente da canção). Nesse segundo momento, a estrutura da música representaria ou mimetizaria estados de alma, o que, supostamente, estaria em acordo com a tradição pitagórica de Damon, embora já num plano menos religioso ou órfico. Mas,

MÚSICA E MIMESE NA ERA CLÁSSICA

vale enfatizar, nenhuma evidência prova a existência de uma teoria mimética de Damon ou a partir dos pitagóricos. Essa associação parece ter sido efetuada por Platão, talvez até para poder generalizar já a partir de um processo de seleção efetuado desde sua visão sobre Sócrates. Damon seria o *sophos* a ser consultado, por ter desenvolvido um conhecimento próprio e especializado sobre a *mousikē*.

É sabido que a música tinha uma importância educativa especial para a tradição pitagórica e que esta desenvolveu práticas e teorias apoiadas em seus efeitos éticos, morais e catárticos. Mas nenhum documento parece provar o vínculo teórico entre música e mimese antes do pensamento de Platão. O que podemos dizer sobre o universo comum entre a tradição pitagórica de Damon e a mimese platônica estaria apenas em torno do que chamaremos de uma *assimilação* psíquica do que é apresentado, com implicações políticas. O pensamento grego sobre as chamadas artes começa com os pitagóricos que, muito influenciados por ritos órficos, valorizavam muito a música em particular. O efeito da arte sobre o corpo e a alma já é tratado por eles e sua discussão é estendida pelos retóricos ou sofistas do século V a.C., nesse caso, sob o espectro da ideia de como as técnicas seriam capazes de gerar "ilusão".

A partir de Sócrates, e com seu aluno, Platão, o caráter moral das artes é realçado, com ênfase na questão da formação. Caracteres, estados de alma e afetos, como a coragem ou a temperança, tipificados em ou associados a características sonoras, seriam *assimilados* pela alma, na qual assimilação não implica apenas um processo de representação[5], uma vez que esta última não costuma dar conta do processo mimético tal qual é descrito nesses textos antigos; não dá conta, principalmente, quando a ideia de representação é vista de forma negativa, ou como uma correspondência fixada entre objetos e conceitos, como se tornou comum considerar em filosofias recentes. Daí a mimese já ser, desde os antigos,

---

5   Ver argumentos como esse, do livro III da *República*, que buscam expressar a assimilação para além da representação, especialmente quando esta ganha um sentido restritivo: ritmo e *harmonia* penetram profundamente na alma, marcam-na trazendo graciosidade e tornando o homem gracioso, se esse for bem treinado. Dito de outro modo, há uma forma e um conteúdo ético que se dão através do que é sonoro, num processo de assimilação sensível para além ou anterior ao (re)conhecimento.

muito mais ambígua e ampla do que o que se costuma dizer a seu respeito, ou seja, do que se diz a partir da *imitatio* latina, da analogia ou da representação, especialmente quando esta última é tratada de forma restrita e não oferece relação com a questão do afeto e do caráter (toda questão do conteúdo e da forma ética, tão importantes na mimese antiga). Por exemplo, podemos pensar em como a representação aparece bem mais tarde, na filosofia de um Michel Foucault ou de um Gilles Deleuze. A representação, num livro como *Diferença e Repetição*, de Deleuze, é definida como uma correlação fixada entre conceito e objeto, sendo tratada globalmente como subordinação da diferença à identidade. Mas o sentido que podemos tomar para representação a partir da mimese pode ser totalmente outro, dinâmico e diferente, na linha da ideia de retração, do ritmo, do esboço e do re-traço e da *Darstellung* (como (a) e (re)presentação ou como produção em que se associa ao *Herstellung*, "o fazer a partir de", como aparece em autores como Lacoue-Labarthe, na sua leitura de Heidegger), não sendo, assim, definida por simples correspondências fixadas, como aquela entre conceito e objeto. Em relação a livros como *Diferença e Repetição*, portanto, o que consideramos aqui mimese, a partir dos antigos e adiante, estará mais próximo do que o autor chamará de repetição ou mesmo de eterno retorno (como *a-fundamento* universal, ou com Nietzsche, no que diz respeito genericamente a uma repetição do que não retorna), embora esses conceitos não sejam em nada equivalentes nem tenham relação direta. Cada filosofia terá seu âmbito, sua rede de ideias e termos, não sendo comparável. Nossa intenção é apenas evitar a generalização de uma visão particular ou restrita sobre termos como representação, especialmente ao querer associá-los à questão da mimese.

Certamente, ao pensar na assimilação envolvida num processo mimético, algum tipo de marca ou impressão por afinidade e sensibilidade pode ser considerado – veremos mais adiante que essa impressão ou marca se associará com a ideia, e mesmo com a origem, da palavra "ritmo", com a sua dupla face entre caractere e caráter, marca (ou tipo) e conteúdo ético, moral ou afetivo –, parecendo desde os antigos, portanto, operar por sensações e conteúdos afetivos, e não apenas por representações. E todos esses elementos do processo, sensação, afeto e representação, se

MÚSICA E MIMESE NA ERA CLÁSSICA

não outros mais, parecem ser intensificados pela tipificação da mimese (o *tipo* como ênfase ou marca de determinados traços característicos compartilhados, também no sentido de marcar ou imprimir um efeito no receptor a partir de uma figuração genérica, comum ou universalizante, como no caso da letra de um alfabeto, ou seja, um tipo da tipografia; ou, ainda, um tipo genericamente caracterizado, como o "farsante", no teatro, ou um modo musical ou rítmico; ou, hoje, a marca de um *software* ou de um dispositivo e assim por diante).

Podemos dizer que, graças a toda uma nova teoria mimética, o valor educativo e público da música pôde encontrar em Platão uma elaboração própria e renovada. Iremos descrevê-la e pensá--la de forma sintética a seguir, evidentemente sem esgotá-la. Na segunda parte do livro, vincularemos essas bases platônicas e aristotélicas a outras formulações comentadas – como ao que o crítico Costa Lima chamará de representação-efeito ou mimese ativa, ou quando Lacoue-Labarthe alude com ideias como *tipo, ritmo* e *retraço* –, ao procurarmos fundamentar uma visão mais ampla sobre a relação entre música e mimese, em nossa elaboração teórica. Esta buscará escapar de uma visão antirrepresentacionista, ainda um tanto em voga desde o fim do século XVIII, no entanto, sem limitar a questão da mimese à representação.

Tudo isto, pois, certamente, a ideia da mimese como descrição da natureza da poesia e da música começa a se tornar uma elaboração complexa, cuja origem ou invenção, na história ocidental, pode ser atribuída a Platão. Foi ele quem teria adequado ideias de Damon, pelo menos até onde podemos observar, à sua teoria mimética. Havia entre os pitagóricos a questão da semelhança das coisas aos números, assim como da semelhança ou afinidade entre música e alma (*homoiotêtes* ou *homoiômata*). As relações de semelhança ou homologia formaram uma das bases para a formulação platônica da mimese, para não falarmos ainda da formulação aristotélica, que comentaremos em seguida. Toda uma teoria da assimilação entre música e alma passou a se desenvolver desde os pitagóricos, baseada na ideia de que modos e ritmos, por exemplo, assemelham-se, e assim expressam ou correspondem, a qualidades éticas, morais e afetivas. Para Damon, teria sido importante o Estado intervir na regulação da música e do seu ensino por causa disso. Som e dança gerariam comoções específicas na alma, influenciando padrões de comportamento, formando e marcando o caráter (éthos) dos garotos e assim por diante.

De acordo com Quintiliano, pensador bem posterior, Damon teria esquematizado uma série de escalas modais, ritmos e andamentos, comentando detalhadamente suas qualidades éticas específicas. Não caberá aqui entrar nos detalhes técnicos da discussão a respeito[6]. Neste olhar mais panorâmico, gostaríamos apenas de lembrar como a suposta relação de semelhança ou afinidade entre música e alma, de origem pitagórica e presente como herança transformada nos escritos de Platão e Aristóteles, embasou e fermentou, ao longo dos séculos, toda a tradição e teorização musical em torno dos afetos e dos caracteres, algo não raramente esquecido ou ignorado em diversos trabalhos recentes, especialmente aqueles que consideram a questão do afeto e do caráter em música apenas a partir de autores posteriores ao século XVI.

Vale ponderar ainda que, nas *Leis*, livro mais tardio, Platão revela uma visão ainda mais intrincada (e bem menos comentada) da música como arte mimética do que na *República*, inclusive em relação ao que seria um uso válido do que é irracional e prazeroso. Por isso, valerá a pena nos debruçarmos mais atentamente nesse texto em particular com maior cuidado filológico. No livro II das *Leis*, a música em discussão já parece pressuposta como uma arte mimética, ao contrário de outros textos da Antiguidade ou mesmo outros momentos de Platão, alguns dos quais dividem a música entre a que seria e a que não seria mimética. A ausência de uma coerência geral é perceptível, como ao relacionarmos o livro II com o livro VII das *Leis*, no qual o ateniense parece fazer essa distinção entre música mimética e não mimética. E mesmo em outro instante do próprio livro VII, o diálogo

6   Vale lembrar a importância do lado político e retórico de Damon, membro do círculo de Péricles. A partir da obra de Quintiliano, mas também em autores tardios com foco na sistematização de relações entre qualidades éticas e construções musicais, como Gaudentius e Cleonides, poderíamos procurar expor a relação suposta entre harmonia e *éthos* de um ponto de vista mais técnico, ou seja, entre modos, escalas e ritmos e tipos de caráter específicos, como a coragem ou a temperança, mas não é esse nosso enfoque. Em nossa teoria, a tentativa contínua e mutante de associar ou fazer corresponder conteúdos éticos e afetivos a determinadas características sonoras e estruturais da música é generalizada pelo que chamaremos de mimese por instalação ou correspondência.

MÚSICA E MIMESE NA ERA CLÁSSICA

parece admitir a música como arte mimética em geral. Tudo isso promove mais mistério ou dúvida sobre o que seria mimético ou não. No fundo, uma mesma lógica e a coerência nunca se mantêm, e o que importa globalmente é que a mimese é aquilo que lhe serve de meio para definir o que seria o bom julgamento da música. A falta de coerência entre trechos distintos das *Leis* também parece indicar que Platão, por um lado, quer reconhecer desenvolvimentos da músico-poética que ele não pode evitar, mas, por outro, quer procurar dobrar o que não aceita por meio de propostas de medidas legislativas que orientariam o juiz sobre o que seria correto ou adequado fazer em cada gênero de composição musical. Comentaremos alguns detalhes sobre a sua discussão da composição logo mais.

No texto das *Leis*, a música aparece junto de ginástica e de dança, como meio de formação do homem bom ou de bem. Nesta obra, não se trata tanto de estabelecer, como em outros momentos de Platão, quais tipos de música têm valor ético adequado, mas mais de descobrir quais as atribuições e qualificações que um juiz deve ter para avaliar a música. Nas *Leis*, livro II, a música está vinculada, na fala do ateniense, ao senso de ordem e desordem do movimento, ao arranjo ordenado (*táxis*), algo que os animais não têm. Daí também a sua importância na formação moral e no comportamento para a vida social.

A música "correta" e o prazer a ela associado se tornam uma questão de ritmo e harmonia adequados, bem utilizados (no sentido antigo dessas palavras). Serão eles, ritmo e harmonia, ambos relacionados com a noção de ordem (a *táxis*, já mencionada), que indicarão a conformidade, precisão ou correção mimética da música (*orthotēs*), a ponto de poder despertar determinados efeitos ético-afetivos almejados, seja na participação social em geral ou na educação moralista dos jovens (como podemos observar mais amiúde no caso da questão em pauta, no segundo livro das *Leis*: a do controle sobre o coro dançado e cantado, a partir de determinada prática tradicional e religiosa que serviria de modelo).

Já de acordo com textos anteriores (por exemplo, *República* e *Filebo*), são essas qualidades formais – os elementos composicionais de ordem, ritmo, harmonia, proporção e equilíbrio – que constituem a beleza na arte. O homem tem a habilidade e o prazer de perceber ritmos e melodias, a ordem ou o arranjo do movimento, por causa da sua organização. Ritmos e melodias considerados belos ou adequados são como a ordem de movimentos e vocalizações do homem bom. E aqueles que os apreciam, segundo essa lógica, viriam a querer o que é bom.

No livro II das *Leis*, a beleza física e moral da música, a sua excelência ética, tornando-a admirável (*kalon*), é atingida por meio do que Platão chama de prazer (*hedonê* e *charis*), conformação, precisão ou correção (*orthotēs*) e utilidade ética (*ophelia*). O interessante é que as duas últimas palavras, entrelaçadas, parecem ter primazia sobre a primeira. Por uma série de gestos retóricos e admiráveis manobras de língua, Platão parece deixar a questão do prazer (mesmo quando equacionado com a "mais nobre" graça, *charis*) em segundo plano.

O juízo correto deve ter como foco a correção ou precisão do que é observado (*orthotēs*). A correção diz respeito a "equivalências" dimensionais e qualitativas entre as palavras, ritmos e harmonias utilizados e o que a composição pretende representar ética ou imageticamente (como na discussão sobre a *boulēsis*, que poderíamos traduzir como a "intenção" da composição); no caso, sempre seguindo algum critério de verdade dado pela tradição. Daí essa correção ou precisão ser mimética: ela é a correspondência entre o que se apresenta e o que se representa, seguindo algum critério de verdade. Podemos dizer que a correção mimética, portanto, aponta, na medida em que opera equivalências dimensionais e qualitativas, para um problema formal da música ou da canção em que a questão do controle da ordem dos elementos sensoriais e das palavras se torna fundamental em relação ao que se pretende expressar eticamente.

Segundo esse diálogo, para julgar de maneira inteligente uma composição, qualquer um deve primeiro saber qual é o modelo, ou seja, o que a composição "é" ou do que ela é imagem (*ousia*); segundo, saber se a representação ou imagem particular é correta ou precisa; terceiro, se ela é bem "feita" ou boa (sua qualidade ou efetividade ética). Saber "o que a composição 'é'" parece equivaler, na linguagem do texto, a saber "do que ela é imagem"; por isso, a dimensão mimética da música já pode aparecer como uma condição ontológica de partida. Para operar um processo de julgamento, os componentes da música devem ser apropriados, oportunamente selecionados e usados na performance.

Isto é, para que uma música seja "correta" (ou seja, para que ela mimetize ou seja uma imagem correta do éthos), todos os seus elementos devem ser consistentes entre si e adequados a determinado gênero. Essa consistência ou coerência interna indica que o problema também é formal, um problema de sensibilidade e adequação baseado na ordem dos elementos musicais. Assim, a correção ou precisão mimética estará associada a questões de proporção, coloração, medida, estruturas sensíveis, como modos e ritmos adequados, as quais o ateniense não deixa de comparar com o caso da pintura.

Sendo assim, o que pretendemos destacar nessa discussão platônica é o que aqui consideramos um "pulo do gato" em relação à mimese pré-platônica. Ritmos e melodias não podem simplesmente copiar manifestações de bom caráter (éthos). E não se trata mais de uma correspondência literal ou direta entre modelo externo e um resultado representado ou copiado, mesmo porque esse tipo de imitação Platão parece sempre condenar. Um passo diferente e vital parece ter sido dado nessa filosofia em relação ao modo como a mimese se apresentava nos textos anteriores à Platão. Para ele, imitar de modo literal uma qualidade sensível externa parece, inclusive, comprometer a forma da obra. O que Platão chama de conformidade ou precisão da mimese diz respeito à adequação ou às correspondências entre relações formais, rítmicas e harmônicas e efeitos ético-afetivos a elas correspondentes, não mais a alguma imitação direta de um modelo sensível ou conteúdo externo, sensível, como no caso da mimese pré-platônica (como vimos de um instrumento que faz som parecido ao de um boi ou de um pássaro, ao de um grito etc.). A sua ideia de correção parece indicar uma situação muito mais ampla e potencialmente abstrata do que a de uma imitação direta e meramente sensível. O processo mimético parece se dar, inclusive, na organização formal das palavras, da melodia e do ritmo, ou seja, de forma inerente à obra; ele não se encontra mais na simples correspondência direta do que é composto a algum modelo externo a ser imitado. Isso nos parece, de fato, ser um "pulo do gato" na concepção do que seria a mimese na sua relação com a música.

Em Platão, parece não haver mais a necessidade de um modelo auditivo ou gestual externo como fonte para efetuar a mimese, como na mimese pré-platônica (sons de animais, gritos, ruídos naturais ou de seres imaginários etc.). A mimese, agora, nasce do jogo interno de relações formais entre ritmo e melodia e, por esse jogo, faz e desfaz correspondência com efeitos ético-afetivos. A conformidade ou precisão mimética dependerá, portanto, desse jogo intrínseco de relações formais, sendo encontrável numa suposta boa forma das próprias relações rítmicas e melódicas da composição. A correspondência a um conteúdo ético é uma questão de convenção dada por uma tradição, devendo as formas e gêneros adequados serem controlados e compartilhados socialmente. Até certo ponto, essa conformidade seria qualitativa, no sentido do que não é apenas mensurável: mais precisamente, na ideia de que uma pequena alteração, aqui e ali, não faz tanta diferença como faz na matemática. Não se trata de uma conformidade ou precisão totalmente exata, mas daquela capaz de assimilar a inexatidão (ver *Crátilo*, 432a-d), as diferenças culturais e a estilização (por exemplo, na valorização da arte egípcia não naturalista; ver *Leis*, 655d, 667c-69d), e, sobretudo, no caso da música, de proporcionar certos efeitos éticos convenientes, moralmente adequados. Mas quem poderá julgar sobre essa difícil conformidade mimética da música, especialmente em relação ao éthos e ao decoro social? Segundo o diálogo, os cantores ou homens mais velhos, pela sabedoria, pelo conhecimento e pela experiência.

O que nos interessa, mais do que aceitar ou não a discussão tradicionalista dessa filosofia cheia de meandros e manobras de escrita inabordáveis, é nos darmos conta de como a mimese em música, desde então, parece passar a se vincular à relação um tanto misteriosa entre ordem e efeito ético, entre formas sonoras dinâmicas baseadas em ritmo e harmonia (nome antigo para a construção melódica) e afetos ou conteúdos éticos e morais específicos. Mas, se mesmo Platão se põe em dúvida sobre a natureza da relação entre o sensível e o inteligível, sem oferecer muita solução (como em *Fédon*, 100d), o fato é que, na sua filosofia, coisas sensíveis não podem ser diretamente semelhantes ou identificadas a formas insensíveis ou inteligíveis. E não há *logos*, relato, argumento ou narrativa que dê conta da forma da beleza. Ela pode, apenas, ser reconhecida com a assimilação apurada e treinada (no caso da música, em percepção e teoria musical) dos homens sábios e mais velhos.

MÚSICA E MIMESE NA ERA CLÁSSICA 17

Em meio a tudo isto, Platão nos faz pensar, entre tantas coisas, que nem toda música que dá prazer ou é agradável é necessariamente boa (no sentido ético-moral-afetivo), e que, muitas vezes, nem mesmo o poeta parece ter consciência disto. Apesar do ateniense, no diálogo das *Leis*, ter uma visão negativa e até agressiva para o que seria música absoluta ou instrumental (sem palavras)[7], a condenação de uma música sem palavras, ou da incorreção ou imprecisão daquela que as possui, parece também ter um fundo bastante experiencial, no contexto do que chama de "teatrocracia" (*theatrokratia*, 701a). Essa ideia parece retratar uma situação de época na qual o próprio público se faz de juiz da boa ou da má música, por meio de gestos e uivos de aprovação ou reprovação. Por tudo isto, seria preciso experiência sólida e ampla, uma sensibilidade aguda[8] para saber julgar a conformação ou adequação mimética da música, para muito além da "opinião pública" e do contexto de apresentação. Para além, inclusive, do prazer pessoal, pois a qualidade musical almejada pela discussão do diálogo parece se dar muito mais no uso correto das formações rítmicas e melódicas, em relação a afetos e conteúdos éticos considerados adequados, do que naquilo que é gerado pela forma de apresentação cênica ou pela demonstração de habilidade instrumental ou performática.

Em tempos atuais, também podemos perceber numa simples melodia qualidades ético-afetivas ou de caráter compartilhadas culturalmente com um modo de escuta igualmente compartilhado e aprendido desde a infância, como no caso do tonalismo. Platão é claro ao pensar que o prazer e a correspondência ético-afetiva associados a determinadas músicas dependem de

---

7   Algo que, num livro posterior (vii), ele passa a reconhecer, mesmo não sendo favorável à prática.

8   Outro paralelo mais distante: nos *Manuscritos Econômico-Filosóficos de 1844*, Karl Marx vincula a sensibilidade humana a uma conformação mutual e ativa entre sujeito e objeto, abordando a necessidade de superação do estranhamento produzido pela objetivação. Interpretando Hegel, ele considera que o objeto deve ser reapropriado pela consciência, superando a própria objetividade. "Vale, portanto, vencer o *objeto da consciência*" (São Paulo: Boitempo, 2004, p. 124). Poderíamos apontar, aqui, o paralelo (ainda que distante) com o processo de assimilação que temos descrito por meio dos antigos, lembrando que, em Marx, os seres ou objetos da contemplação são produtos de uma prática, da ação humana, não de uma espiritualidade ou idealidade, como em Hegel e mesmo Platão, ou de uma identidade direta entre ser e essência, como em Feuerbach, a qual parece pressupor os mundos natural e humano como coisas dadas.

um condicionamento precoce na educação e do conhecimento. Sabemos muito bem identificar uma melodia de caráter alegre, melancólico ou épico sem precisar de qualquer conhecimento de música. Fomos educados para assimilar isto, e em parte é o que é posto em xeque por Platão: um espectador sem conhecimento musical e experiência de vida ser o juiz do que seria bom ou ruim em música apenas por meio do seu prazer pessoal, ou então de um processo de assimilação "inadequado".

Por outro lado, sua bela discussão sobre teatrocracia pode nos sugerir outra digressão anacrônica, guardadas todas as tantas diferenças e proporções, a qual pode ou não ser associada a alguma ideia corrente sobre uma sociedade de espetáculo. Com a verdadeira enxurrada midiática de certas culturas musicais, a discussão trazida à tona pelo pensamento platônico pode, hoje, parecer bastante relevante. A teatrocracia como julgamento ou governo de espectadores não conhecedores pode ser comparada ao que é feito por muitos jornalistas, formadores de opinião ou mesmo músicos sem amplo conhecimento ou escuta diversificada. Pois o julgamento sem base em conhecimento e em experiência de escuta diversificada pode conduzir a atitude de muita gente sobre o que ouvir, o que prestar atenção, o que seria bom ou ruim em música etc., muitas vezes de forma maçante, preconceituosa ou muito enviesada.

Quanto à teatrocracia e sua influência na produção musical, podemos pensar, por exemplo, na música pouco ou banalmente composta, ou então improvisada, apenas pelo hábito supostamente mais livre do improviso (isso quando há pouco cuidado ou preparo de relações formais e miméticas em relação à escuta), vendo tudo como algo questionável e explicável também com a ideia de teatrocracia e de ênfase no espetáculo; ou, ainda, uma música condicionada pelos dedos ou por padrões previsíveis da própria forma musical, cujo intuito seria agradar a visão (*theatro*) de um consumidor ou nicho, muitas vezes inconscientemente alienado na teatralidade da *performance* e preso a um julgamento puramente teatrocrático. O que a personagem de Platão critica com a ideia de teatrocracia é algo potencialmente evocável para momentos em que "música" se torna quase um pretexto para a expressão do tocador, meio de visibilidade do artista ou de sua mera habilidade vocal ou instrumental, sendo julgado como bom apenas por reações emocionais de espectadores e músicos

MÚSICA E MIMESE NA ERA CLÁSSICA

igualmente teatrocráticos ou sem o conhecimento desejável, ou mesmo sem experiência de condução mimética ou de escuta.

Assim, o sentimento expresso pela ideia de teatrocracia (literalmente, o governo ou julgamento dos espectadores, *theatrokratia*) não precisa ser algo pensado tão somente para a época de Platão; ele pode ser retomado, anacronicamente, em nossa era de indústria cultural ou nos momentos nos quais os valores de espetáculo se sobrepõem aos de produção mimética. Se nos permitimos pensar mais essa extrapolação anacrônica, podemos dizer que algum tipo de teatrocracia ainda se faz bastante vivo e que esse termo pode ajudar a descrever aspectos da nossa realidade cultural ou cultura musical. Afinal, sabemos que as ideias de um grande pensador, pela generalidade que contêm, podem se atualizar ao longo de épocas distintas, mesmo considerando motivações, contextos sociais, religiosos e políticos tão diferentes e distantes.

Por exemplo, tracemos outro paralelo distante para se pensar a matéria hoje, proporções, objetos e contextos guardados: toda a questão do predomínio do critério de performatividade como critério de pertinência/permissividade, descrita por Jean-François Lyotard, em *A Condição Pós-Moderna*, pode ser comparado ao pensamento sobre teatrocracia, no que diz respeito a formas da legitimação e de poder em tempos recentes: a importância dada à performatividade como fundamento de práticas e visibilidades legitimadoras. A performatividade não seria tal como um critério apenas em empresas ou empreendimentos comerciais com âmbitos de ensino e pesquisa dentro do capitalismo recente, mas, creio eu, algo igualmente pensável (e que se reflete) no âmbito da produção artística e acadêmica em geral. Não é à toa que um escritor mais ou menos profissional é hoje convocado constantemente a falar em mesas e debates, quando antes isso não importava tanto: é como se não bastasse mais apenas escrever, torna-se quase uma exigência ser um *performer* para a análise do que é performativo, para assim ganhar alguma legitimidade ou visibilidade (estar exposto a espectadores). Ou seja, temos uma teatrocracia como domínio quase inescapável das nossas atividades. Na música, não é tão diferente para um compositor. Seja na quase exigência de ser, minimamente, *performer* musical de sua atividade criativa, ou na quase exigência de que seus pensamentos inteligentes e sensíveis "influenciem pessoas" ao vivo, em performances, por meio da sua imagem e da sua palavra falada. Em suma, a performatividade, como um critério da própria legitimidade do artista, parece ter ganhado bastante terreno em tempos recentes. Isto, evidentemente, não independe da forma como o capitalismo simbólico tem se desenvolvido em tempos recentes, como já demonstrava, à sua maneira, o francês Lyotard, desde o final da década de 1970.

Mas, para voltarmos aqui ao texto, vale destacar a motivação política da crítica de Platão, elaborada mediante o termo teatrocracia; podemos afirmar, com segurança, que o problema para Platão não era simplesmente o do julgamento sobre a qualidade musical. Para o ateniense, na medida em que todos acham ter a sabedoria para poder julgar o que é bom ou ruim sobre tudo, uma liberdade irrestrita aparece, levando a sociedade ao perigo da desconexão social ou da anarquia. Trata-se de um problema político, da manutenção da unidade cidade-Estado, e a linguagem desse trecho parece confirmar isso, inclusive ao reportar consequências drásticas para a época, como o ateísmo e a quebra de regras religiosas e familiares. A retórica platônica tenta nos persuadir de que a separação de gêneros musicais é crucial, de que uma ordem deve ser respeitada e bem articulada, mas não sabemos até que ponto a história contada por ele sobre o que ocorria na sua época é verdadeira ou não, até que ponto Platão observa uma realidade factual ou é levado por valores quem sabe criados por ele mesmo e seus circundantes.

De certo modo, sobre a questão política da mimese, outro paralelo anacrônico pode ser feito, com a época do surgimento do rock como gênero musical da nossa época. A quebra de costumes, comportamentos, ordenações morais antigas, nas décadas de 1950 e 1960, aparecem associados ao que então era uma nova prática poético-musical, mas apenas até o momento de se tornar parte do *status quo* supremo de uma teatrocrática indústria cultural.

No entanto, uma teatrocracia, como governo dos espectadores, não seria também mais democrática, algo como o julgamento efetuado pelo voto popular? Sem dúvida, mas Platão, mesmo sendo um antidemocrata, vale hoje pelo que critica a democracia; talvez não para que a abandonemos, mas para buscar meios e ações em direção a seu refinamento. Não entraremos na discussão política e social. Mais do que considerar pensamentos platônicos

MÚSICA E MIMESE NA ERA CLÁSSICA

essencialmente aristocráticos, antidemocráticos e elitistas (*aristokratia*, governo dos "melhores"), tradicionalistas, militaristas e censuradores, o que nos move aqui é apenas fazer uma indicação de como Platão pressupõe a mimese/participação um meio operatório essencial das relações de poder social, e como a questão da forma, da ordem, das proporções, de relações mais abstratas, para além da imitação sensível, direta ou literal, passa a ser fundamental para o entendimento e para a efetuação da própria mimese/participação musical.

Uma vez que essas formas ou relações formais discutidas em Platão não se dão simplesmente para o conhecimento racional (*logismō*), o terreno de discussão parece ainda mais arenoso. Elas se dão, na verdade, para uma espécie de "percepção inteligente", atribuída por ele aos homens mais velhos e sábios. Talvez a forma ideal, insensível, quando não intangível no platonismo, terá sido bem "representada" ou refletida mais abaixo, no nível da sensibilidade dos homens, quando houver esse reconhecimento, essa assimilação de ritmos e melodias belos, belos por sua ordenação e conformidade (ético-mimética), ou seja, por sua forma estabilizadora e por sua adequação social e moral.

Assim, valerá reafirmar nosso enfoque: mais do que querermos aceitar ou não um mundo platônico de ideias e formas, de leis e censuras, ou, como já dissemos, de pretendermos sentir, mesmo que anacronicamente, o seu suposto caráter reacionário, tradicionalista ou aristocrático (especialmente ao pensarmos sua visão em relação à política no contexto de uma mentalidade contemporânea), o importante, para nossos propósitos, é perceber como o aprofundamento da visão sobre a mimese iniciado pelo platonismo afasta-a da ideia de simples imitação de um modelo externo, ou mesmo de mímicas, "macaquices" (como o que Kant chamou de *Nachäffung*) ou onomatopeias. Ela passa a se referir ao plano de contato entre mundo sensível e formas mais abstratas ou abstraídas, tanto mentais como sociais: plano, claro, um tanto nebuloso, mas que opera naquilo que seria compartilhável e transmissível entre os seres humanos, e que nos será extremamente importante para repensar a mimese na música e sua relação com a escuta, tanto num sentido social quanto formal. Queremos aqui enfatizar, com Platão, a mimese como processamento daquilo que é *comum*, do que é compartilhado ou compartilhável, da educação à performance, da performance à composição e vice-versa, da performance e da composição ao efeito social produzido etc. Pois o que se assimila de uma obra sempre é aquilo que é ou se torna compartilhável ou compartilhado socialmente. Falo do âmbito do que é comum, compartilhável, mas como isso aparece na sua filosofia? A nova mimese platônica refere-se também a algo da ordem da participação (μέθεξις – a *méthexis*, ou como na expressão *meta ekhein*), do possuir ou sustentar em comum, daquilo que se compartilha[9]. A participação, termo ambíguo, escorregadio como a própria mimese, surge como um misto que remete a categorias vinculadas à sensação, como as da semelhança, da representação, da reflexão ou da imitação (*mimēsis*), da tônica ou tensão, ou, ainda, do simulacro, imagem ou fantasma (*eidôlon*), ao mesmo tempo que a contextos de sociabilidade, moralidade, compartilhamento e comunidade. A participação, em Platão, aparece como o outro lado de uma moeda participação/mimese.

Na intersecção entre o singular e o universal, entre o inteligível e o sensível, entre o concreto e a ideia, entre indivíduo e grupo, entre arte e público, a *participação*, em Platão, parece transitar entre os homens num plano em grande parte alógico, muitas vezes se tornando um referente ou uma via para a mimese e vice-versa. Uma implicação mútua pode ser sentida: da mimese à participação, da participação à mimese. A produção artística é vista como força na participação. A participação é dada e observada através da mimese[10]. Para nossos propósitos, essa ligação inerente entre mimese e participação, ou entre forma sensível e

---

9   A discussão sobre a *méthexis* vinculada à mimese está em diferentes textos platônicos (especialmente, *Parmênides*). Interessante notar como, apesar de tantas ressonâncias, a discussão proposta por Luiz Costa Lima em torno da base socializante da mimese, como a de um subcapítulo que vai de Kant a diferentes sociólogos da classificação social (Mauss, Durkheim, Weber), não encontra um fundamento já em Platão, na associação recorrente *méthexis/ mimēsis*. Em suas elaborações argumentativas, Costa Lima parece sempre ter muito mais gosto para Aristóteles (cf. *Mimesis: Desafio ao Pensamento*, Rio de Janeiro: Civilização Brasileira, 2000, ou o capítulo inicial de *Vida e Mimesis*, São Paulo: Editora 34, 1995, sobre os clássicos).

10 Extrapolando novamente para os nossos dias, podemos falar do grande interesse que a discussão sobre a relação entre participação, imagem e sensação suscita até hoje, especialmente com certa religiosidade associada à cultura midiática que nos rodeia no mundo atual. Vale mencionar o excelente estudo de Christoph Türcke,

conteúdo ético, que passamos a sentir na discussão platônica, irá nos fazer esboçar uma teorização que permite reunir aspectos sociais e éticos a aspectos formais ou intrínsecos da arte. Ou seja, uma visão renovada sobre a mimese pode tomar esses aspectos como âmbitos praticamente inseparáveis, algo pouco comum nas teorizações mais frequentes.

Assim, com base nessa filosofia, podemos dizer que a mimese seria um meio de produção da participação, assim como a participação (*méthexis*), uma via para a produção e a efetuação da mimese. Essa associação inexorável pode nos ajudar a entender também, ao menos em parte, o ocaso da visão mimética sobre a arte, nos últimos séculos, especialmente quando se atribui a origem da criatividade a indivíduos específicos e se constrói uma visão purificadora ou autônoma do que seria arte, fora de contextos de participação. A própria ideia de um gênio criador, a de um artista transgressor ou até a de um artista "expressivo" não costuma se casar muito bem com a de certo comunismo mimético participativo, mais ou menos despersonalizado[11], mais ou menos visível, mais ou menos detectável, em tudo que se produz. Veremos como resolver a questão em nossa teoria adiante, baseando-se num conceito de sujeito como singularidade não autônoma, ou seja, como agente/reagente que só se dá em função do que nos é comum e participativo.

Vale oferecer, a título de comparação de perspectivas, uma pequena digressão a respeito de um exemplo de visão moderna sobre a mimese, uma que, em certo contraste com a inerência entre mimese e participação, procura, mesmo assim, associar a mimese a uma ideia de autonomia do indivíduo criador. Ou seja, a visão moderna da ideia de expressão artística como uma produção supostamente autônoma pode ser observada inclusive numa concepção modernamente transfigurada de mimese, como a que podemos encontrar na *Teoria Estética* de Theodor Adorno,

---

Sociedade Excitada, Campinas: Unicamp, 2010, em que se discute as formas de relação entre sensação, imagem e vício na cultura midiática contemporânea.

11 Interessante perceber como os termos expressão, imitação e representação eram bastante intercambiáveis e indistintos do século XVI até meados do século XVIII, como no neoclassicismo dos tratados de música (os de Vincenzo Galilei e de Johann Mattheson, por exemplo). A distinção começa a aparecer ao final do XVIII, quando a ideia de mimese nas filosofias da arte se tornou alvo de muita oposição, e a de expressão passou a se opor e se destacar positivamente.

em que a mimese parece se referir a uma forma de expressão ou linguagem velada intraduzível, gerada pelo indivíduo por meio do "novo"; como aquilo que expressa a expressão em si mesma ou o ser por si mesmo. Consideramos esse tipo de visão, conquanto a intenção crítica talvez quisesse ser outra, algo ainda bastante adequado ao ideário romântico-revolucionário. O filósofo parece ver a obra de arte como idêntica a seu momento mimético, como se em sua plenitude fosse um em si indecifrável que, numa dialética com a racionalidade, ganharia assim sua suposta novidade, autonomia e liberdade. Esse tipo de visão, ao refletir com nitidez boa parte do ideário romântico-revolucionário, moderno e modernista sobre a autenticidade de uma obra baseada no "novo", ainda que bastante presente nas culturas contemporâneas, parece ter perdido alguma força atualmente (tanto que foi etiquetado, de forma duvidosa, de pós, alter ou hipermodernismo – ou simplesmente por causa dos regimes mais recentes e mais rápidos de trocas de informação e comunicação). O pensamento de Adorno parece buscar, em termos gerais, estabelecer o vínculo entre o processo mimético das obras com a criação individual admitida inovadora. Por outro lado, a mesma filosofia é capaz de remeter reiteradamente a mimese ao processo social, ao sujeito e à participação, ao afirmar, por exemplo, que "o traço da memória, na mimese, que toda obra de arte procura, é sempre a antecipação de uma condição para além da ruptura entre o individual e o coletivo"[12]. Neste caso, o traço mnemônico visado pelas obras de arte parece se valer do indivíduo como sujeito de processamento de uma memória coletiva mais primordial. Mimese, portanto, como acesso a uma misteriosa memória não conceitual anterior à cisão entre indivíduo e grupo, onde o que há de idiossincrático do sujeito não estaria separado ou isolado da forma de uma reação coletiva. Memória coletiva através da qual surge uma promessa de afinidade entre homens e coisas, ou homens e homens. Algo associável, guardados todo o anacronismo, as proporções e os contextos, ao que Platão trata com a ideia de participação, irmã gêmea da mimese.

Sobre o processo mimético em geral, para continuarmos nessa ampla digressão com base em Platão, apoiando-se agora

---

12 Em Theodor Adorno, *Gesammelte Schriften*, v. 7, *Ästhetische Theorie*, Frankfurt: Suhrkamp, 1972, p. 152.

MÚSICA E MIMESE NA ERA CLÁSSICA   25

no fenômeno biológico, um pensador como Roger Caillois falará da mimese como despersonalização por assimilação ao espaço. Novamente, temos a palavra que nos é fundamental para pensar na mimese: assimilação (com tudo que ela inclui a respeito da semelhança (*similis*), da apropriação a partir do compartilhamento). Podemos adicionar, cruzando essa visão com o pensamento sobre a participação em Platão: despersonalização por assimilação no âmbito do que nos é comum, no âmbito de uma participação no comum. O traço mimético é o que possibilita o comum como aquilo que é compartilhável, constituindo contatos e contágios dos mais diversos, promovendo maior ou menor consistência nas relações sociais e nas produções artísticas.

Esperamos que digressões assim, ao longo do livro, auxiliem o leitor a despertar suas meditações sobre um assunto tão amplo e irrestrito, pensável a partir dos diálogos de Platão. Retomando novamente o texto das *Leis*, destacamos que a música aparece ali com uma força e um efeito social muito maior do que as outras artes[13]. As artes da *mousikē* parecem ter tido muito mais *status* no período clássico dos gregos, atraindo mais louvação e aprovação do que as artes visuais, por exemplo. Sua relação com a participação, portanto, é vista como mais forte ou efetiva. Por isso, todo cuidado ou prudência com ela era visto como politicamente necessário (*eulabeia*), conforme as palavras do ateniense. Assim, quem comete um erro em música seria prejudicado, pois estaria "fazendo amizade" com caracteres maus (conteúdos éticos ruins). Por causa do seu grande poder social, a música exigia maior atenção e cuidado por parte dos legisladores e cidadãos. Daí tanta discussão política e, como diríamos hoje, tanta jurisprudência a seu respeito.

Para entrar nos detalhes sobre a discussão dos supostos erros de composição musical, Platão também dá uma lista de procedimentos de compositores humanos que seriam questionáveis, uma vez que as musas, compositoras ideais, não os utilizariam. Primeiro, o problema da mistura de ingredientes que não combinam, como aqueles de um caráter (éthos) do homem livre que se confunde com o de outro tipo de ser humano (mulher ou escravo, por exemplo). Ritmos, melodias e palavras podem

---

13   Como quando o texto expressa: "o povo a louva muito acima das outras imagens" (669b6-7).

ser interpretados corretamente como mimese de caracteres de homens livres, mulheres e escravos. Cada melodia pode ser mimese de algo bem específico. A feminilidade, por exemplo, parece estar associada ao termo *chroma*, uma coloração de uma melodia padrão, realizada com a inflexão sutil de alguns intervalos. Além de alguns tipos de mistura equivocados, outra categoria de "erro" musical apontada por Platão seria a omissão, como no caso da música sem melodia (percussão) ou sem palavras (puramente instrumental). Por que o ateniense teria objeções a elas?

É que, para ele, nesses tipos de música, a dificuldade de identificar a mimese é muito maior. Várias vezes, há nelas uma demonstração vazia de velocidade e habilidade instrumental sem qualquer consequência mimética (crítica provável a uma prática moderna da sua época, que ele parece ver como condenável). Neste momento, para Platão, parece ser preciso que a música estabeleça uma relação correta entre melodia, ritmo, palavras e dança, os quatro elementos fundamentais da *mousikē*. Provavelmente desconectada da realidade da época, sua visão parece idealizar um sentido de completude e unidade de expressão global. Os quatro elementos deverão estar presentes, colaborando para mimetizar "alguma única coisa". A mimese aqui parece ser, em certo sentido, a cola que unifica esses elementos e permite assim gerar a "boa" música. Esse ideal de unificação parece refletir uma tradição filosófica mais do que a prática musical tradicional, tradição que flui do pensamento pré-socrático e desemboca nos pitagóricos do século v a.C. Reaparece variada, como veremos, em autores como Aristides Quintiliano ou mesmo Agostinho, com a ideia de uma "completude da canção". Aristides irá dizer, por exemplo, que só a "canção completa", no sentido que expusemos, leva à *paideia* ou à "terapia de emoções", sem faltas ou omissões.

O valor do sentido de unidade também se reflete na forma de ver o coro, conforme observaremos na discussão de Agostinho, ou seja, a unidade do coro como signo da comunidade. A *paideia* gerada pela música "unificada" faria o cidadão aderir à comunidade a partir da própria vontade e não de uma coerção forçada por um poder centralizado. Essa seria, para o ateniense, portanto, e numa visão bastante tendenciosa, a verdadeira diferença entre as práticas de Atenas e da Pérsia.

Dentro desse contexto, é dito que a música tem várias formas/ imagens (*eidos*), bem distintas entre si, como os *hymnoi* (rezas para os deuses), os *threnoi* (lamentos) ou os *nomoi*, sendo proibido misturá-los. Uma série de outros tipos de música é ignorada, inclusive o drama e a comédia, de tanto prestígio na época. Por que esses tipos não são discutidos? Talvez não fossem formas tradicionais o suficiente. Ou talvez não houvesse nada no drama que correspondesse ao ditirambo ou ao *nomos* de lira. Mas quem sabe as práticas dramáticas eram justamente aquelas em que a mistura funcionava com bastante sucesso, algo que vai contra à teoria purificadora do ateniense. Também não temos qualquer outro registro de que a demarcação rígida dos tipos e dos gêneros de música, idealizada pelo diálogo, existia. A diferença de gêneros existia e era praticada, mas nenhum deles era assim tão puro quanto o que o ateniense parece querer comungar ou promulgar.

Parte da culpa para as misturas consideradas catastróficas também foi atribuída, pelo ateniense, aos próprios compositores, por quebrarem certas regras da tradição. Levados por um "êxtase báquico", acabaram por misturar, inconsequentemente, todos estes gêneros: *hymnoi*, *threnoi*, ditirambos, mas ainda aquilo que era do *aulos* com o que era da lira e assim por diante. Platão não dá boas razões para a condenação das misturas, o que deixa a discussão em aberto até hoje. Segundo o texto, compositores não o fizeram deliberadamente, mas por errância (*akontes*), por ignorância (*anoia*) ou insensatez; isto gerava uma impressão de que não havia padrões de correção na música, a ser julgada, nesse caso, em função do mero prazer.

Esse tópico foi retomado, entre tantos outros, por Aristoxeno, em comentários um tanto amargos sobre seus antecessores, tornando-se um tema que atravessa séculos, chegando até Boécio, por exemplo. A questão parece girar em torno da seguinte preocupação: quando o prazer é o único critério, qualquer um pode ser um bom juiz. Pois o prazer é sempre relativo ao indivíduo. Por que sinto tanto prazer com músicas de David Bowie, mas outras pessoas não? Não pode haver, nesse caso, padrões ou prescrições objetivas e nenhum juiz poderá ter alguma autoridade para além do indivíduo com seu prazer. É contra a visão baseada no prazer do indivíduo que Platão parece fazer um esforço sobre-humano, não apenas nesse texto, mas em vários outros momentos.

A mimese aparece então como meio que permite fazer a ponte entre características, formas ou marcas sensíveis e caracteres éticos e tradicionais compartilháveis, a ponte entre a sensibilidade afetiva das almas e as regras, práticas ou costumes de um convívio coletivo, da participação. Daí também, para Platão, a importância da forma e da estrutura na experiência mimética, por serem elas os meios mais objetivos e comuns que permitem ir "além do princípio do prazer" individual, ao efetuar alguma avaliação ou algum julgamento tendo em mente a coesão da comunidade (que, para Platão, parece equivaler à manutenção de uma tradição, evidentemente).

Outro pequeno parêntese: como poderemos pensar a questão da participação e do compartilhamento em contextos sociais mais recentes e tão diferentes? Como veremos, caberá, a partir do período moderno, discutir a questão sem fim, provavelmente aporética, do estatuto da ação e retração do sujeito (no nosso caso, tanto do sujeito que faz música ou arte sonora como aquele que escuta). Talvez hoje possamos pensar nesse sujeito de produção ou recepção mimética como algo mais próximo de uma espécie de processo singular de uma encruzilhada múltipla, reflexiva e expressiva, ressonância ou singularidade, gerados, como abordaremos, a partir do encontro entre entes existentes e imaginados entrecruzados; não mais como ponto de origem ou de transgressão das figurações expressivas, como nos relegaram até bem recentemente as tendências gerais do pensamento moderno dos séculos XIX e XX. Mas isto é a abertura de uma longa discussão que não nos cabe por ora e que será retomada de forma concisa na exposição da nossa teoria, na segunda parte do livro.

Dada a força da sua generalidade, a força retórica das suas contorções linguísticas e dialéticas, aqui inabordáveis, e por essa filosofia poder, assim, provocar ampla discussão até o presente, podemos terminar o estudo sobre Platão dizendo que, ao tentarmos qualquer definição para tais termos – mimese e participação na sua dialética –, nunca encontraremos um encaixe totalmente adequado ou lógico. Assim, os entendimentos de cada trecho se multiplicam, tornando-se uma fonte de pensamento praticamente sem fim. Fizemos apenas um percurso possível, cheio de digressões intencionalmente anacrônicas, remetendo ao nosso contexto atual (porque acreditamos também no pensar *com* um filósofo

MÚSICA E MIMESE NA ERA CLÁSSICA 29

e não apenas no pensar *sobre* ele e seus assuntos). A mimese, ao caminhar até o ponto de não mais simplesmente se ater a um modelo externo, vinculando ideias, formações abstratas, conteúdos éticos, processos mentais e sociais, já se torna com Platão bem elástica, misteriosa e infinitamente discutível. Vale mencionar, por exemplo, um comentário deleuziano, entre muitos outros possíveis, que evidencia a complexidade em que a mimese passa a ser pensada: no *Sofista*, o final do diálogo demonstra como a divisão entre modelo e simulacro se volta contra si mesma, tornando Sócrates indistinto do sofista, como imitador irônico[14]. Zona de indistinção ou de rebatimento da identidade, da sociabilidade e do campo social da participação, a mimese é algo que poderá se aliar, na nossa visão sincrônica da segunda parte do livro, à experiência do retraço, da retração, da desistência e do risco de um sujeito. Da cópia à anamorfose, da imitação física à conformidade de formações abstratas e éticas, a ideia de mimese, a partir de Platão, passa a transitar por vários campos compartilhados de expressão, de pensamento e de percepção humanas, muito além da mera ideia de imitação ou mesmo representação, sendo um âmbito que sempre requererá cuidado, posto que verdadeiramente "escorregadio" (*Sofista*, 231a). Assim, para além da discussão sobre a instalação de correspondências entre conteúdos éticos e estruturas sonoras ou sensíveis, a ideia do descompromisso ou do deslize constante, característico da mimese, em relação a qualquer valor de verdade ou correspondência por instalação, já nasce aqui, e encontrará um eco bem mais forte, como veremos, na percepção de autores modernos, como Nancy, Derrida e Lacoue-Labarthe.

MIMESE ARISTOTÉLICA E MÚSICA

Outro nome fundamental do pensamento da relação entre mimese e música não poderia deixar de ser Aristóteles (384-322 a.C.), autor-autoridade que também oferece um tratamento muito amplo, diferenciado e aberto sobre o assunto. Nos escritos que nos chegaram, como em Platão, a mimese não é um conceito ou

14 Gilles Deleuze, *Diferença e Repetição*.

um termo que possa ser reconstruído, ela está em aberto e, certamente, vai além de uma aplicação ao que chamamos de artes, englobando uma série de atividades e comportamentos humanos (embora o próprio Aristóteles concentre sua atenção nas artes, ao falar em mimese). O termo, em aberto, encontra-se tanto como referente a propriedades de objetos e atuações artísticas quanto no propósito das obras. Chamar uma obra ou uma atuação de mimética é situá-la no contexto de atividades culturais que têm sua origem em certos instintos humanos (*Poética*, 4.1448b4-21) e que se desenvolvem em configurações sociais entre produtores, atores e receptores. Assim, o propósito de uma obra não se encontra apenas na sua composição formal, mas no compartilhamento de convenções, tradições e possibilidades culturais, num plano social. Como no caso da participação em Platão, há um conteúdo compartilhado na experiência da obra, o que também é produto da mimese. As artes miméticas pertencem à classe da *technē* (artesanato, habilidade, ofício) e, mais especificamente, a um subgrupo da *poiēsis* (o *fazer* no sentido da produção, da fatura ou da manufatura). As artes, assim como outras atividades do gênero, desenvolvem procedimentos altamente estruturados, impondo forma a uma matéria. Mas, na sua busca ordenada de um fim, elas "imitam procedimentos da natureza" (*mimeitai tēn phusin* e similares)[15]. Detalhe importante: não se trata de imitar a natureza (algo que Aristóteles nunca disse), mas sim os seus procedimentos. Os "produtos imitativos finais" carregam, com suas ações e representações, uma significância social, em termos de reconhecimento e compreensão, que outras atividades miméticas, como a cura por um médico ou a construção de uma casa, podem não carregar. Essa distinção é crucial na definição das artes miméticas, em Aristóteles[16].

---

15 É notável a semelhança com uma das frases emblemáticas do compositor John Cage, quanto às operações do acaso por ele concebidas: "imitar a natureza na sua forma de operar". Imitar operações da natureza, em Cage, implica a ideia de acaso dos acontecimentos. Já a mimese de processos dinâmicos, no compositor siciliano Salvatore Sciarrino – mediante seu conceito naturalista de figura –, busca mimetizar um comportamento natural dinâmico em sons. Portanto, já podemos adiantar a discussão futura para sentir como a mimese, embora não de maneira explícita, está o tempo todo presente nas concepções de práticas musicais de qualquer época.

16 Cf. Stephen Halliwell, *The Aesthetics of Mimesis*, Princeton: Princeton University Press, 2002, em especial o capítulo 5.

MÚSICA E MIMESE NA ERA CLÁSSICA 31

Além disso, uma abertura fundamental para a visão mais ampla da mimese torna-se incontornável com Aristóteles: as obras e performances miméticas seriam capazes de criar imagens de mundos possíveis e não somente da realidade ou do existente. Toda ideia de *possibilidade* envolvida na criação poética se contrapõe à ideia de representar a realidade, como na famosa distinção entre o poeta e o historiador, no capítulo 9 da *Poética*. Enquanto a arte lida com, ou representa, coisas que *podem ser*, possíveis em termos de probabilidade e necessidade, a história representa e lida com fatos, com o que já aconteceu ou é atual. Sobre essa potencialidade na arte, de acordo com a concepção aristotélica, poderemos então supor que a poesia diz o que não é possível (em realidade ou atualidade), mas sempre está baseada naquilo que é ou existe. Quanto aos objetos da mimese, o filósofo dá um exemplo excelente para se referir à verossimilhança mimética como valor e aceitação de possibilidades imaginárias, ao pensar que uma corça com chifre pode ser impossível ou desconhecida na realidade, mas é plausível em arte e baseada naquilo que é (chifre, corça, pernas etc.), ganhando seu valor artístico independente do conhecimento do real, desde que *retratada* de maneira convincente[17].

Imensa abertura, portanto, para a arte pensada por meio da potência da imaginação, sem ilusão de grau zero ou originalidade, pois a imaginação sempre é mimética, partindo essencialmente do que já é. A visão sobre o grau de desvio, montagem ou dobra daquilo que já é pode variar, mas nada é criado sem operações miméticas, mais ou menos aparentes. Com esse argumento sobre o que ainda não é, abre-se todo um campo de visão sobre as artes: o impossível ou o desconhecido tem seu lugar na arte (25, 1460b 20, 23) e a mimese se alia à criação ao representar o não existente, o (des)conhecido ou o que ainda não existe, ilusão de presença na ausência, suspensão de referentes totalmente reais, tornando possível a invenção e o descobrimento do que pode vir a ser. Esse novo terreno de entendimento oferecido pelo grande filósofo parece propiciar uma abertura de visão sobre o lado criativo-produtivo da mimese e de todo o seu potencial de expressão do

---

17 "É menos sério não saber que a corça não tem cornos do que pintá-la de maneira não convincente" (*Poética*, xv, 30).

que ainda não existiria, terreno bastante obscurecido, de latinos a modernos, e especialmente, do romantismo até tempos recentes.

Antes de abordarmos a *Poética* quanto à música, é interessante perceber como a questão da assimilação entre música e alma, música e caráter ético, herdada de seu mestre Platão e da escola pitagórica, também permeará a obra do estagirita como um todo. A ideia da correspondência entre alma e música ganhou uma continuidade muito viva em Aristóteles, embora com fundamentos e desenvolvimentos diferenciados. Sabemos ainda como seu método analítico foi fundamental para o desenvolvimento da relação entre percepção e estrutura musical na obra de seu aluno Aristoxeno[18]. Podemos observar a questão da música em relação com a alma em vários momentos. Em *Metafísica* (8:5),

as escalas musicais diferem umas das outras, e aqueles que as ouvem são afetados de várias formas. Algumas tornam os homens tristes e sérios, como a chamada mixolídia, outras enfraquecem a mente, como as harmonias relaxadas [*aneiménas*], outras, ainda, produzem um temperamento moderado e assentado, o que parece ser o efeito peculiar da dórica; a frígia inspira entusiasmo.

Esse é um exemplo de descrição do processo de assimilação entre música e alma, quando a música não apenas faz significar qualidades éticas (como a pintura, segundo ele, pode fazer, de forma indireta), mas as transporta, produz e expressa de forma inerente. A mimese está presente na música mediante esse contínuo processo de assimilação direta entre sons e qualidades éticas. O filósofo parece dar a entender que a assimilação mimética envolvida na música é mais direta e viva do que um processo de significação (*semeia*). Ela apresenta e transmite diretamente qualidades éticas e o ouvinte as recebe de forma "simpática" (como no verbo *sumpaschein*, "sentir com", ou em 1340a13, quando os

---

18 A ênfase empírica da relação entre percepção e estrutura (ou entre intervalos perceptíveis e centros escalares, mais que relações numéricas) é – além de ter gerado toda a autonomia de uma nova ciência musical – vista como a grande busca ou contribuição de Aristoxeno que chegou até nós (elas se encontram nos escritos que podemos chamar de Harmonia e Rítmicas). Como não encontramos nada próximo de uma discussão sobre mimese, dado que o que resta de seus outros livros (em que essa discussão possivelmente aconteceu) são apenas fragmentos esparsos, não abordaremos aqui esse autor, cuja articulação de pensamento para o estabelecimento dos fundamentos da música no Ocidente (*harmonia* e ritmo) consideramos extraordinário.

MÚSICA E MIMESE NA ERA CLÁSSICA 33

ouvintes da música mimética se tornam *sumpatheis*). Simpatia que corrobora a ideia de que até a música puramente instrumental seria capaz de gerar tais processos de assimilação mimética, o que Aristóteles chama de "ritmos e melodias por si mesmos", no citado trecho. Uma simples melodia ou sonoridade já contém direções e qualidades geradas por representações e expressões compartilháveis ou compartilhadas numa cultura[19]. Justamente por causa desse suposto poder de acesso direto ao caráter (*éthos*) dos homens, a música e sua discussão tornavam-se importantes para todo o debate sobre a formação na sociedade, para todo o debate propriamente político, de Damon em diante. A música expressa e incorpora emoções, movimentos da alma (*kinesis*), e, ao ouvi-la, a própria alma se altera e se modifica (*metaballomen... tēn psuchen*, 1340a22-23).

No último livro da *Política*, o debate é enriquecedor e descreve bem o que já comentamos. Vale citar todo um trecho:

Ritmos e melodias possuem similitudes [*homoiômata*] muito próximas da natureza real da raiva e da temperança, assim como da coragem e da autodisciplina, seus opostos, além de todos os outros traços éticos [*ethika*]. Isto fica claro na prática, porque nosso estado de alma muda enquanto ouvimos música. O hábito de sentir dor e prazer com as similitudes é próximo à sua disposição em relação à própria realidade [*aletheia*]. Por exemplo, se alguém gosta de contemplar uma imagem artística [*eikon*] de alguém somente por causa da forma, essa pessoa encontrará prazer na visão direta da pessoa retratada. Acontece que, em outras modalidades sensoriais, não há similitudes naturais para qualidades de caráter (éticas) – por exemplo, em objetos de toque e gosto. Objetos visíveis possuem essas similitudes num grau baixo, pois há formas visíveis com essas qualidades, embora nem todas as pessoas percebam. Além disso, essas coisas – formas e cores envolvidas em estados de caráter – não são verdadeiras similitudes (mimeses), mas somente signos do caráter [*semeian*] [...]. Por outro lado, melodias contêm em si mesmas equivalentes miméticos [*mimemata*] de caráter, e isto fica claro pelo fato de que melodias em escalas específicas [*harmoniai*] possuem

---

19 Outro trecho praticamente confirma essa ideia (1340a38-9): *en de tois melesin autois esti mimēmata tōn ēthōn* ou "há mimese de caráter nas melodias por si mesmas".

34

qualidades naturais que fazem com que cada uma delas tenha um efeito (ético) diferente nos ouvintes.[20]

Percebe-se como Aristóteles naturaliza a similitude ou o processo de assimilação, ao passo que a significação parece ser um processo mais artificial. Mas não é que a natureza seja um *a priori* absoluto em relação à cultura. Ao contrário, ela opera no interior de fenômenos culturais, como conexão causal entre obras ou performances e experiências musicais. A relação de equivalência entre estruturas intrínsecas da música e determinadas qualidades éticas é dada pela capacidade da música de "mover", causar "movimento" na alma. Algo confirmado por outros textos, como em *De anima* (3.3 427b21-24), em que a pintura aparece como incapaz de causar esse tipo de "movimento". Sabemos como esse "mover" aristotélico (como o *movere*, nos latinos) torna-se um dos três objetivos fundamentais da eloquência na *Retórica*, juntamente com o *delectare* e o *docere*.

Como se sabe, a *Poética* de Aristóteles é provavelmente o livro antigo mais comentado, retratado e utilizado na história da discussão sobre arte. O fato sugere que sua leitura e releitura ao longo dos séculos, mesmo quando cheia de interpretações ou extrapolações duvidosas, continua fundamental até nossos dias. Manuais de roteiro, de edição, de análise, livros de crítica e comentário ou de filosofia das artes, todos procuram dar conta e derivam ideias de vários preceitos por ela discutidos há mais de dois mil anos. Seu potencial intrínseco de definição, prescrição e rotulação, também pelo fato de serem notas de curso e mesmo quando seus termos são obscuros, ambíguos ou contraditórios, relegou-nos uma série de palavras sempre retomadas, como *páthos*, *catharsis*, *peripeteia*, *harmatia*, entre tantas que vinculamos a aspectos artísticos até hoje. Mais do que um livro de crítica literária sobre a poesia ou a música propriamente dita, trata-se essencialmente de um trabalho diretivo sobre a tragédia e seus efeitos.

Com a *Poética*, alguns argumentos naturalistas quanto à arte (questionáveis ou não) e referentes à mimese se tornaram fundamentais. Primeiro, a ideia de que, por instinto, os humanos

---

20 Aristóteles, *Política*, 1340a18-42. Há possíveis controvérsias sobre nossa tradução, mas também em qualquer uma que seja feita. Deixamos a discussão para a competência dos filólogos.

se engajam na mimese, o homem sendo o mais mimético dos animais. Segundo Aristóteles, é pela mimese que ele desenvolve sua primeira compreensão das coisas. Daí sua importância na educação, não só como meio de formação, mas pela natureza mesma de como o homem aprende. Segundo argumento importante, para além do que se costuma discutir em Platão: também é da sua natureza (do homem) ter prazer com objetos miméticos. Toda a aceitação da mimese como processo prazeroso, natural ao homem, dá a ela um estatuto diferenciado, menos aparentemente ameaçador do que em Platão. Em certo sentido, ele parece querer dizer que não sentimos prazer na percepção banal das coisas, mas antes na de suas imagens, no processo mimético das coisas. O mimo nos atrai e nos faz participar, provocando movimento na alma.

A discussão sobre o prazer da mimese será retomada inúmeras vezes por filósofos modernos, como Kant, e, mais recentemente, por autores como Jean-Luc Nancy e Derrida. No Kant da terceira crítica (*Crítica do Juízo*), ela aparece, por exemplo, na definição das belas-artes (*schöne Kunst*), como aquelas em que um prazer (*Lust*) sem o entretenimento simples é buscado. No esteio de Kant, Derrida vincula esse tipo de prazer ao homem livre, livre por ser capaz de uma produtividade não mercadológica, em que o objeto artístico não é visado nem por seu valor de uso, nem por seu valor de troca. No entanto, essa pura produtividade do que não se troca geraria uma espécie de comércio imaculado da reflexão, no nível da liberdade do julgamento de reflexão de Kant. Daí, entre outras coisas, a sua proposta de uma *economimese*[21]. Essa ideia de um comércio ou de uma circulação de reflexões não deixa de ecoar, indiretamente, pensamos, a ideia de participação que vimos com Platão e Aristóteles. Mas, com Kant, afirma-se a questão da liberdade. No caso da (até recentemente) chamada "música contemporânea" ou mesmo da "música clássica", "experimental" ou "erudita", essa argumentação em torno de um prazer sem entretenimento, baseada na liberdade (seja de uma indústria cultural, seja no plano das configurações e ideias mais livres elaboradas para a escuta), parecerá pertinente. No caso de Kant, a correspondência mimética das obras belas com a "natureza",

---

21 Jacques Derrida, Economimesis, *Diacritics*, v. 11, n. 2, p. 9.

extrapolada para sua época e suas ideias, estaria no fato dessas obras serem produções ou modulações da liberdade. Em Jean-Luc Nancy, a ideia de prazer na mimese se associará à ideia de desejo, como seu correlato irremediável, no sentido freudiano e além. Não nos caberá entrar em detalhes aqui. Interessante, porém, é guardar em nossa mente algumas das ideias vinculadas à mimese aristotélica e à música como arte mimética no curso da cultura ocidental: prazer, liberdade e educação.

A inclusão da música como arte mimética logo no início da *Poética* ainda promove grande discussão. Vista como arte essencialmente mimética, a música ganha uma atribuição teórica um tanto misteriosa. Vale citar o segundo parágrafo do texto:

> As poesias trágica e épica, assim como a comédia, o ditirambo e a maior parte da música para *aulos* e para lira, são todos tipos de mimese. Mas eles diferem em três aspectos: produzem mimese em meios diferentes, a partir de objetos diferentes e de modos diferentes. Assim como certas pessoas (alguns por habilidade, outros por talento intuitivo) usam cores e formas para produzir imagens miméticas de muitas coisas, as artes poéticas mencionadas produzem mimese em ritmo, linguagem e melodia, seja de forma separada ou conjunta. Isto é, apenas melodia e ritmo são usados na música para *aulos* e lira, e para muitos outros do gênero, como a flauta de pan. O ritmo, por si só, é usado por dançarinos, já que eles *também*, por ritmos traduzidos em movimentos, criam mimese de caráter, emoções e ações. (Grifo nosso.)

A bela passagem já permite vislumbrar uma série de elementos. Enfatizo apenas a palavra *também*, para demonstrar que a música parece se inserir nas artes que, "por ritmos traduzidos em movimentos, criam mimese de caráter, emoções e ações". Mimese de caráter, ou seja, de uma qualidade ética. Mimese de uma emoção, referente àquilo que se atribuirá ao movimento da alma e ao afeto (no futuro), e mimese de ação, provavelmente no sentido de uma ação moral. Além disso, a passagem parece presumir que o ritmo tem um peso grande em todo processo de assimilação entre música e alma[22].

---

22 Veremos mais adiante como o ritmo, na sua acepção grega mais ampla, alia-se a marcas supostamente subjetivadas ou "da alma", e ao caráter humano em geral, estando na base dos processos miméticos.

O som, para Aristóteles, era um dos *meios* da mimese (juntamente com a imagem (tinta, tela, pincel etc.) e a dança (corpo humano). Havia ainda os *gêneros* ou *maneiras* (literários: dramático e narrativo) e os *objetos* (temas ou coisas visadas pela mimese). O caso do ritmo parece especial, pois está em todas as poéticas que se davam no tempo então consideradas, sendo comum ao teatro, à poesia, à dança e à música. O ritmo, como já dissemos, parece ter um papel fundamental na relação entre a estrutura sonora e uma qualidade ética assimilável. Seria possível pensar num som ou ritmo "corajoso", "piedoso" e assim por diante. Não é difícil imaginar essas relações mesmo para nosso contexto cultural tão distante e diferente. Basta pensar em exemplos de dois ritmos contrastantes, um articulado e rápido, outro lento e mais ligado, e daí relacionar com possíveis conteúdos éticos, culturalmente compartilhados, a partir dos modos de escuta predominantes.

A mimese aristotélica se realiza, portanto, no encontro ativo da mente com esse mundo possível, configurado numa forma artística. Mas, diferentemente do que encontramos em Platão, as experiências artísticas compartilhadas estão fundamentadas em certas possibilidades oferecidas pela natureza (capacidades mentais e afinidades entre mente e materiais musicais). Esse naturalismo de base funda toda uma outra visão sobre a mimese musical, a qual parece valorizar a maleabilidade da mente humana e o prazer da produção artística. A defesa da ideia da música como prazer natural fica evidente no livro VIII da *Política*. Ali, a afirmação de sua inutilidade, em relação a outras atividades úteis, como a escrita, combina-se com o prazer que é capaz de proporcionar. Aristóteles, inclusive, cita outros autores, como Musaeus, para corroborar sua tese. Além disso, toda uma defesa mais global da música na educação é elaborada ali, a qual nos permite, mais uma vez, constatar o vínculo fundamental entre mimese e aprendizado, mimese e pedagogia. Música que, além da função pedagógica num sentido mais institucional (*paideia*), terá outras funções, segundo esse oitavo livro da *Política*: a do lazer cultivado e sério, recreação nobre que leva à felicidade (*diagoge*, termo de difícil tradução) e a função de relaxamento ou entretenimento (*paidia*). Ele falará ainda da função catártica (1341b37-9), também separável da função pedagógica, o que não significará uma função separada da ética e da importante capacidade de modificar a alma.

Via catarse, a purgação e a purificação das emoções podem ser igualmente importantes, inclusive de um ponto de vista ético. Mas a catarse, afinal, significaria purificar emoções ou afetos (cujo caráter seria mais ritual), liberar ou purgar emoções ou afetos (tendo um caráter mais médico ou terapêutico), ou, ainda, descrever uma espécie de esclarecimento que parte do afeto particular para chegar a um valor universal, processo de inferência que ocorre a partir de afetos, tais como piedade e medo na tragédia, então transformados ou liquidados na forma de um prazer agradável? A metaforização que Aristóteles criou com o termo *catharsis* é rica, cheia de nuanças, não havendo um entendimento único possível. O debate filológico em torno do termo é amplo e antigo, sem resolução cabal. Nem tudo que vale para o termo na *Poética* pode valer para o termo na *Política* e vice-versa. Mas a comparação da catarse trágica de um livro com a musical do outro ajuda a iluminar o entendimento inevitavelmente complexo do termo.

Se visto a partir da perspectiva da psicologia, mais do que como propriedade da estrutura de uma obra, o termo *catharsis* aparecerá como uma espécie de reação à tragédia e a certos tipos de música (em especial àquelas que favorecem a vivência de emoções intensas), sendo a catarse característica da experiência de formas de arte essencialmente miméticas, ou seja, daquelas que se dão no campo da expressão ou representação de características humanas e de uma experiência estética intensificada que se dá em função da ética, diferentemente do que alguns costumam pensar. A função catártica não se opõe à formação ou experiência ética, ela se opõe apenas a experiências musicais mais objetivamente didáticas.

Por fim, parece-nos muito interessante observar como as funções da arte, diferenciadas pelo estagirita, na *Política*, para se pensar a experiência musical (pedagógica, catártica, do lazer cultivado e do entretenimento), ainda podem nos ajudar a descrever como vivenciamos a música nos dias de hoje, quando, por exemplo, pensamos na diferença entre contextos de música popular, erudita, folclórica, ritual, ou estilos e práticas híbridos, quando pensamos nos seus modos distintos de escuta, de apresentação e de participação.

Música e Mimese
na Antiguidade Pós-Clássica

Os textos de Platão e Aristóteles formaram a base de certa linguagem comum na Antiguidade helênica e tardia, inclusive quanto ao assunto mimese. Alguns dos textos comentados não chegaram até nós, como *Sobre Poetas* e *Problemas Homéricos*, de Aristóteles. E mesmo que textos como tais tenham compensado a aparente ausência da *Poética* nas discussões pós-clássicas, os escritos do estagirita parecem não ter recebido o mesmo cultivo que os de seu professor, Platão. Pois, quanto a Aristóteles, as referências se tornam cada vez mais raras, incertas ou duvidosas, reaparecendo de forma vigorosa apenas na segunda parte do medievo. A transmissão do *corpus* aristotélico parece ter sofrido um recuo sensível desde a morte de Teofrasto, em 287 a.C. De toda a forma, a mimese já se tornara um âmbito de pensamento unificador e fundamental, no período helênico, ainda que as fontes textuais sejam frequentemente fragmentárias, cheias de lacunas e, muitas vezes, indiretas.

Na escola estoica, a ideia de mimese aparece na discussão sobre a origem da linguagem, a primeira ou mais antiga linguagem como sendo uma mimese da realidade[1]. A mimese

---

1   Não nos parecerá estranho pensar que muitos dos que se referem a uma suposta "linguagem musical" na verdade estão se referindo ao que consideramos aqui mimese na música.

parece ser vista como alguma espécie de retrato correto da realidade. A própria sabedoria estoica, como arte suprema, seria um *mimema*, segundo uma frase atribuída a Crisipo; uma representação, modelo ou microcosmo, uma imagem próxima da natureza. Assim, o estoicismo, em seu alinhamento mimético com a natureza, marca sua forma em todos os campos da vida, assim como o escultor Fídias marcava sua arte nos diferentes materiais que empregava. Além dos sentidos mais genéricos da mimese como condição da linguagem e da sabedoria, os estoicos consideravam um sentido mais específico que caracterizava o estatuto da poesia, a qual tinha total primazia como arte mimética (vale citar as belas palavras de Estrabo: a poesia é "mimese artística da vida em linguagem"), mas também o estatuto da música (admitida parcialmente mimética, no tratado *Sobre a Música (Peri Mousikes)*, no qual argumentos de Diógenes da Babilônia são descritos por Filodemo de Gadara), além do estatuto das artes visuais.

MIMESE MUSICAL EM DIÓGENES DA BABILÔNIA

O pensamento estoico de Diógenes da Babilônia (228-140 a.C.), o qual parece conceber a música como ao menos parcialmente mimética, foi recuperado graças ao texto *Peri Mousikes* ou *De musica*, do seu opositor epicurista, Filodemo de Gadara (110-40 a.C.). Embora cheio de lacunas, o texto expõe uma boa dose de argumentos sobre música atribuídos a Diógenes, sempre seguido da resposta contestadora de Filodemo. A resposta pretende, invariavelmente, demonstrar a falácia que seria acreditar na relação entre música e qualquer conteúdo ou valor moral/ético. Num plano global de cunho epicurista, Filodemo procura defender a relação da música com o prazer e o entretenimento por si mesmos, despojados de qualquer conteúdo moral, ético ou educativo. Sendo assim, vai contra toda a tradição sobre qualquer conformidade mimética entre música e alma, contra o debate sobre a natureza ética da música, tal qual descrevemos desde os pitagóricos. Por essas razões, aparenta não vislumbrar qualquer dimensão mimética na música, tal qual concebiam os mais antigos.

Muitos dos argumentos atribuídos a seu adversário, Diógenes, ecoam Platão, os peripatéticos e diversas anedotas presentes

MÚSICA E MIMESE NA ANTIGUIDADE PÓS-CLÁSSICA

em relatos mais antigos, com o propósito de defender o antigo debate da música como mimese de conteúdos éticos ou formais. Em Diógenes, a diferença global e adicional estaria na maneira estoica de tratar a música, essencialmente como um fenômeno racional. Isto gerou um discurso diferenciado, coisa que não se percebe em autores até mais reconhecidos pela musicologia, como Plutarco. Por exemplo, uma ideia profundamente discutível já se encontra na coluna 14 do texto, na qual se afirma algo como "parte de uma educação em direção à virtude [...] quer [...] adequar impulsos e uma vez que as ações morais nascem da escolha deliberada, para apreender o assunto de forma esquemática, alguns afetos, acompanhados por uma capacidade, tornam-se intenções"[2]. Interessante como o afeto se torna intenção em função do fato de uma ação nascer de uma escolha deliberada. A psicologia da ação estoica, também baseada na ideia de que qualquer emoção é fruto de julgamentos e qualquer ação, fruto de uma decisão moral, psicologia que não teremos espaço para discutir aqui, entra em jogo de forma basilar na sua compreensão da música, atribuindo uma grande racionalidade a ela, assim como a ações e afetos com ela relacionados.

Interessante, para nossos propósitos, é observar como Diógenes acreditava no valor psicológico da música sem palavras ou puramente instrumental, além de acreditar na sua capacidade de afetar atitudes e condições humanas. É como se a música pura, sem palavras, já contivesse o éthos, em acordo com os processos miméticos nos termos antigos. A música teria virtudes naturais que seriam propriedades assimiláveis (coluna 18)[3]. As ideias de

2 (merōn) en.[. . . . . / de kai [d]idach[ē. . . . . / pros aretē[. . . . ./ boulesthai ka[. . . . . / hormas tinas e[mpoiein; e- / peidēper pra[xeis kai ka- / ta proairesin e[isin, hōs / typ[ō labein, pr[oair]eseis / gine[sthai pathē tina me- / ta dynameōs

3 to euēko[on paida k]|ai holōs / euai[sthēton ginestha]|i hypo rhy- / thmou kai mousi[kē aph]|iēsin, / hōs echousa tinas a[ret]|as syg- / geneis; ischyein gar [en] – pasin / malist[a] to oikeio[n k]|ai pros- / phyesthai [t]achi[sta kai rh]|aista / to homoion, hōsper [g' aisth]|ēta / tina prospherom[eno]|n euthy / tēs ousias; ex hōn d[ē kai t]|as / polauseis ka[i ta pa]|thē / kai katholou tas [aisthē]|seis / sph] odrotatas ese[sthai di]|a tau- / tēn hama de ka.[. . . . .t]|ēs [hē- / do]nēs dyna[m. . . . .]| ka[. . / . .] ou mikran to[. . . . .s]|ym- / . . . .]i pr[. . . . p]|athos / p] athestat[. . . . . . .]|in - / naisthēts[. . . . . . .]|itōn / kata|[. . . . . / tou-na|[ntion . . . .

Uma possível tradução: "a música permite [à criança] adquirir um bom ouvido, em geral, uma agudeza de percepção sob a influência do ritmo, já que ▶

assimilação e daquilo que seria "gerado diretamente", parecem se aproximar do termo estoico de afinidade/apropriação natural (*oikeiōsis*). Esse termo não trata apenas da aquisição ou da apropriação, mas do reconhecimento de uma relação mais íntima e fundamental na história do desenvolvimento de uma pessoa. Há toda uma argumentação estoica de como um bebê seleciona o que é bom para si desde o início de vida[4]. Talvez Diógenes esteja sugerindo que a alma reconhece e busca a bondade e a virtude inerentes à música através de uma *oikeiōsis* pessoal, aquela descrita pela doutrina de Crisipo. A mimese na música, nesse caso, trataria da assimilação ou apropriação de valores por via de uma seleção racional da virtude contida, por afinidade natural, na própria música. De acordo com os estoicos, a natureza dá aos homens a habilidade de se orientar em direção à virtude por meio dessa capacidade de seleção, inclusive porque, na natureza, segundo os estoicos, tudo teria uma base racional.

Filodemo também relata que Diógenes acreditava em dois tipos de percepção, a natural e a "por conhecimento". A percepção natural informa o que é quente, o que é frio e assim por diante, enquanto a "por conhecimento" percebe o que está em harmonia e o que não está. A música, por exemplo, necessitaria de ambas. Gostar ou não de uma música é da ordem da percepção natural. Poder responder o *porquê* de gostar ou não de uma música seria da ordem da percepção "por conhecimento". O desenvolvimento da segunda percepção parece depender, portanto, de todo um processo de educação ou aquisição de conhecimentos. Para um epicurista como Filodemo, em termos gerais, não haveria essa distinção de percepções, pois os sentidos são basicamente irracionais e não movem a alma de forma direta. A música só afetaria os ouvidos como prazer ou desprazer irracional. Para o epicurista, apenas o julgamento racional, totalmente indireto, seria capaz de mover a alma. Uma experiência sensível por si só não o seria.

Em seu racionalismo de contracorrente, Diógenes parece ir além inclusive de Platão e Aristóteles, ao afirmar que a música é

> ▷ possui algumas virtudes naturais natas; como ele diz [Diógenes], o que é mais forte em todas as coisas é o que é próprio, e o que é similar é mais fácil e rapidamente assimilável, gerado diretamente para um ser como certas coisas sensíveis; como resultado, nossos prazeres e afetos serão mais fortes graças à isso [música?]".

4   Cf. Cícero, *De finibus*, III, 16.

MÚSICA E MIMESE NA ANTIGUIDADE PÓS-CLÁSSICA

boa para a inteligência, porque contém "definições (limites), divisões e demonstrações"[5], ou seja, está longe de ser um fenômeno meramente irracional, podendo fazer compartilhar e assimilar aspectos racionais ou racionalizáveis. A própria construção harmônica de uma música determina seu poder de afetar um ouvinte, seja ele conhecedor ou não de aspectos técnicos da música. Mas a música afeta cada pessoa de forma diferente (daí Diógenes parecer acreditar, como Platão, que a música é uma arte *estocástica*, ou seja, uma arte que, para ser efetiva, depende de fatores além da sua capacidade de controle). Claro que, para ser um bom julgador da música, o ouvinte deverá ter conhecimento de aspectos técnicos, só assim terá a capacidade de analisá-la, algo que Platão também defende para os julgadores da música (*Leis*, II, 670c). Além disso, só o conhecedor bem treinado poderá perceber semelhanças de cunho mimético (nobreza, feiura, adequação ou correção mimética etc.). Os problemas do caráter mimético da música e dos sons foram enfatizados por Platão, mas ainda, o que costuma ser menos considerado, algumas de suas virtudes (como no *Timeu*, 80a-b, trecho que não comentamos anteriormente, no que tange à imitação da harmonia divina operada entre sons rápidos e lentos).

Vale relembrar que Aristóteles também afirmou que a *mousikē*, por sua natureza, é uma mimese de "caracteres, emoções e ações" (*Poética*, 1447a). As derivações e a herança dos clássicos são variadas e complexas no discurso de Diógenes. Citamos apenas algumas. Vários trechos atribuídos a ele parecem uma citação direta ou então comprimida de Platão. Por exemplo, há um momento em que elabora a seguinte ideia: com a música, é preciso ter um cuidado maior, pois, entre as artes, ela é a mais perigosa, podendo gerar, no caso de erro, maior dano moral (*De musica*, coluna 51). Um aspecto mais original do mesmo trecho atribuído a Diógenes fala sobre a dificuldade de entender o propósito da música puramente instrumental. Cabe notar que ele diz ser difícil, mas não impossível ou inexistente. Ou seja, um conteúdo moral também a permearia, embora seja complicado querer extraí-lo ou encontrá-lo. Outra questão de origem platônica é a ideia de que a conformidade mimética não pode ser julgada pelo prazer, mas, antes, por critérios formais ou estruturais (em Platão: nas

---

5   Cf. Filodemo, *De musica*, coluna 48.

Leis (668d), o ateniense fala em equalização entre quantidade e qualidade, de um critério matemático para suplantar o julgamento baseado somente no prazer).

A música, para Diógenes, é capaz de colocar uma alma em movimento, assim como acalmar uma que esteja aflita, embora isto varie de pessoa para pessoa[6]. Filodemo acusa Diógenes de buscar uma ciência de coisas que não existem[7]. Para ele, nenhuma melodia como melodia, sendo irracional, pode mover ou acalmar a alma. Nenhum processo mimético ou representativo existiria, sendo a música um conteúdo meramente sensível e irracional, destinado tão somente ao prazer ou ao desprazer, ao entretenimento. Mas é preciso salientar, em prol de Diógenes: o efeito da música não precisa ser considerado irracional pelo simples fato de não apresentar ideias ou proposições verbais. Semelhanças, miméticas e não miméticas[8], estariam presentes na música, de acordo com ele. Quando fala em semelhanças em geral, não apenas miméticas (nos termos em que admitiam a mimese), Diógenes parece se referir também a experiências mais abstratas, como a do movimento, e ainda a estruturas, situações espaciais e temporais, tensões, distâncias, as quais estão além da pura sonoridade como coisa fixa, irracional ou meramente qualitativa. Parece bem provável que ele veja essas características assimiláveis mais abstratas como percepções "por conhecimento" mais específico, ou seja, percepções daquele que conhece a música e as suas técnicas. Essas características igualmente parecem indicar uma consideração pela música puramente instrumental, no sentido de que ela possuiria semelhanças e formas assimiláveis muito além de ser apenas sons para um deleite.

Outro autor de repercussão do período helênico é Plutarco (46-126). Seu livro, *De musica* (questiona-se, sem resposta definitiva, se o livro era de sua autoria), felizmente chegou até nós

---

6 ἐπεὶ οὐ πάντες ὀμοίως κινηθησόμεθα πρὸς τῆς αὐτῆς (epei ou pantes homoiōs kinēthēsometha pros tēs autēs). Essa é uma frase da Coluna 36 de *De musica*, a qual expõe a seguinte ideia: não somos todos afetados da mesma forma pela mesma canção.

7 τῶν ἀνυπάρκτων ἐπιστήμην (tōn anyparktōn epistēmēn), na Coluna 117.

8 A ideia de semelhanças não miméticas na música também está presente no texto pseudoaristotélico *Problemata* (XIX.27 e 29). Ele se vincula à ideia de que a música possui movimento, de que uma melodia é cinética. Como movimentos têm a ver com ações, e ações são indicações de caráter moral, haveria uma semelhança entre ambos.

MÚSICA E MIMESE NA ANTIGUIDADE PÓS-CLÁSSICA

bastante intacto, daí também sua maior difusão, tradução e interpretação. Uma boa parte do conteúdo, das personagens e dos temas encontrados no *De musica* de Filodemo são retomados, nesse livro, em geral com maior detalhamento, mas praticamente sem ideias e argumentações próprias. Por ser bem mais conhecido, e bem mais pobre em pensamentos próprios, não dedicaremos comentários aqui. Seu estilo compilatório parece indicar anotações agregadas sobre música, costuradas pelo estilo de Plutarco apenas no início, na passagem da palavra entre as personagens e no final. Em estilo simposial, o cenário lembra obras como *O Banquete*, de Platão. Um grupo de nobres se reúne, após comer e beber, para discutir um assunto, no caso, a música. O tratamento dos assuntos não indica qualquer distinção de pensamento ou argumentações diferentes daquelas encontradas em autores mais antigos, especialmente em Aristoxeno e Platão. Por exemplo, a personagem especializada em teoria musical comenta extensivamente a importância do conhecimento para atingir a conformidade de modos e ritmos, sua relação com o caráter (éthos), seu uso adequado, expressando exatamente tudo que encontramos em autores anteriores quanto à mimese. A maior preocupação do livro parece ser a de reunir uma história de personagens e argumentos da tradição musical grega num só volume, com boa ênfase em Aristoxeno, e com o mérito de ser a única fonte que relata sinteticamente a prática de uma série de músicos antigos dos quais não se tem registro em qualquer outra fonte.

MIMESE MUSICAL EM ARISTIDES QUINTILIANO

Na Antiguidade pós-clássica, outro grande mestre de conhecimentos teóricos da música foi Aristides Quintiliano, cuja obra em grego também não teve a intenção de ser inovadora, embora faça uma ponte sem equivalente, na sua época, entre música e filosofia, expondo argumentos diferenciados para cada assunto tratado, envolvendo uma vasta amplitude de disciplinas, para além da mera compilação de matérias do passado. Por tais razões, decidimos discutir alguns dos seus argumentos e das suas ideias, especialmente aquilo que está relacionado com processos miméticos na música.

As datas de Quintiliano são incertas (entre os séculos I e III). A sua obra oferece, como ele mesmo justifica, uma visão global e integradora da música grega, também por associá-la à concepção de homem e de universo daquela cultura antiga. Não se trata apenas de um tratado técnico, embora haja exemplos dessa natureza. No seu *De musica*, Quintiliano nos fornece informações concretas da prática musical (como escalas, notação e solfejo, supondo configurações específicas[9] que remontariam à época de Damon), interpretações alegóricas, conhecimento detalhado sobre a sistematização de Aristoxeno, inclusive de condições que o teriam antecedido, além de ser uma fonte preciosa para o conhecimento sobre ritmo e métrica. As formas de representação das estruturas musicais antigas que ele reapresenta são, por ele mesmo, aludidas como incertas ou imprecisas, desde o passado remoto. Já em Aristonexo, encontramos o mesmo ceticismo sobre a precisão das representações do que foi feito antes dele. É como se houvesse um processo mimético desviante na transmissão dos conhecimentos teóricos, como na brincadeira de telefone sem fio, em que uma margem de incerteza e erro estará sempre presente, sendo assumida pelos autores, mesmo nas partes mais matemáticas ou exatas de representação.

O contexto neoplatônico da sua ênfase na integração global da música com o universo parece tê-lo feito buscar nexos entre diversas disciplinas e manifestações, da teoria e do ensino musical à filosofia, criando argumentações e pensamentos, senão próprios, ao menos bem mais elaborados e diferenciados do que encontramos em Plutarco, por exemplo. A correspondência platônica entre movimentos ordenados de sons e as leis de ordenação do universo formava a base da compreensão e da justificativa para todo o estudo, com a ênfase antiga na busca da ascese ao mundo das ideias. Para o autor, a música é a disciplina que perpassa todos os assuntos, e dura por toda eternidade, ordenando a alma com as belezas da *harmonia* (estrutura melódica) e ajustando o corpo com ritmos apropriados. A dialética (o discurso filosófico) e a retórica só levam à sabedoria se a alma na qual operam é purificada pela música. Segundo esse Quintiliano neoplatônico,

---

9 Não caberá aqui entrar nas exposições mais técnicas sobre sistemas, gêneros e intervalos, as quais ele desenvolve com grandes detalhes no livro. Vale lembrar, não é nosso enfoque.

o Demiurgo fabricou cada alma com as razões e as proporções da harmonia. Ele harmoniza e ordena todas as coisas. Assim, as razões e as proporções da alma se harmonizam como as da música, reafirmando a antiga relação mimética de cunho pitagórico-platônico que temos investigado. O que nos interessará, em particular, é quando Quintiliano afirma que a música ordena a alma e conforma o corpo com ritmos ou números convenientes (diga-se, eticamente convenientes). Pois as ideias de conveniência, de decoro e de adequação (*prépon*) presentes no texto rediscutem a conformação mimética que expomos a partir de Platão, ou seja, a correspondência mimética entre alma e música, mediada por proporções, por relações formais, que possibilita a existência da harmonia e da ética em todo e qualquer corpo. Por ser invisível, a harmonia da música corresponde àquela operada pela razão (*logos*), a qual reúne todas as coisas em um todo único. Ao oferecer essa imagem do todo integrado, a música se transforma também em arte educativa, com o poder de orientar ações ao longo de uma vida (poder ético-mimético, portanto), além de ser uma arte prática que gera prazer, prazer adequado, claro, mas digno e incomparável, como ele diz. Esse prazer de quem faz música é comparado por ele ao prazer gerado pelo benefício do conhecimento. Evidentemente, esse último argumento sobre o prazer parece beber ainda da tradição aristotélica.

Seu desejo de unir em um único tratado o que via nos antigos como assuntos separados acaba gerando conexões de pensamento singulares. A sua elaboração sobre a definição de música é bastante interessante, em parte por exercer certa virada na concepção ética tradicional que já comentamos, possibilitando outras interpretações circulantes e outras operações conceituais: "*a música é o conhecimento do que é conveniente ou apropriado em sons e no movimento dos corpos*"[10] (lembrando que sons também são corpos em movimento). A noção de conveniência e o sentido de uma arte prática que serve para alterar os éthe não são novidades; elas podem ser encontradas, por exemplo, nas obras de Baquio e Anônimo de Bellermann. Como já esboçamos, a ideia de conveniência sempre parece ecoar a relação entre música e ética, para

10 *De musica*, livro i, capítulo 4. Para uma tradução em inglês, ver A. Barker, *Greek Music Writings*, v. ii, Cambridge: Cambridge University Press, 2004.

não dizer entre mundo sensível e mundo inteligível, corpo e alma. Mas aquilo que havíamos chamado, em Platão, de conformidade mimética parece ganhar, em Quintiliano, mais cores provindas da retórica (a conveniência igualmente como aquilo que segue o decoro). O seu texto se aproxima bastante dos tratados da retórica imperial da época, de autores como Dionísio de Halicarnaso, também porque esses próprios tratados costumam discorrer sobre o paralelo entre música e oratória (como em Demétrio).

Podemos apenas esboçar uma explicação possível para sua definição da música, pois o sentido dos termos e da linguagem empregados é duvidoso, ambíguo e de amplitude questionável. Tentemos apenas. A música é, entre outras coisas, uma forma prática de conhecer o que *deve* ser (o conveniente ou o decoroso – *tò prépon*), no sentido da relação entre ética (ou moral) e estética (sensação), da identificação do bem com a beleza, ou seja, em sentido semelhante ao da conformidade mimética de Platão (entre qualidades éticas e qualidades estéticas (ou seja, de sensação) da música, promovidas por ritmos e *harmonias* que adequam essas qualidades entre si). Ele mesmo define conveniência, numa frase duvidosa, como algo relacionado com "comunicação da ordem" ou "da consonância mútua", a partir de coisas nobres e louváveis; algo que, além de enfatizar a questão da forma (ordem, em relação com belezas inteligíveis), pode nos remeter ao conceito, já discutido, de participação em relação à mimese (*méthexis*), a partir de uma ideia de comunicação como âmbito do comum.

Mas a música, talvez num plano mais amplo, também é vista como um conhecimento do que constitui e anima o corpóreo e de tudo que é movimento. Por um lado, a sua substância está nos corpos. E a alma movimenta (anima, afeta) os corpos, ou seja, é o próprio movimento, e a música é movimento nos sons (seja a vibração física de cada som, seja a mudança de alturas sonoras no tempo, como na tradição aristoxênica). A conformidade entre ambas se dá por meio da harmonia e do ritmo, ordenações que adequam, *conformam* (ou tornam convenientes) movimentos de esferas ou corpos diferentes, não apenas as esferas da música e da alma, mas, de acordo com seu discurso repleto de unitarismo pitagórico e platônico, as de todo o cosmo. O seu uso do termo "música" qualifica, inclusive, tudo o que está bem-feito ou que é como deve ser, refletindo-se na correlação dos termos conveniência, ordem (*kósmos*) e consonância. É como se a música refletisse ou fizesse parte de uma espécie de ética cósmica, revelando uma conformação global de movimentos. Inclusive por isso, tanto como ciência quanto como arte ou habilidade[11], ela se torna útil para a vida.

Das definições antigas, Quintiliano prefere a definição do som como afecção do corpo (*páthos*), do que como corpo afetado. A diferença parece crucial para entender o papel do som como algo ativo, o que parece aproximá-lo da tradição aristoxênica e aristotélica (como em *De anima*), uma vez que a pitagórica geralmente prefere partir da fisicalidade do som, do que de seu efeito na audição. Mas Quintiliano consegue, de certa forma, atar ambas as tradições, em parte com a ideia de movimento, pois o movimento do som, para os antigos, podia se referir tanto à diferença sensível de alturas numa melodia quanto à vibração que constitui sua realidade física. Para nossos propósitos, aqui bem reduzidos, vale apenas tentar entender como essa afecção se relaciona com o que chamou de conveniência ou de adequação, mas também de comunicação (ou seja, relativo ao que nos é comum), e como isto está relacionado com processos miméticos. Claro que, ao falar do som, Aristides não fala de todo e qualquer som ou objeto sonoro, mas de sons que servirão ao que considera música ou músico-poética (alturas e suas durações, diferenças sonoras entre vogais e consoantes, timbres instrumentais, diferenças sonoras percebidas conforme a acentuação etc.).

À potência ou capacidade (*dynamis*: no original, δύναμις) que, como em Aristoxeno, é encontrada em cada grau de uma escala e, no caso de Quintiliano, no som de uma vogal, por exemplo, podemos associar, mesmo como simples função atribuída, um poder ético. Ela, potência, provém da posição relativa de um som em relação a outro (como os acordes na harmonia funcional do tonalismo). Além dessa potência ou força, que ele vê como quase infinita na natureza e presente em cada som em relação[12], encontramos na sua descrição dos procedimentos de composição

11 "Também podemos defini-la (a música) como uma habilidade, já que se trata de um sistema de percepções e de percepções (*katalepsis*) treinadas para a precisão" (*De musica*, livro I, capítulo 4).

12 Não abordaremos os nomes nem toda a discussão técnica oferecida por Aristides em torno das funções, dos *tonoi* e dos sistemas. Enfocamos apenas o que nos leva à questão mimética em geral.

um aspecto mais estrutural que, segundo Quintiliano, também ajudaria em muito a determinar o éthos a partir de sons: a repetição ou as regras de movimento e contramovimento, a distribuição, como num jogo de cartas ou xadrez, para combinar e acomodar sons (*petteía*). Novamente, reencontramos a ideia tão comum na Antiguidade de que a música mimetiza maneiras de agir ou ser, mas passa-se a reconhecer um recurso composicional como aquilo que provocaria o efeito mimético. Ele diz que essa "repetição (distribuição ou jogo) é também o que põe em evidência o éthos"[13]. Mas como isso se daria?

A maior ou menor presença de um som determina sua posição numa hierarquia e a repetição é uma forma de enfatizar um som ou de omitir aqueles que não devem aparecer ou se destacar (determinando, portanto, se o som tem função estrutural, se está fora do jogo ou se é apenas ornamental). Assim, o poder da repetição vai além de seu uso meramente melódico, tornando-se um poder ético-mimético na composição musical, além daquele que já estaria contido em cada qualidade de sensação em relação a outros sons (*dynamis*). Na estruturação dos tetracordes ou pentacordes e, em consequência, das *harmonias* por eles formadas, a função estrutural e a frequência de uma altura ou de um som em particular também colaborariam na determinação das qualidades éticas da música. Assim, questões formais, aqui baseadas na ideia de repetição, seleção e função, estabelecem valores miméticos e, consequentemente, de conformidade e participação. Por serem menos evidentes do que conteúdos ou objetos mimetizados, pretendemos retomar essa ideia do jogo de seleção e repetição de elementos como potência ética e mimética da composição mais adiante. Como vemos, Quintiliano ajuda enormemente a ampliar nossa visão sobre a mimese musical. Inclusive porque, se encararmos o termo *petteía* como jogo, distribuição ou mesmo estratégia (e não apenas como repetição, ideia para o termo que vem de Cleonides), as possibilidades ao que ele se refere se ampliam, como se estivéssemos falando da fase de estruturação pré-composicional da música, sua estrutura preestabelecida em teoria. Para dar exemplos recentes, guardadas as devidas proporções e os contextos anacrônicos, pense no

---

13 *De musica*, livro I, capítulo 12.

uso do *I Ching*, em John Cage, ou da teoria do jogo, em Iannis Xenakis, com exceção do fato de que a música era uma performance composta, não uma composição escrita.

Cabe destacar outra dimensão mimética do seu discurso. Para Quintiliano, haveria ainda três formas de éthe na composição melódica, relacionados com a manutenção dos estados de alma: a sistáltica, a diastáltica e a intermediária. A sistáltica é a melodia que provoca paixões de tipo tenso ou aflitivo; a diastáltica, a composição melódica usada para exaltar o ânimo; a intermediária, aquela através da qual conduzimos a alma até a tranquilidade. Segundo ele, essas formas éticas faziam parte da terapia das paixões e cada uma delas estava relacionada com uma parte da alma, respectivamente, a desejante, a impulsiva e a racional. À desejante ele vinculará, mais tarde no tratado, o caráter feminino, e à impulsiva, o masculino. Para ficar mais claro, podemos oferecer uma analogia anacrônica com os nossos dias, com tudo que isso tem de descontextualização: muita gente ouve música para relaxar, para se animar ou para tensionar; em suma, para provocar algum tipo de estado de alma específico ou contexto de *participação*. Não é difícil de se imaginar isso e de associar a momentos específicos da nossa vida, em que colocamos para tocar uma música, como um encontro de amigos, uma festa ou após algum trabalho.

Quanto ao ritmo, outro fator mimético fundamental, a exposição de Quintiliano está muito próxima ao que se conservou sobre o assunto, em Aristoxeno. O ritmo é aquilo que potencializa a melodia, movendo a mente. Daí também sua importância na condução ética da alma. Terá, como já indicamos antes, papel fundamental no processo mimético. Isto se dá, segundo ele, a partir de dois afetos (*pathe*) genéricos: ársis e *thésis*, tensão e repouso. É aqui que afetos parecem descrever sensações que serão conformadas em melodias ou ritmos convenientes. Ársis é o deslocamento para o alto de uma parte do corpo, *thésis*, o deslocamento para baixo. Eles fazem referência à dança ou ao caminhar, tratando da alternância de pontos de apoio e de suspensão do movimento. Ainda segundo o autor, percebemos o ritmo por meio de três sentidos: pela visão, como na dança, pelo ouvido, como na melodia, pelo tato, como na pulsação do sistema circulatório. A música, para ele, leva apenas dois sentidos em conta, a vista e o ouvido (pode-se, evidentemente, questionar isso). Mais importante, ela regula ritmicamente o movimento do corpo, a melodia e a dicção. A definição é importante no sentido de dissociar o ritmo da métrica. Quintiliano se aproxima, mais uma vez, de Aristoxeno. O ritmo passa a valer por si mesmo, como sistema abstrato de tempos, independente da métrica. Cabe lembrar que a distinção entre ritmo e métrica provém do amplo debate sobre a questão na poesia e na músico-poética, pelo menos desde Aristoxeno, diferentemente de noções muito mais recentes, como a de compasso na música não cantada ou moderna. A questão sobre a diferença entre ritmo e métrica, na música, pode ser observada já em Aristoxeno, no seu livro sobre ritmo. Por exemplo, a discussão sobre o alongamento de sílabas (durações) para manter uma mesma métrica, como se observa na canção de *Seikilos* (*ou epitáfio de Sícilo*). Não entraremos em detalhes, mas isto conduz o pensamento de Aristides a uma ampla mobilidade teórica sobre a formação, os tipos e a criação de ritmos, durações e métricas.

É a partir do segundo dos três livros do seu *De musica* que poderemos discutir a questão da mimese de forma mais incisiva, quando Aristides Quintiliano se pergunta se é possível uma educação por meio da música e se esta teria alguma utilidade. Retorna-se à antiga preocupação com a modelagem do éthos e com os processos miméticos envolvidos na música. No entanto, ao contrário do Aristóteles da *Política*, Quintiliano busca querer demonstrar o porquê de a música ser de fato tão útil. Em chave platônica, o autor dispõe a música como condutora ou retificadora da parte irracional da alma, como se essa parte fosse uma espécie de fera a ser domada. Desde a infância, as harmonias modelariam os éthe (as maneiras de ser e de agir). Sabemos como qualquer ideia de modelagem ou conformação já indica processos miméticos. Mas Aristides pretende demonstrar as vantagens da música para a educação, em contraposição a conceitos ou meios verbais. O poder ético da música reside na sua capacidade de atuar sobre o irracional pelo prazer, que é diferenciado de pessoa para pessoa, como vimos em Diógenes, via Platão, e na ideia da música como uma arte "estocástica". Existiria uma espécie de predisposição para determinadas melodias, como temos hoje para a escuta de certas músicas, mais do que para outras, como algo que varia em cada indivíduo.

MÚSICA E MIMESE NA ANTIGUIDADE PÓS-CLÁSSICA 53

Para Quintiliano, as causas da eficácia da música na educação são evidentes. Segundo ele, na primeira infância, a aprendizagem se dá por meio de semelhanças, ou seja, por processos miméticos, como já se sabia com outros antigos. Também como vimos em outros autores, no caso da música, é a mimese de ações que se tem por essência. Mas é exatamente aqui que esse autor, em particular, parece dar um passo mais específico, gerando, no meu modo de ver, toda uma nova concepção sobre a mimese musical. A música, para Quintiliano, é a única arte que, além de educar por palavras, educa por meio de *imagens de ações*[14] e agentes em movimento, articulação que consideramos de extremo interesse em seu pensamento. Essas imagens de ações são, sem dúvida, uma forma de compreender ou relatar o próprio processo mimético da música. Claro que, agora, pensando na mimese antiga, tem-se a preocupação em falar de ação muito provavelmente como ação moral ou ética, como imagem de *práxis* de conduta ou, como ele diz, de movimentos em íntima relação com os feitos narrados. Trata-se da educação moral por assimilação de imagens de ações que seriam talvez exemplares, como num discurso de retórica.

O interessante da concepção da música como imagem de ação é que, por um lado, imagens e semelhanças não se fabricam apenas com conteúdos fixos ou significantes fechados, mas também a partir de ações, comportamentos ou atitudes que se desenrolam no tempo, podendo ganhar referimento, por exemplo, a ideias mais abstratas, como transformação, distribuição ou processo. Daí a beleza que encontramos em sua maneira de pensar e comparar diferentes artes. Para ele, a música seria a arte que estaria mais próxima da realidade de uma ação, ou da representação da realidade de uma ação; seus meios de imitar (*mimêsis*) seriam os mesmos que aqueles pelos quais ações em si são procedidas na realidade. Para Quintiliano, as outras artes não chegam tão rápido quanto a música na concepção da ação que representam

---

14 Figura especial e um tanto "cinematográfica" aqui, penso, por aliar a ideia de imagem com a de ação, o que, em comparação (totalmente anacrônica e desviante, claro) com a conceituação da música recente, estará presente numa tradição como a da música concreta, costumeiramente centrada na ideia de imagem (embora, nela, talvez se pense mais na ação da imagem do que na imagem da ação), assim como a ideia de ação estará presente na concepção de alguns compositores para descrever um comportamento energético geral ou específico, como em Phillipe Leroux, com seu conceito de ação sonora.

(concepção como *ennoia* – conteúdo moral ou emocional que o artista procura transmitir).

Extrapolando para os dias de hoje, a definição de Quintiliano permite pensarmos em imagem, retratação ou apresentação de ações, não apenas a partir de concepções morais e éticas, mas de gestos em geral, atitudes, comportamentos naturais ou artificiais, e até ideias realizadas num curso temporal. Música, por exemplo, vista como imagem ou mimese de ações, sentida através de imagens dinâmicas que modificam sua forma e são modificadas por agentes vivos, conforme um processo narrativo ou temporal em curso. Assim, podemos extrair uma dimensão mais ampla e menos evidente do processo mimético da música, a qual sempre estaremos retomando ao longo deste livro, mesmo se um teórico especializado puder considerar a extrapolação aqui pensada um gesto muito anacrônico, generalizador, inadequado etc. Acredito que podemos aprender com os antigos a observar e a pensar ideias e aspectos da nossa época, e não apenas procurar entender o que, de fato, teriam dito.

A forma de pensar a mimese de origem quintialiana, portanto, sobre *a imagem de uma ação* em música, poderá nos transportar em nosso tempo ao que vinculamos à mimese como re-traço ou sinal da forma tomada pela condução da energia, e não meramente a ideia de imagem como imagem de uma coisa ou de um objeto, imagem que não é apenas representação, tornando-se assim, bastante enriquecedora para a visão sobre mimese que evocamos neste trabalho; uma visão que permita compreender concepções de criação, de figuração e de forma em música, além de modos de escuta musical os mais variados a elas associados. Vemos que, hoje, algo como um conceito de figura ou de gesto em música não é concebido sem ter esse tipo de operação mimética em mente: entre outras coisas, sentindo música como imagem ou imagens de ações, seja na prática musical ou na escuta. Veremos que conceitos de gesto e figura, assim como de textura e de objeto, sempre reportarão a algum tipo de processo mimético como esse. E isto não ocorre apenas na música: na própria filosofia, uma ideia de figura aparece na discussão sobre mimese com frequência (vide *Gestalt* e *Ge-stell* em Lacoue-Labarthe e Heidegger, num plano metafísico), ou então na discussão filosófica sobre poesia, como no Mallarmé de Lyotard. Vale dizer ainda que o aparato conceitual do traço e do retraço (ou recuo – *retrait*), resgatado por Lacoue-Labarthe para lidar com o processo mimético, também pode se coadunar com essa ideia da imagem de uma ação. O traço ou o sinal, da maneira como a energia se distribui ou se articula, por exemplo, configurados e pensados a partir de relações de semelhança e de diferença com o que é encontrado no mundo em geral. Mas, feito o nosso comentário mais anacrônico sobre a linda definição da música como imagem de ação em Quintiliano, que já alia, mimeticamente, o campo do visível como pensável (a imagem ou a imaginação) ao audível, deixaremos mais alguns desses pensamentos relacionados com a imagem em autores recentes para depois[15].

Quintiliano segue discutindo, a partir dos antigos, a importância da música tanto para a educação e formação ética como para o poder político (linha mais platônica), mas também para o deleite e o prazer, o relaxamento, a recreação e o descanso (linha mais discutida por Aristóteles, como vimos). A questão, para ele, é menos como a música desvirtua a alma e mais como pode ser benéfica para as virtudes, tendo primazia sobre outras atividades, pelo fato de *modelar* (moldar, figurar), por meio de suas melodias, as inclinações de cada indivíduo. Mas ele amplia o foco e discorre sobre diferentes povos, citando os problemas da carência de uma educação musical e as consequências de uma educação musical nociva.

A atuação ética da música se produz, de acordo com Quintiliano, mediante à aplicação de quatro fatores: conceitos ou ideias (*ennoia*), dicções, harmonias e ritmos. Ou seja, é por meio dos conceitos (que as palavras induzem) que a alma se configura em cada ocasião (alma que detém as imagens e os modelos), logo consolidando uma maneira de ser. Por isso, ele apresenta uma série de recursos ou procedimentos retóricos aplicados ao verbo para a sedução da alma, como o belo exemplo dado de um

---

15 Vale adiantar, no entanto, e não apenas para justificar os nossos anacronismos: podemos pensar em casos miméticos diversos a partir da discussão sobre imagem de ações em música. Penso num exemplo do compositor amigo Rodolfo Caesar, cuja peça *Círculos Ceifados* é discutida ao final deste livro: o que ele chama de dínamo é descrito como "tipos energizados", sonoridades que se associam a imagens de ações ou movimentos, como a sua "braçada". Cf. o livro homônomo *Círculos Ceifados*, Rio de Janeiro: 7Letras, 2008, p. 35 e nosso comentário sobre a peça.

epíteto ou de várias outras frases poéticas. Não entraremos em detalhes aqui. Apenas cabe mencionar que todos esses recursos podem ser vistos como vias do procedimento mimético, como quando expressam, segundo Quintiliano, traços femininos ou masculinos característicos. Conceitos ou ideias que conduzem ao relaxamento e à alegria podem produzir frases simples e suaves. Por outro lado, aqueles que mexem com a parte reflexiva e impulsiva dão origem a frases políticas, com características masculinas (concisão, brevidade, magnificência, aspereza, força, grandeza, ímpeto etc.). Tais qualidades podem se expressar também nos outros fatores, portanto, nas formas de dicção, nas melodias e nos ritmos. Quanto à dicção, o próprio som das letras e das sílabas pode ser levado em conta, como o fato de vogais serem mais suaves e as consoantes mais ásperas.

Mas é nas questões sobre harmonia (melodia) e ritmo que devemos prestar mais atenção. Um primeiro comentário que nos é de interesse diz respeito a ritmos e harmonias extremos (puros), como se formassem uma oposição de qualidades entre si. Um ritmo apenas rítmico, uma melodia apenas melódica (sem ritmo). Na realidade, o que observamos na música (como canto habitual) são mesclas feitas com mais ou menos de cada uma destas propriedades. Uma melodia mais ou menos rítmica, um ritmo mais ou menos melódico e assim por diante. Quintiliano compara, por exemplo, o ritmo ao aspecto masculino e a melodia ao aspecto feminino da música, procurando esclarecer ainda mais a profundidade dos possíveis processos miméticos. Mesmo cada som em si, como já foi dito, tem sua qualidade ética, seu caráter, e aqui ele diferencia alguns como mais sólidos e masculinos, outros como mais suaves e femininos, outros como intermediários, mesclas de ambas as qualidades. Algo que poderíamos extrapolar para qualquer som ou ruído, hoje em dia. Assim ocorre também para intervalos, como distâncias entre sons, para vogais diferentes ou para a diferença entre instrumentos musicais e seus timbres. Uma só melodia em instrumentos diferentes pode gerar qualidades ético-miméticas diferentes. Há instrumentos musicais mais ou menos masculinos etc. A eficácia mimética da música dependerá, portanto, de uma conformação geral ou mistura entre todos esses elementos: conceito, dicção (uma espécie de fonologia rudimentar), sistema (estrutura de notas) e *harmonia* de sons, qualidades rítmicas e uso de instrumentos convenientes. Uma música que reúne tais elementos, todos adequados entre si, será considerada eficaz. Do conceito à forma, do timbre ao ritmo, da estrutura de alturas à forma de pronunciar os sons, todos os elementos devem se integrar para que o processo mimético, isto é, artístico, seja bem-sucedido.

No terceiro capítulo de seu *De musica*, o foco parece se deslocar para uma abordagem de ordem mais física e, após toda a exposição detalhada sobre intervalos e suas relações pitagóricas com o Todo (ou seja, o sistema de medidas e proporções), o autor chega a um momento em que sugere a ideia de que a boa mimese, no sentido da boa representação do éthos anímico ou caráter que está por trás de toda forma sensível, deve atender a *proporções* (como razão, mas também como *analogia*) que sustentam cada aparência. Ele parece se reaproximar da mimese platônica-pitagórica, e ainda de um teor mais estoico a respeito da mimese de coisas mais altas (corpos celestes), mimese que só pode ser realizada via números.

Seja no que for investigado, diz Quintiliano, sempre se encontrarão relações numéricas concordantes onde menos se espera (como no exemplo da amizade ou da organização do exército). Diz ele que, muitas vezes, uma proporção serve de intermediária num processo que transforma desarmonia em harmonia. A ideia é de que a proporção é sempre mediadora. Consideramos esse tipo de aliança conceitual via proporção um conceito crucial para pensar a relação entre mimese e relações numéricas ou ritmos (inclusive, para nossos propósitos futuros, entre mimese e forma musical). A noção de que números, formas e proporções são fundamentais para a boa mimese nunca foi tão evidente, inclusive nos dias de hoje. Costuma-se tratar a mimese mais pelo que há de qualitativo e sensível do que pelo de quantitativo, comparativo e distributivo. Tendo isto em vista, valendo-se tanto de autores antigos como de mais recentes, poderemos pensar melhor sobre como a relação entre o elemento qualitativo (ou o que se poderia chamar de substância sonora) e as formas de distribuir e articular elementos pode se tornar o que constitui, na realidade, um processo mimético efetivo.

Por tudo que vimos, mesmo retirando totalmente de cena muitos das argumentações, das exposições técnicas e dos fundamentos pitagóricos e platônicos do texto, em todo seu misticismo, certa universalidade, encontrada no amplo pensamento de Quintiliano, pode ser declarada: a música como um processo mimético multifacetado que almeja integrar diversos elementos por ele apresentados. Universalidade também, pois, até em tempos modernos, não há nada no que discutimos que seria irrestritamente recusável a respeito do que gera uma obra de arte sonora ou musical bem-feita, ao menos quanto àquela que resiste minimamente ao tempo, a uma execução, às modas e práticas correntes de uma época.

MIMESE MUSICAL E O PENSAMENTO DE AGOSTINHO

Já no início mais global do cristianismo filosófico, Aurélio Agostinho (354-430), mais conhecido como santo, elaborou pensamentos um tanto singulares sobre ritmo, verso e música. Daremos maior atenção a uma criação da juventude, entre outros escritos, comentando apenas alguns de seus traços específicos. A obra, *De musica*, discorre essencialmente sobre a questão do ritmo, com ênfase na estrutura de versos, mas também como elemento da música. A discussão sobre o ritmo é o que permite diferenciar a música da gramática. Infelizmente, o autor não escreveu a segunda parte pretendida sobre melodia, a qual talvez pudesse completar um pensamento mais amplo sobre a música, na mesma linguagem didática da obra sobre ritmo. De toda a forma, se a música, em suas obras posteriores, inclusive em passagens de rara beleza psicológica, pareceu-lhe expressar o inefável, o indizível do ser divino, como o que lhe passava através do som melismático da voz sem palavras (o *jubilus*), o fato não nos impede de encontrar aspectos específicos de processos miméticos relacionados com a música em todo seu pensamento, inclusive pelo fato de a música servir, na sua distinção das atividades racionais do homem (*rationabiles*), de ponte ou de passagem entre as artes da linguagem ou do discurso (*in dicendo*, já que sonoras e rítmicas) e as artes do enlevo ou do prazer (*in delectando*, do deleite, da contemplação, referindo-se às artes matemáticas); ou mais tarde, como um signo de considerável importância, como veremos, para a formação de sentidos religiosos e do senso de comunidade.

MÚSICA E MIMESE NA ANTIGUIDADE PÓS-CLÁSSICA   59

Em seus textos iniciais, a resistência à sedução sensorial da música prática se combina com a valorização da especulação musical teórica, a qual parece constituir, para o autor dos primeiros livros do *De musica*, degraus para atingir o bem supremo. Nesse sentido, uma discussão neoplatônica semelhante à de Quintiliano sobre o que seria a música *bem*-feita já se encontra no início de seu *trabalho*. Mas a sua definição de música é um pouco diferente. Logo em seu primeiro livro, do total de seis, o diálogo entre mestre e discípulo expõe uma definição conhecida: a música é a ciência do bem modular. Dada a dificuldade da tradução de *modulare* e do substantivo *modulatio*, uma alternativa de tradução seria "ciência do movimento bem medido"[16]. A definição remontaria, supostamente, a Varrão (116-27 a.C.) e já se encontra em autores como Censorino (*De die natali*). Mais tarde, Cassiodoro, amigo de Boécio, irá repetir a mesma definição[17].

Numa primeira fase de seu pensamento, a música seria, portanto, uma ciência. Uma ciência de certa habilidade de produção,

16 A ideia de modulação pode ter derivado do termo μεταβολή (*metábole*), algo como variação ou "metabolismo" do sistema, termo de extrema importância nos tratados gregos. Por exemplo, em Aristoxeno e Cleonides, ele pode indicar mudança de registro, de escala, de tom, de modo, de âmbito de notas, afinação etc., sempre em acordo com o sistema de balizas fixas (os dois tetracordes em quarta justa, cujos interiores são bastante móveis e variáveis).

17 Fazemos aqui um pequeno comentário sobre Cassiodoro (485-585), já que sua consideração sobre música é curta, dentro de um projeto enciclopédico que não traz nem pretende trazer grandes novidades. A afirmação mais interessante, talvez, seja a primeira. A música parece depender da condição da alma, pois, quando fazemos o mal, não há harmonia em nós. É uma diferença interessante da narrativa tradicional – não há música sem a boa conduta da alma. Mas, é claro, continuamos ancorados na velha tradição. Cassiodoro também indica instrumentos que, segundo ele, estariam associados à religião, embora muito da citação, como no caso da harpa, provenha de uma linguagem pagã. A música é definida como a ciência que trata dos números em relação aos sons musicais, como nas relações aritméticas dupla, tripla e quádrupla, entre outras estabelecidas em proporções. Nada muito diferente, portanto, da tradição que temos acompanhado. Citando Varrão, diz que os tons de altura ou de transposição (*tonoi*, confundido por ele com *tonus*, intervalo) são dotados de virtudes tão consideráveis que são capazes de apaziguar os inflamados etc., velho tema da tradição pitagórica. Após citar algumas lendas sobre o poder moral e medicinal da música, vincula a ordem (*convenienter*) do céu e da terra à ciência da harmonia. Ainda, numa carta a Boécio em que pede um músico para a sua corte, ele cita a música como rainha dos sentidos, seu poder curativo na alma e com que conteúdos éticos alguns modos estariam relacionados (*Institutiones*, livro II, V, e *Variae*, livro II). Isidoro de Sevilha (560-636) aproveita algumas de suas ponderações e agrega outras de Agostinho em seu *Etymologiarum sive originum*, livro III, XV-XXIII, sem grandes diferenças do ponto de vista mimético.

a de determinado movimento, baseado em medidas (modulação como ação ou disposição da medida (*modus*) – seja nos sons, seja na alma). Vale lembrar que *modulator*, como em um poema de Horácio (*Saturae*, I, 3, 129), era o equivalente ao que chamamos de compositor. Claro que compositor, para nós, está mais vinculado à escrita musical, o que não era o caso, na Antiguidade. Havia um sistema pré-composicional ao qual um músico se reportava para poder cantar ou tocar. Diríamos que o *modulator* era o conhecedor aprofundado do sistema, da música teórica da qual extraía melodias, não sendo conhecedor apenas da prática instrumental ou vocal, mas das relações teóricas que permitiriam a boa mimese (relação adequada entre conteúdos da alma e a constituição musical). A intenção da sua definição também é, fundamentalmente, diferenciar a música da gramática: enquanto o orador discorre, o músico modula. Daí a razão de começar a discussão pelo ritmo, pois a constatação da existência do ritmo como algo independente da estrutura das palavras, ou seja, do ritmo em si, abstrato, o qual igualmente pode ser transposto para sons diversos da voz cantada (como a flauta ou o tambor), legitima a diferença disciplinar entre o músico e o gramático. Será, portanto, necessário reconhecer essa ciência da *modulação* como responsável pela música *bem*-feita. Mas o que significa isso?

Antes de prosseguir, cabe ressaltar, mais uma vez, a importância dos números e da medida para a expressão musical e sua qualidade ética, no esteio da tradição pitagórico-platônica. O livro parece ser um retrato detalhado da interpretação ascética e teológica dos aspectos cosmológicos e dos princípios metafísicos e aritméticos da música pitagórico-platônica. E, pelo menos na juventude de Agostinho, seguindo tal tradição, a experiência da beleza parece depender das medidas, da racionalidade, do número e da harmonia, e todo o contexto de pensamento do *De musica* ainda resguarda forte influência neoplatônica, algo que parece se tornar menos intenso ou valorizado em obras posteriores, especialmente após a sua afamada "conversão", ou já nas especulações filosóficas do último livro do citado *De musica*.

Segundo o diálogo inicial, a forma conquistada pelas medidas não aprisiona, ao contrário, liberta; trata-se da liberdade da abstração em relação à matéria. Daí o lado composicional e teorético da música ser mais valorizado pelo mestre do que a prática

MÚSICA E MIMESE NA ANTIGUIDADE PÓS-CLÁSSICA

musical do instrumentista ou do cantor, o que parece coadunar-se com o ideal progressivo do santo de passar "das coisas corpóreas às incorpóreas" (*De musica*, livro 6, parte 2, 2). Mas esse percurso pedagógico ascensional, de constante elevação via abstração, chega a ponto de desbancar, no capítulo final, o que antes fora nobre por sua abstração; a própria música como ciência, uma vez que "conceitos" cristãos muito superiores, como a caridade, estariam acima da "soberba" ciência humana (*De musica*, livro 6, parte 1 e parte 17, 59). Agostinho utiliza uma bela metáfora ao referir os primeiros cinco livros da obra ao tempo necessário para criar "penas nas asas", a fim de alcançar voos mais audazes, o que seria efetuado no sexto e último livro.

Mas voltemos ao início da obra. O movimento a que se refere a modulação é considerado livre, tendo em vista que busca a razão de si mesmo e dá prazer por si mesmo, não por meio de condicionamentos e características materiais ou objetivos externos a ele (não se trata de um movimento utilitário). A música seria uma arte do movimento ordenado ou harmonioso, não utilitário, abstraído por medidas, em que não basta modular (assim, não basta a ação da medida do movimento), mas modular *bem*: o advérbio bem, aqui, além de se referir ao movimento que segue determinada regra numérica, ganha o sentido mimético de adaptação ao contexto coletivo, performático e moral em que é produzido, ao que é decoroso, conveniente, como vemos desde a conformidade ética platônica. Isto é: fazer o movimento a ser produzido respeitar a característica ética que se quer mimetizar ou o efeito que determinada estrutura produz nos ouvintes. Os efeitos também seriam estudados, portanto, pela ciência musical. Como no exemplo dado no diálogo, seria preciso saber que um assunto severo não deve ser combinado com um canto doce e uma dança bela.

Todo cantor modula, mas a boa modulação dependerá desta disciplina liberal, chamada *música*, ou seja, uma ciência um tanto matemática, um tanto ética, e ainda um tanto prática, indo além da mera atividade de cantar ou tocar, que torna conveniente ou oportuno (logo, ética e mimeticamente conforme) tal movimento ordenado. Além disso, o prazer moderado e o relaxamento que o canto oferece a alguns homens que não conhecem a sua ciência, como vimos em Aristóteles, também são decorosos, quer dizer, eticamente ou moralmente convenientes, adequados. A arte musical se dirige, nesse caso, ao prazer do leigo.

Se os oradores lidam com a dicção, a música lidaria com a modulação. Nesta modulação, insere-se o antigo processo mimético de adequação entre sons e qualidades ou atributos éticos. Se a imitação, por ele mencionada como mera *imitatio* física, faz parte do aprendizado corporal do instrumentista, ela o é mais no sentido do exercício do que da ciência (o que não deixa de ser um processo mimético). Assim, a mimese mais valorizada por Agostinho em *De musica* não é a do instrumentista: é o processo que, por meio da medida e do ritmo como *numerus*, adequa sons e seus movimentos medidos a conteúdos éticos, como na melhor tradição pitagórico-platônica. Logo, trata-se da mimese efetuada pelo compositor ou teórico conhecedor.

Para o mestre, parece-nos claro, ao longo do diálogo inicial, que a imitação é irracional e corporal, enquanto a razão é o que define uma ciência. Mas a discussão sobre a presença da imitação na arte musical é suspensa, pois tanto ela (imitação) quanto a razão parecem participar da *arte* musical (embora talvez não da *ciência* musical). Trata-se do conflito entre prática e teoria. Como dissemos, a mimese que o mestre considera mais válida está baseada na matemática e na composição musical (no movimento *bem* medido) e não tanto, no caso do *De musica*, na arte de tocar instrumentos ou cantar. Em obras posteriores, todavia, o toque instrumental e o canto, como práticas musicais, ganharão um valor simbólico especial em sua filosofia. Nesta primeira obra, porém, a ciência da música, segundo as palavras do mestre do diálogo (que, podemos dizer, identifica-se com o próprio Agostinho), baseia-se numa ideia de inteligência, distante da habilidade corporal. Assim, ela não estaria na imitação, no uso dos sentidos, nem na memória (que são coisas, segundo o *magister*, encontradas em animais também). Mas, apesar de tal posição ser relativamente clara, a dialogia dinâmica e desviante do texto permite vislumbrar nuances inconclusivas quanto ao grau de razão e de imitação que podem estar envolvidos na *arte* musical. E essa é uma das riquezas de todo o diálogo inicial: no fundo, embora definida como ciência, a música como atividade produtiva oscila entre, ou combina, arte e ciência (ou, poderíamos dizer, mimese e conhecimento racional), diferença que será

MÚSICA E MIMESE NA ANTIGUIDADE PÓS-CLÁSSICA 63

mais bem delimitada em autores de séculos posteriores, mas que ainda é, ao menos nesse diálogo, um tanto enevoada.

O capítulo inicial termina com uma distinção extremamente atual sobre a finalidade da arte musical: fama, dinheiro e glória daqueles que buscam o louvor, como no caso de muitos histriões do teatro e das apresentações populares, ou uma finalidade em si mesma, como no caso de quem o mestre busca demonstrar como o verdadeiro *músico*, cientista de bons movimentos. Ele conclui: "aqueles que buscam louvor e vantagens dos outros confirmam que não possuem essa ciência, uma vez que, por causa do prazer, não conseguem julgar corretamente o que é vulgar"[18]. Linda argumentação que muito nos lembra o que relatamos e pensamos sobre a teatrocracia de Platão (*theatrokratia*), e também pode ser extrapolada para pensar várias manifestações musicais contemporâneas, especialmente aquelas vinculadas à indústria cultural e a celebridades.

Na segunda parte do primeiro livro, a ideia de modulação começa a ficar mais concreta e detalhada. Passa a ser importante destacar a relação e a *proporção* dos movimentos rítmicos, ou seja, numericamente calculados. Movimentos que são classificados por sua racionalidade e irracionalidade. Como para Quintiliano e toda a tradição platônica, a questão da proporção entra em cena com grande destaque. O número (*numerus*) como ritmo e proporção dos movimentos gera elementos que definem a própria música na sua qualidade de modulação. Agostinho, por exemplo, inicia sua exposição pela diferença entre velocidade e duração. A duração pode adotar medidas e números e, assim, gerar proporções. Dois movimentos podem ter entre si proporções e assim por diante. Movimentos mensuráveis entre si são chamados racionais. A buscada harmonia (aqui como relação proporcional) emerge dessas relações. Ele segue, discutindo números múltiplos e fracionários (*multiplicatione et sesqui*), o infinito rítmico, paradigmas racionais, pares, ímpares, a suposta perfeição do número três e a excelência do quatro, a percepção de durações longas e curtas (com prevalência das curtas), outras combinações de números, até chegar ao segundo livro, sobre pés rítmicos. Não nos caberá entrar em tantos detalhes.

---

18 "Et quia ab aliis expetunt laudem et commoda et a nobis intellegentiam non expetunt, cum praeiuducant id quod vilius est, eo quod est carius, constat quia eius scientiam non habent." *De musica*, livro I, 12.

Do segundo livro em diante o texto tratará do sistema completo da métrica, o pé rítmico (livro II), ritmo ilimitado e metro limitado (III e IV) e do verso (V). O início do segundo livro começa discutindo a diferença entre o gramático e o músico. O gramático julga a quantidade pelas sílabas, com a pronúncia das palavras, o músico o faz pela regularidade da posição do som, ao que sucede toda a discussão sobre o pé, passo a passo, como conjunto de sílabas ou sons. O verso é então apresentado como conjunto regular de pés. Interessante notar a importância que o autor dá à ordem dos elementos apresentados, a logicidade, no sentido de uma propedêutica gradual e ascensional, sem dúvida relacionada com a tradição bem apropriada pelo cristianismo dos chamados exercícios espirituais[19], em direção ao conhecimento em ascese que realmente lhe interessa, o do encontro com a divindade.

O terceiro livro discorre sobre as regras do metro e do ritmo. A diferença entre metro e ritmo é apresentada. Um ritmo pode ser contínuo, o metro é uma medida do ritmo. O metro tem sempre um ritmo, mas o inverso não é verdadeiro. O exemplo dado é bastante musical: tambores e címbalos golpeados de forma contínua. Eles oferecem ritmos que não formam um ciclo. Segundo Agostinho, seria preciso ouvir as flautas para entender algum ciclo definido, ou seja, algum metro. Podemos pensar nisso como um caso de processo mimético a partir da escuta, no qual a medida como metro só pode ser sentida a partir do instrumento melódico. Pois nessa imagem por ele dada, a de uma verdadeira textura musical, uma continuidade sem fim é sentida na percussão. Logo depois, ele passa a diferenciar verso de metro. Todo verso é um metro, mas nem todo metro é um verso. Logo, todo verso é ritmo e metro. Ele avalia ainda uma série de ritmos e a questão do silêncio bem calculado como articulação de metros.

O quarto livro avalia características do metro, como na diferença entre silêncio e duração alongada no final de, respectivamente, um pirríquio e um anapesto. Diferença, digamos, entre som percussivo e som sustentado. Se cantados, percebe-se a diferença, se percutidos, não. Segue-se uma série de metros compostos por pirríquios, a questão da igualdade dos tempos, metros de vários tipos e diversos exemplos, como posições de

---

19 Expressão bem conhecida na abordagem global da filosofia antiga elaborada por Pierre Hadot.

semipés, silêncios, necessários ou voluntários, metros não finalizados. A questão do silêncio, ao ser apresentada de diferentes maneiras, parece dar maior vigor ao teor musical, e não apenas gramatical, do que o *magister* avalia. O quinto livro, como dissemos, trata das características do verso, como seu sentido de convergência ou divisões de versos específicos.

No sexto livro, métrica, ritmos, pés, metros e versos deixam de ser a preocupação fundamental, dando lugar a investigações metafísicas sobre a natureza da sensação e da beleza musical. Mais conhecido, tanta em sua época como posteriormente, por ele mesmo mais valorizado, o livro final busca associar tudo que foi dito à presença divina, quando a música parece passar de arte liberal para forma de acesso ao pensamento anagógico.

Neste capítulo final, uma ideia que pode nos fazer pensar na questão da mimese de outra maneira (como as de Lacoue-Labarthe ao tratar da relação inerente entre mimese e ritmo) vem de todo o seu questionamento da harmonia da alma e sua relação com o corpo. Pois o ritmo parece se encontrar na encruzilhada entre corpo e alma, sendo pensado mediante uma verdadeira tipologia.

São os tipos de ritmo: ritmos do som (soantes, acústicos), ritmos da audição (como ele diz, "presentes"), ritmos de quem emite sons, ou seja, ritmos de quem produz sons (como o palpitar, o respirar), ritmos da memória (até certo ponto mimética, a partir de ritmos ouvidos *a priori*) e ritmos do juízo natural dos sentidos, percebidos pela natureza e não pela razão, hierarquicamente superiores aos outros. Ritmos de juízo aparecem, por exemplo, no deleite da igualdade dos ritmos ou num erro ofensivo cometido com eles. A hierarquia entre eles depende de uma relação de causa e efeito, embora o tipo de ritmo mais material, o ritmo do som, seja causa de outros mais incorpóreos, gerando dúvidas sobre sua prevalência ou não.

Assim, essa tipologia do ritmo será um portal de acesso aos problemas filosóficos envolvidos na relação corpo-alma, desembocando numa teoria da sensação. A relação de hierarquia alma-corpo está envolvida na percepção de fenômenos sonoros e rítmicos. Partindo de casos concretos, a sensação é apresentada como forma de vida do espírito, efeito da atividade da alma sobre si mesma, e não da ação da matéria sobre uma alma passiva.

Pois a sensação é sempre uma reação da alma. Seguimos mais de perto o texto, pois opera-se nele um belo pensamento sobre o que hoje poderíamos chamar de diferença entre audição e escuta, que valerá a pena procurarmos explanar. Na sensação, o som produz um movimento interno no ouvido, em seguida a alma o acolhe e o modifica. Por fim, a consciência que a alma tem da modificação efetuada gera a sensação auditiva. Mas, segundo Agostinho, não é o corpo ou o número no corpo (ritmo) quem determina como causa o que ocorre como número na alma, é a divindade que efetua na alma, na forma da sabedoria, uma impressão, e essa impressão na alma pode ser então transferida ao corpo. Partimos da impressão feita pela divindade na alma e da alma no corpo, nunca o contrário. É assim que Agostinho adentra sua teoria da sensação: como explicar a origem dos números (ritmos) na alma, se eles não podem provir do corpo? Aqui, o limite entre audição e escuta parece ser questionado também, já que entra a ideia de que toda matéria é inferior ao fabricante, todo corpo é orientado pela alma, e toda alma pelo divino. O que, como veremos no período moderno e contemporâneo, costuma ser questionado pela relação intrincada e duvidosa entre subjetividade e mimese parece emergir com outras palavras no pensamento de Agostinho. Pois, na sua especulação, a alma pode discordar ou concordar com o que vem do corpo. Ela reage aos sentidos para produzir a sensação e age no corpo para produzir a ação. O que vem do mundo externo afeta o próprio corpo. Mas a relação desse afeto com a alma depende exclusivamente desta. Ela é superior e maneja o processo, mesmo quando o corpo sente o som. A negociação entre alma e corpo tem a primeira como presidente ou agente.

Concepções de tempo e espaço também são discutidas por Agostinho, ao abordá-los como realidades relativas ao ser vivente (ao que hoje poderíamos considerar "sujeito"). Na segunda parte do último livro, procura-se estabelecer a existência racional dos números eternos, o domínio da razão sobre os ritmos ou números, a possibilidade de falha nos prazeres sensíveis quanto à igualdade e à desigualdade das relações, da beleza sensível àquela superior e divina. Ao final, o grande apelo anagógico à causa última, Deus, é estabelecido a partir dos imutáveis números eternos, da purificação da alma pelo amor, das virtudes etc. Os tantos sentidos e concepções do cristianismo passam a justificar e embasar tudo o que foi feito numa grande e espiralada máquina mimética de cunho místico e teológico.

Se a música sempre foi um fator importante na conversão e na formação espiritual de Agostinho, como o que é expresso nos relatos das *Confissões*, como arte liberal, em contexto neoplatônico, ela formava a ponte rumo às disciplinas de contemplação. Tal ciência musical servia de preparação ao estudo filosófico--teológico (como acontece na ordem dos capítulos do seu *De musica*, que reflete o que anuncia sinteticamente sobre a estruturação gradual entre ritmo, metro e verso, em *De ordine*), mas possuía implicações éticas e funções pedagógicas, no intuito de se viver uma vida bem orientada. Portanto, apesar de vincular a arte musical ao inefável, em textos posteriores, algo que talvez distancie seu pensamento de uma relação com a ideia de mimese da tradição clássica, é preciso dizer que, já em *De ordine* e além, ele não deixou de relacionar a arte com o comportamento ético e a necessidade da forma e do signo musical como mediadores da experiência coletiva (ou seja, da participação). Isso, também, porque a arte servia de acesso para o encontro com o incorpóreo, com uma suposta realidade superior, e a música era uma disciplina mediadora entre a sensibilidade e a inteligibilidade. Para formar essa espécie de ponte de passagem, a qual não permite atingir as coisas divinas diretamente, e, assim, cair, os sons deveriam ser ordenados racionalmente. Logo, a contemplação ascensional da beleza ou a "beatificante visão do mundo ideal" – não visível, vale dizer – era mediada de forma ordenada (por disciplinas como a música), para evitar o risco da queda abrupta. Como vimos, seria preciso a ordem que provém do número (*numerus*, do ritmo) e da razão (*ratio*, como proporção). Segundo o santo, a razão discerne entre sons e a ideia ou signo que expressam (*De ordine*, capítulo xiv). Daí a posição da música como disciplina mediadora entre as disciplinas da palavra (em que o som é signo) e as da harmonia ou contemplação (que lida com números e relações medidas). Neste esquema de ordenação propedêutica, a música, tendo em comum ambos os atributos, opera como mediadora dos dois grandes grupos de disciplinas.

No mesmo capítulo, ele afirma que sons, como meios sensíveis, não têm valor se não forem distribuídos com certa medida de tempo e combinação de agudos e graves. Parece haver aqui alguma menção à importância da forma ou construção musical, da ordenação ou distribuição dos elementos musicais. Também por ter essa organização, a música é uma ponte de acesso a realidades superiores. A noção de ritmo como número será o meio, como exposto detalhadamente em seu *De musica*, para operar tais condições de ordenação, constituir a forma e permitir a ascese gradual.

A música, na encruzilhada entre os planos sensual e intelectual, é uma ordem sensível que se desvanece no tempo, deixando uma impressão na memória. Daí sua importância, pois trata-se de uma disciplina mediadora entre razão e sensação, senso e intelecto, sensação e memória, para não dizer entre homens e coisas, não à toa, portanto, posicionada entre artes da linguagem, *in dicendo*, e artes da contemplação, *in delectando*. Para Agostinho, a música reúne o mais efêmero (o som) e o mais estável (o número). É uma arte de linguagem que faz a ponte com a arte dos números, uma vez que é derivada de uma análise racional dos aspectos sonoros da língua. Mas que conecta os dois campos das artes, porque o canto transforma a fala (linguagem) em deleite, enlevo, contemplação.

A própria figura do músico tocando um instrumento alimentará esse imaginário sobre o poder de mediação da música, em Agostinho, especialmente nos livros posteriores. De acordo com o *De ordine*, a forma ordenada da música serve tanto de ponte à contemplação divina como de orientação aos ritmos da vida, ou seja, como uma arte até certo ponto reguladora da sensibilidade e do aprendizado ético, quando sua ordem por meio de ritmos e harmonias se adequa à ordem da alma e do corpo. Isto é, nada mais implicitamente mimético, no sentido antigo, já que faz corresponder a ordem musical à ordem das ações humanas (ética).

Ao ler trechos e alusões à música em seus livros mais tardios, logo percebemos que a beleza musical e a função anagógica, para o santo, não seriam atingidas apenas com a organização dos sons mediante os números ou a tal ciência do bem modular, mas ainda pela significação coletiva atribuída aos elementos musicais mais concretos, âmbito do que chamamos em outros momentos de participação. A música parece se tornar signo ou esconder uma simbologia mística (ver textos como *De doctrina christiana*, livro

II, no qual se discute a simbologia das dez cordas do saltério e a importância do número e da música nas Escrituras). Ela é simbólica, assim como os gestos ou as insígnias militares, já que estas, além de apresentarem coisas perceptíveis, transportam ideias. Como signo, portanto, a música e suas características igualmente operam uma função ético-mimética importante. Logo, a concepção crescente sobre a simbologia da música permite Agostinho se aproximar de outro aspecto do que temos discutido via mimese, agora com sua bela teoria do signo. Pois processos de significação social e, no caso, religiosa, também implicam relações de participação ou formação de sentidos comunitários, algo que já argumentamos a partir do platonismo, a partir da relação intrínseca ou inerente entre mimese e *méthexis*. E os agentes de um processo de significação, terceiro elemento em sua teoria do signo, na tríade que inclui significantes e significados, são o fundamento da formação das comunidades. O músico e sua arte não estariam fora destas condições.

À aquisição de conhecimento por meio do ensino e dos símbolos se alia uma perspectiva ética, tanto de quem emite como de quem percebe. E uma comunidade estabelece quais são as relações válidas entre significantes e significados. Neste sentido, num segundo momento do pensamento sobre música em Agostinho, é a arte musical, e não a ciência do compositor, o que adquire maior relevância, pois é na prática coletiva da música que parece formar-se, agora, um sentido ético-comunitário baseado nos processos de significação e simbolização coletiva da música e de seus operadores (instrumentos e tocadores).

Em alguns dos *Comentários aos Salmos*, encontram-se algumas das alusões à música num sentido mais prático ou coletivo. A descrição de instrumentos, por exemplo, pode ser considerada bastante incompleta, se comparada a outros autores. É que sua maior preocupação é o sentido espiritual encarnado em cada um deles. Os instrumentos são, para ele, signos de realidades espirituais. Se em *De musica* e *De ordine*, textos da juventude, a matéria sonora era ordenada pela razão, a caracterização de instrumentos estaria até então subordinada ao que chamava de ciência musical, ainda que em seu *De musica* isso não tenha entrado no mérito, como em *De ordine*. Mas, trinta anos depois, no comentário ao Salmo 150, Agostinho não subordina mais a música simplesmente à razão, à ciência. A pertinência de seu estudo passa a ter como guia a correta interpretação das Escrituras. O simbolismo alegórico de instrumentos e cantores passa a ser especulado como ao comparar a voz humana à mente, o sopro ao espírito, as cordas ao corpo. Aqui, percebemos outra forma de processamento mimético, aquele que parte do significado alegórico que adquire cada elemento concreto, como o instrumento, o conjunto de vozes, o gênero composicional ou o timbre. Os exemplos se tornam variados: o coro como símbolo da união dos cristãos em Cristo, a trombeta, o anúncio da fé, o toque de cordas, os trabalhos do espírito e do corpo etc.

Pensamos, assim, num tipo de processamento mimético em relação à música, porque não se tratam apenas de metáforas para partes do ser humano (mente, espírito, corpo), mas também de tentativas de observar ou designar funções dentro da vida coletiva, formas e maneiras de *participação* em comunidade, por meio da significação simbólica ou alegórica que esses instrumentos, características musicais e vozes adquirem. O próprio conjunto de instrumentos e/ou vozes passa a simbolizar a totalidade dos membros de uma comunidade em relação harmônica, ideia que ele mesmo já encontrara em Cícero. Uma ideia de harmonia vinculada à comunidade que canta se encontra em autores ou mestres cristãos um pouco mais velhos, como Ambrósio (339-397) e Nicetas de Remesiana (335-414). Em Agostinho, a ideia do som de vozes harmônicas entre si é um reflexo da comunidade espiritual que ele idealiza, em *Cidade de Deus*.

O procedimento mimético de fazer significar ou atribuir sentidos alegóricos a sons, vozes e instrumentos, associando-os a determinadas interpretações ou imagens, constitui um meio de vincular uma prática musical ou determinados tipos de sons ao próprio ser de uma comunidade, suas formas de escuta, de prática e participação. Isto parece uma constante em qualquer época. Outra maneira de fazê-lo diz respeito à forma musical. Agostinho não deixa de abordá-la, não apenas por intermédio de uma ciência das medidas, como nos textos da juventude, mas a partir de processos de mimese e significação na sua totalidade. Por exemplo, a forma unitária e harmônica do coro passa a constituir uma condição de mundo, para além da *ratio* (ver comentário ao Salmo 149). Dentro desta visão sobre a experiência do coro,

MÚSICA E MIMESE NA ANTIGUIDADE PÓS-CLÁSSICA

"todo o mundo é um coro de Cristo", Agostinho passa a associar o seu ordenamento harmônico ao tema da caridade, como amor ordenado na interioridade humana, algo que não é dado naturalmente. Ou seja, a boa forma diz respeito à unidade encontrada no coro, a qual simboliza a conexão e o acordo entre a divindade e os homens num plano coletivo. Daí também, em outros momentos, a associação entre cantos belos e povos justos, sendo o povo definido por uma nova concepção de associação humana, diferente das visões greco-latinas anteriores. A participação (*méthexis*) vista nos clássicos (como capacidade associativa do homem em uma dimensão mimética) reaparece transfigurada aqui, com a visão alegórica sobre o coro como unidade simbólica dos homens entre si e com o divino. E a ideia da beleza formal comparada à justiça, uma tradição em boa parte platônica e de grande repercussão, é reativada com várias nuances e novas contextualizações. Ela nos faz repensar, portanto, a questão da mimese mais geral, como ação e reação social de conteúdos éticos, embora agora em meio a concepções cristãs, como caridade, pecado e corpo de Cristo.

Diferentes tradições composicionais, com suas formas específicas, poderiam igualmente promover o cristianismo e todo o seu proselitismo. O hino ambrosiano e a introdução milanesa das antífonas reforçavam, com seus novos elementos formais, o culto à louvação de um Deus cristão. Importante lembrar como toda essa potência expressiva de um tipo de canto se associava ainda ao contexto político da comunidade. Por exemplo, vale mencionar que os cristãos, que estavam sob pressão do arianismo da imperatriz Justina, faziam de um canto diferenciado, com elementos de origem oriental, uma marca de sua fé e identidade. O canto dos salmos, a outra grande vertente genérica da época, estabelecida a partir da mistura de práticas judaicas e sírias, também possuía suas formas de entonação e seu significado comunitário, isto é, toda uma potência ético-mimética de unificação coletiva, descrita por Agostinho a partir da tradição do rei Davi e do uso do saltério.

Para terminar nosso olhar sintético e resumido sobre uma obra tão rica como a de Agostinho, talvez seja interessante lembrar de forma passageira que a palavra "*confissão*", em latim, além de ser o que significa para nós, algo como o reconhecimento da verdade de si, representava louvação ou elogio (no caso, de Deus: *confiteri*, como reconhecimento, dirigido à Deus, da sua verdade) e, portanto, implicava viver a caridade, ou seja, o enlace com Deus e o próximo, como confirma sua carta a Darius. Frente a textos e especulações tardias, Agostinho parece encontrar uma divindade impensável, a qual, justamente por isso, seria capaz de lidar com uma de suas grandes demandas, a questão do mal. A interioridade dinamizada em direção a figurações, como a caridade, parece constituir um meio renovador da própria ética (em direção, inclusive, a noções ocidentais modernas, como intenção (*intentio*) e sujeito, embora sua noção de sujeito ou de intenção seja bem diferente de qualquer noção moderna ou contemporânea). Em certo sentido, quanto à inefabilidade da música, podemos encarar Agostinho, na visão antiga da mimese, como um antimimético por excelência. Mas, na medida em que ele reelabora uma ética a partir da vida interior[20], na qual operações artísticas sinalizam caminhos de integração e resistência moral, a produção mimético-participativa das artes nos parecerá, mesmo que camuflada ou transformada em relação a visões clássicas, essencial na sua idealização dos modos de se viver e transformar como ser humano dentro da visão sobre a comunidade.

---

20 Vale lembrar que a questão da interioridade, da suposta "autobiografia", da conversão como topos retórico, das escolhas de vida e da vida interior transformada, especialmente pela ética da reza e da contemplação, faz parte de toda uma tradição mimética de sua época, como aparece no ascetismo monástico (como o de Evagrius Ponticus), ou nas obras "autobiográficas" de autores de gerações anteriores, como Gregorius Nazianzenus, Libanius (com sua "autobiografia" e conversão à retórica), ou no contemporâneo de Agostinho, chamado Damascius (com sua conversão à filosofia), e assim por diante.

Música e Mimese:
da Idade Média à Renascença

BOÉCIO E A MIMESE MUSICAL

Talvez o mais pitagórico dos teóricos medievais da música tenha sido o filósofo Boécio (480-525). Essa herança pregava tomar o saber matemático como forma de sabedoria para a compreensão da verdade das coisas imutáveis, como diz em *De institutione arithmeticae*. E o que seriam coisas imutáveis? Relações, qualidades, atos, disposição, tempo etc. teriam uma imutabilidade incorporal. São idealidades, mas de dois tipos: o contínuo (*magnitudines*) e o descontínuo (*multitudines*). Cada tipo se apreende de duas formas: por si mesmo e por outro (em relação). Uma linha, por exemplo, é um contínuo em si. Esferas em movimento, um contínuo por outro (ou seja, em relação). Há descontínuos em si, como os números 4 ou 5. Há descontínuos por ou em outro, isto é, em relação, como a proporção.

Mas por que estamos expondo as distinções de Boécio? Porque a novidade e o sucesso do *quadrivium* que ele definiu se encaixam nessas combinações. A música seria o domínio da *multitude* (do descontínuo) por ou em outro (*per aliud*), como a proporção. Em outras palavras, uma *multitude* em relação ou o domínio do descontínuo em relação. Como *multitude*, está mais próxima da aritmética, que é a *multitude per se*, em si. Já a geometria trata da continuidade em si e a astronomia, da continuidade por ou em outro (entre corpos).

O que nos interessa é que a classificação da música de Boécio a aproxima da aritmética e da ideia de proporção. Mas a aritmética, para os antigos, não significava o que é hoje, ela era a ciência ou a teoria dos números. A aplicação dos números em cálculo caía, como para os pitagóricos, em outro domínio, o da *logistikê*. As relações entre tons (harmonia), portanto, eram definidas por quantidades descontínuas em relação ou em proporção. Talvez pouca coisa possa definir música genericamente melhor do que uma ideia como esta: música como uma idealidade descontínua feita das relações entre números, ou seja, proporções.

Não será à toa, portanto, toda a importância dada para a proporção no seu livro específico sobre música. O *De institutione musica*, embora recupere e confirme toda a tradição neoplatônica e neopitagórica que temos acompanhado, oferece pontos de vista um pouco diferenciados e sínteses conceituais próprias a respeito. Para nossos propósitos, observaremos apenas o seu início, quando a argumentação indica uma forma de desenvolver raciocínios sobre a relação entre música e conteúdos éticos mais esquemática e introdutória, não tão elaborada como em Agostinho ou Aristides Quintiliano, já que a ênfase da obra é a descrição da parte técnica.

Diz Boécio que a música, apesar de ser parte das disciplinas matemáticas (do que chamou de *quadrivium*), não está associada apenas à especulação, mas à moral. Vimos como Agostinho considerou a música ponte entre artes da linguagem e artes da matemática. Aqui, a presença da moral já indica o questionamento mimético antigo. Segundo Boécio, nada é tão propriamente humano quanto relaxar com modos doces ou ficar tenso com os contrários. Isto é, a música, ao influenciar a alma, é capaz de influenciar comportamentos, pois ritmos e modos afetam e modelam as mentes. Toda a discussão antiga sobre a relação de adequação entre alma e música é novamente convocada; todo o processo mimético entre características musicais e espirituais, especialmente no que tange as formas de conduta moral. Para Boécio, o deleite com os sons provém da semelhança

MÚSICA E MIMESE: DA IDADE MEDIA À RENASCENÇA

(*similitudine*) entre nosso interior coeso e convenientemente ajustado e o que, nos sons, está ajustado de forma exata e conveniente (uma síntese própria de tudo o que temos discutido, ou seja, um pensamento que também ressoa o que chamamos de conformidade mimética em Platão, além da questão aristotélica do prazer). Essa relação é então transposta a povos e ao universo de forma bastante direta e entrecortada, sempre tendo por base Platão. O estilo mais esquemático se deve ainda ao fato de o início do tratado ser apenas uma introdução, sem a preocupação de gerar um desenvolvimento argumentativo, o que ele fará para os assuntos mais técnicos dos livros subsequentes.

A questão que levantamos em Platão, pelo que chamou de teatrocracia, e em Agostinho, em sua crítica aos histriões, aparece nesse início de forma diferenciada e sintética, quando Boécio afirma que a raça humana é lasciva e mole, e que ela acaba cativada, sem exceção, pelos modos cênicos e teatrais. Trata-se de uma constante, desde Aristoxeno, Platão e até Aristóteles, apontar os problemas de músicas excessivamente complexas, reduzidas a ornamentos (*Poética*, VI, 13) ou destinadas a agradar o público com sua vulgaridade. Haveria nisto um suposto problema mimético recorrente, atestado por diversos filósofos antigos e medievais de diferentes maneiras: numa música muito complexa ou feita essencialmente para o prazer mais imediato, os conteúdos éticos adequados e moderados para o bom comportamento ou para uma vida "adequada" não eram mimetizados, o que comprometeria a finalidade fundamentalmente ética e educacional da música. Não que o prazer com a música tivesse de ser banido ou proibido, mas antes moderado e, de alguma forma, mediado por formas adequadas e menos vulgares. Boécio ainda relata diversas histórias antigas, repetidas entre autores anteriores, como o caso de Timóteo de Mileto, supostamente expulso da Lacônia por decreto, em função da sua música "complicada" e "efeminada", ou, ainda, a lenda na qual o filósofo Pitágoras teria ordenado uma mudança no modo musical a ser tocado para acalmar um bêbado desesperado. Cita também exemplos de histórias em que a música serviu de terapia, a ponto de se perguntar qual o objetivo de tudo o que havia dito até ali.

A resposta é bem elaborada e nos causa interesse do ponto de vista da mimese: "para que não se possa duvidar de que o estado de nosso corpo e de nossa alma, como parece, é regulado pelas mesmas *proporções* (*proportionibus*) das *modulações* que formam a melodia"[1]. Temos, portanto, uma definição ligeiramente diferente sobre igual tema pitagórico-platônico, encontrável na alma e na música. A ideia mais específica de proporção (*proportionibus*, em vez da mais antiga *ratio* (cuja abrangência é bem mais ampla)) passa a ser tratada como o que há de comum entre a alma e o corpo do homem e a música. Aqui, a proporção não só medeia as harmonias que encontramos em tudo, como vimos em Quintiliano, mas está em tudo. Ela ganha um estatuto de existência nos corpos.

Sabemos que um conteúdo ético não é apenas representado ou mimetizado em sons por meio de proporções. Na tradição pitagórica, a alma e o ser dos corpos são numéricos. Em Boécio, as proporções regulam a alma, o corpo e a música (isso em significação não tão difusa como com a palavra *ratio*) e se identificam entre si. Não basta apenas uma semelhança, uma similaridade, é preciso agora a identidade de proporções iguais. A alegação sobre proporções de cunho específico e de seu poder regulador, proporções que seriam iguais no corpo, na alma e na música, continua a servir de fundamento para a tradicional ideia de mimese de origem pitagórico-platônica (a qual procura aliar conteúdos éticos e comportamentos sonoros medidos ou mensuráveis), permitindo inclusive justificar, na introdução, todo o aparato matemático que descreverá desigualdades e intervalos, em partes posteriores do texto.

No esteio pitagórico-platônico, Boécio segue se perguntando: por que a ira pode ser aplacada ou a alma excitada por determinadas melodias ou sons? Segundo ele, porque quando alguém escuta uma música, é levado involuntariamente a reproduzir com o corpo algum *movimento similar* à música escutada. Ou seja, imita-se com o corpo algum movimento e, assim, modifica-se o comportamento. O movimento é similar, mas a proporção é idêntica. Caberá, portanto, ao músico (*musicus*, aquele que teve sua alma educada pela música), mais do que deleitar-se com as canções e imitá-las com o corpo, aprender como os sons são estruturados internamente pela proporção, uma vez que o poder

---

1 Em Boécio, *De institutione musica*, livro I, proêmio. Leipzig: B.G. Teubner, 1867.

desta última regula tanto o homem como a música. É na relação de correspondência entre alma do homem e música através da igualdade das proporções que se encontra a força mimética que lhe interessa investigar e que dá razão para toda a subsequente especulação matemática e sistêmica sobre as proporções nos sons, e, no seu caso, mais exploradas nas relações de altura.

HUCBALDO E O CONTRAPONTO: SOBRE NOTAÇÃO E OUTROS CAMPOS DE MIMESE

Uma discussão sobre a mimese musical do ponto de vista da notação pode se tornar extensa e ampla, dada a importância que a escrita musical teve e tem na nossa tradição. A notação e a música escrita (ou talvez inscrita, como no caso da síntese sonora) são formas de representar aspectos sonoros e, assim, envolvem, por si só, todo um terreno amplo de processos miméticos consideráveis. A própria arte da cópia de manuscritos na Idade Média revela um rico processo mimético, com seus desvios e alterações. No caso da música, de neumas a códigos eletrônicos, podemos observar processos miméticos diversos, plurais e heterogêneos. Se a notação musical surge desde a Antiguidade, a sua discussão teórica aparece com mais vigor quando o estabelecimento de corpos de melodias escritas se torna a base da prática musical. No medievo, a produção da música parece passar lentamente do antigo sistema teórico de origem grega para o próprio repertório melódico escrito, reunido, aos poucos, em famílias que demoram a se estruturar no novo sistema modal. Se um *modulator* antigo se servia de um sistema teórico complexo, um conjunto de regras (*petteía*) do qual extraía dedutivamente suas variações e modulações para determinada situação, o músico medieval passa a recorrer, de forma mais indutiva, a um conjunto de melodias anotadas; um repertório, cujas formas de representação se tornavam muito variadas e confusas, dado o caráter mais empírico do costume de ler melodias para performance e não mais deduzi-las por regras.

Na crescente cultura letrada carolíngia, o poeta, hagiógrafo, analista e compositor da corte de Charles le Chauve, Hucbaldo de Saint-Amand (840-930), deu início a uma discussão bastante clara sobre notação, devendo muito de sua fama posterior de teórico a livros que não foram feitos por ele, como a dupla *Musica enchiriadis* e *Scolica enchiriadis* ou o *Alia musica*. No entanto, é de sua provável autoria um tratado *De musica*, ou simplesmente *Musica*, o qual exibe um esforço enorme para tentar conciliar a teoria de Boécio, voltada para o passado antigo, com a música litúrgica carolíngia em formação, de uma forma extremamente direta e didática. As dificuldades giravam em torno dos numerosos tipos de notação neumática em uso corrente em sua época, e o monge lamenta a falta de universalidade das marcas musicais escritas, os neumas. A preocupação com a notação já se revela na sua clara distinção entre som (*sonus* ou *vox*) e nota escrita (*notula, nota musica, nota, litterula*), sendo a linguagem costumeiramente mais confusa ou misturada em tratados anteriores. Mesmo na lógica de Boécio, o termo *nota* pode se referir a uma marca escrita ou a uma altura sonora, dependendo do contexto. Hucbaldo isola os termos de forma pragmática, indicando a importância de se pensar com precisão a relação entre som e escrita. De certa forma, Hucbaldo antecipa algumas inovações registradas por Guido d'Arezzo (992-1050), um século e meio depois, já demonstrando como um vasto campo mimético se prolifera e recua ao longo dos anos somente em torno da notação musical.

Não entraremos em detalhes sobre tratados desse período até a chamada Renascença, mas comentaremos brevemente suas notas sobre a ambiguidade da notação, em *Musica*, as quais Hucbaldo inicia com a proposta de pensar nos signos musicais do "grande sistema grego", ou seja, nas letras que eram usadas para indicar notas. Tratava-se de elaborar uma imitação medieval da antiga notação simbólica grega, baseada em letras que nomeavam cordas e em tetracordes, agora já transformada. Exemplo de um processo mimético no interior das notações. Eram tais letras que permitiam, segundo ele, identificar sons e fonemas de palavras num texto escrito e cantar qualquer melodia sem a necessidade, como afirmava, da presença de um professor. Os neumas tradicionais se tornavam inadequados para indicar alturas específicas e intervalos na melodia, criando problemas reais de execução. O monge argumenta que, em sua época, há tantas formas de notação, as quais variam de região para região, que se torna quase impossível saber como cantar, especialmente as melodias mais

MÚSICA E MIMESE: DA IDADE MEDIA À RENASCENÇA   79

cheias de melismas (caso do "*Aleluia*"). Hucbaldo propõe, então, uma forma de indicar letras minúsculas para notas por entre as sílabas do texto, algo que não deixaria dúvida sobre o movimento melódico a ser efetuado. Ele não deixa de considerar as vantagens e desvantagens de outras notações, pois o que está em jogo é a efetividade da representação de aspectos sonoros numa época em que diversas formas de notação concorriam entre si, dificultando a boa transmissão das melodias. O que propõe é adicionar a notação antiga de letras para deixar a melodia totalmente clara.

Toda essa dificuldade coincide com o surgimento gradual da polifonia, na mesma época, sendo necessário, por causa desse surgimento, organizar a estrutura da música mediante uma representação mais efetiva, a qual irá desenvolver a dimensão vertical das partes. Já se fala em *organizatio* (para prática polifônica com instrumentos (*organa*)) e na necessidade de maior precisão para a prescrição (*rata*) da *consonantia* (sons simultâneos: quartas, quintas e oitavas). Daí a premência de uma padronização mais efetiva da escrita musical que dê conta dos rudimentos da polifonia. O problema reside no fato de que cada forma de representação escrita prioriza determinados aspectos musicais em detrimento de outros.

O surgimento de linhas que hoje formam o que chamamos de pentagrama também foi fundamental para o desenvolvimento de obras e práticas polifônicas. E outras fases da polifonia, nos séculos seguintes, tiveram o apoio de uma escrita diferenciada, como no caso da escrita de notas quadradas da Escola de Notre Dame. As mudanças de estilo e exploração sonora acompanham mudanças de notação e vice-versa. Obras polifônicas silábicas, como o *conductus*, em que cada sílaba corresponde a uma nota, desenvolveram uma notação de notas quadradas isoladas. Obras polifônicas melismáticas desenvolveram a notação por ligaduras mais livres, mas igualmente o uso gradual de ritmos modais (de durações longas e curtas combinadas), como no que foi abordado por Jean de Garlande (1190-1272) como *discantus*[2].

2   "Discantus est aliquorum diversorum cantuum consonantia secundum modum et secundum equipollentis equipollentiam", ou seja: "Discanto é o alinhamento consonante de partes diferentes de acordo com um modo (rítmico) e a equivalência de valores equivalentes"; em *De musica mensurabili positio*. Garlande classifica diferentes tipos de discanto mediante a forma de combinar modos rítmicos cuja definição cria com base numa visão de hierarquia tipicamente escolástica, fundada na diferença teórica entre modos próprios e modos "além ▶

A escrita musical, no medievo, torna-se um campo mimético diverso por si mesmo, assim como ocorre, vale mencionar, com as explorações de notação musical do século passado até hoje. Sabemos como a representação escrita de sonoridades ganhou diversas direções ao longo do século xx e do atual, muito impulsionada por novos recursos técnicos e tecnológicos.

Para além da notação musical, cabe mencionar que, já no século xiii, autores como William de Moerbeke (1215-1286) passam a traduzir a palavra *mimēsis* não mais como *imitatio*, mas como *repraesentatio*, aliando a ideia de mimese cada vez mais à de representação[3]. Não significa, como vimos, que mimese seja o mesmo que representação em todo e qualquer contexto, embora talvez indique algo sobre a importância que a escrita e a teoria sobre a escrita passavam a ter. Certamente, uma ideia mais ampla e diferente de representação foi aos poucos vinculada à mimese, como a partir da raiz indo-europeia *sta* ou a partir da *stêlê* grega. No caso germânico, como o de Heidegger e seus interlocutores, mas não apenas, isto é observável em toda a especulação em torno de *Gestell, Darstellung, Vorstellung, Herstellung* etc.

Scholia enchiriadis, atribuído a Hucbaldo, mas provavelmente de outro autor, é interessante por conter uma espécie de mutação de textos antigos, agora no contexto do cristianismo estabelecido. Apesar de sua orientação mais prática e prescritiva do que o que encontramos em textos antigos, temos, por exemplo, a mesma definição de música exposta em Agostinho: ciência do bem modular. Mas esse bem modular é definido agora como cantar ou compor melodias de forma suave, para Deus e com

> ▷ da medida". Não entraremos em detalhes. Cabe dizer que Pérotin (1160-1230) foi conhecido como o grande autor de discanto, *optimus discantor*. É nessa época que se inicia a importância da figuração de indivíduos como autores excepcionais.

3   O termo *repraesentare* e seu substantivo correspondente têm uma semântica complexa no latim, podendo significar antecipar, trazer à tona, presentificar, tornar disponível, dispor imediatamente, pagar, apresentar à visão, exibir, manifestar, mostrar (uma aparência ou semelhança), apresentar pessoalmente, tornar presente na mente, trazer de volta ao presente (o que está morto ou perdido), reavivar, servir, servir como equivalente de, retratar, assemelhar, imitar. Relações, por exemplo, com a *écfrase* da retórica são evidentes, a descrição vívida. O sentido de *praesens* é de uma presença com urgência de prontidão, eficácia e acessibilidade. O prefixo *re-* nem sempre tem o sentido de uma iteração, mas pode significar a intensificação da presença por meio de alguma forma de reciprocidade. Isto tudo para dizer que a mimese esteve muito mais próxima da ideia de representação do que de imitação.

coração piedoso, não deixando a arte servir a coisas vãs. Trata-se, portanto, de uma cristianização do pensamento antigo no campo da música, outra forma de mimese pertinente como processo de transformação de ideias preexistentes.

O mestre do diálogo ainda alude a outra dimensão mimética, ao expor as três coisas que um cantor deve observar: a boa emissão dos sons, o ritmo e certas exigências extrínsecas às quais o canto deve se conformar. Tais exigências parecem se referir a uma conformação do canto ao tempo, ao lugar, às pessoas e a outros elementos, ou seja, ao que, no nosso contexto de discussão, podemos chamar de decoro musical, como conveniência mimética no corpo social, condicionando e configurando a participação. Esse canto que convém também é discutido em (seu?) outro texto sobre a salmodia; parecia haver maiores problemas de execução sem conformação mimética, no caso dos salmos. Um exemplo curioso é o conselho de subir o tom nos cantos matinais em relação aos noturnos, os quais deveriam ser cantados de forma mais doce, mas sem sonolência.

A MIMESE MEDIEVAL ENTRE MÚSICA, RETÓRICA E ARTE LITERÁRIA

Durante a Idade Média a progressiva distinção entre ciência e arte caminhou junto com a progressiva aproximação da música com a poesia. Como é possível observar na arte trovadoresca e num teórico como Jean de Garlande[4], uma troca de fundamentos ou uma mimese retroativa se estabelece entre poesia e música, tanto na prática da arte como nos modelos de descrição teórica ou na classificação escolástica mais exaustiva. Dizemos isto, pois, no caso de Garlande, o uso mimético do método escolástico chega a ponto de criar categorias excessivas, analítica e logicamente coerentes, que às vezes nem mais correspondem a fenômenos

---

4   Ainda há controvérsias sobre se o gramático e o teórico da música eram ou não a mesma pessoa, o que não nos impede de observar o imbricamento mimético entre arte literária e música nas obras teóricas referentes à relação entre música e poesia em "ambos". Uma abordagem mais recente, de Elsa Marguin-Hamon, sugere com bons argumentos que ambos seriam a mesma pessoa (*Revue d'historie des textes*, 2010, n. 5, p. 175-197).

sonoros ou musicais reais. Esse método escolástico exaustivo foi observado em várias instâncias miméticas da produção humana daquela época, não apenas na leitura teórica da música, estando vinculado, por exemplo, à própria lógica e à hierarquia arquitetônica das catedrais góticas[5].

Mas falemos da correspondência mimética entre música e literatura, mais do que daquela entre arquitetura e método escolástico. Entre outras coisas, Jean de Garlande toma de Boécio a concepção global de *ars musica* para dar conta da poesia métrica e rítmica: teríamos assim o ritmo da poesia de alguma forma definido a partir da ideia de ritmo que provinha tradicionalmente da música. Todavia, do ponto de vista prático, também podemos observar como a música do início do século XIII se desenvolveu com base no verso rítmico das *clausulae*, ou seja, da poesia rítmica[6], música na qual a melodia passava a depender do pulso, do ritmo e, no caso da polifonia, da harmonia, especialmente em passagens sem texto.

A reciprocidade mimética entre música e poesia é grande. De toda a forma, um caso específico da imbricação entre poética e música se encontra no tratamento da rima como consonância, algo comum aos autores latinos dos séculos XII e XIII, no intuito de expressar a própria *ars ritmica*. Na Antiguidade, a consonância tratava do efeito produzido por dois tons ligados por uma relação musical, formando uma entidade em si. Relação de superposição para os antigos, mais tarde de sobreposição, com Hucbaldo e o surgimento da polifonia. E o que seria, no momento em questão, uma consonância no ritmo?

A forma que Jean de Garlande tratou da então chamada arte rítmica foi singular, pois o autor adicionou as disciplinas da música e da retórica às da aritmética e da rítmica no tratamento da poesia. A sua concepção de ritmo ganha uma nova acepção híbrida, no encontro integrado entre música e poesia: o ritmo é definido como "consonância de palavras que se assemelham em

---

5 Falo do trabalho de Erwin Panofsky sobre arquitetura gótica e, mais especialmente, do de Pascal Duhamel.

6 No século anterior, a poesia rítmica ganhou maior *status*, como na obra sobre ritmo poético de Alberic de Monte Cassino. Do século XII em diante, portanto, podemos dizer que há um contágio mimético da poesia rítmica na música composta, tanto pelo uso da poesia rítmica que passava a ser musicada quanto na construção da própria música.

MÚSICA E MIMESE: DA IDADE MEDIA À RENASCENÇA 83

sua terminação, ordenadas por certo número, sem pés métricos"[7]. Ele integra, nessa definição, duas acepções do ritmo: a antiga, que dá um número disposto de maneira matemática, e a medieval, que o entende como elemento de acentuação, de forma independente da métrica. Assim, num esquema de rimas AAAAB, por exemplo, uma organização tanto poética como harmônica pode ser deflagrada. O quinto verso distintivo é semelhante à quinta como intervalo harmônico. Ouve-se música, assim, no espaçamento dos versos, onde elementos rítmicos se revelariam harmônicos. A consonância do ritmo se estabelece, portanto, na sobreposição integrada entre a memória do que passou e o tempo presente da performance dos versos. Toda uma mimese entre música e poesia.

Na prática dos trovadores, no entanto, a complexidade rítmica pode ser tamanha que a teorização sobre consonância no jogo das rimas, como essa definida por Garlande, não consegue dar conta dos efeitos local e global da sonoridade do poema. O virtuosismo rítmico de um Arnaut Daniel (1150-1210) advém do fato de que ele cria a própria harmonia (ou desarmonia harmônica), um jogo rítmico de timbres baseado na disposição variada das sílabas e das terminações de verso em rima. Por meio da rima se articularia a rítmica da canção e, assim, ouviríamos a teorizada consonância. Mas Arnaut conduz a harmonia do verso para além das regularidades reconhecidas pelos teóricos, pois a disposição da rima é muito complexa. Em alguns de seus poemas, temos diversos sons distribuídos em medidas desiguais, diversas quantidades silábicas por verso (de uma palavra-verso a várias sílabas), assonâncias em possível gradação variada e posições inesperadas. Para sentir alguma consonância entre os números analisáveis é preciso apreender o efeito de conjunto de todas as diferenças rítmicas ou de rima. Como essas diferenças estão condensadas em grande número num mesmo poema, impossibilitando a apreensão de um conjunto unitário objetivo, poderíamos falar até em algo como uma organização dissonante ou em união entre harmonia e desarmonia. A variação perpétua da disposição das rimas

---

7   "Rythmus est consonancia dictionum in fine similium sub certo numero sine metricis pedibus ordinata." Em Traugott Lawler (editor), *The* Parisiana Poetria *of John of Garland,* New Haven, London: Yale University Press, 1974. O termo consonância tinha um sentido mais global do que *concordantia,* por exemplo, indicando o belo e o bem, conforme os tratamentos tomasianos correntes da época.

e assonâncias gera uma quase impressão de desordem, mas, na verdade, é a mutação de uma ordem que está sempre em jogo (um pouco como o que sentimos em alguns estudos musicais de Gyorgy Ligeti, por exemplo). Afinal, é uma ordem aritmética severa, muitas vezes imperceptível em si mesma, que comanda a mutação das posições rítmicas mais sensíveis[8].

Ao estudar tais poemas, sem entrar aqui em algum caso, arriscamos dizer que parece haver um processo mimético contínuo na elaboração rítmica sofisticada desse período, quando cada disciplina alimenta e retroalimenta a outra. Ele se daria entre arte literária, retórica e música, em sua relação comum e aprofundada com as novas formas de se escrever. Assim, desde o surgimento do *organum*, as novas condições de articulação rítmica provindas da escrita musical polifônica, especialmente no que tange às diferentes e novas combinações de signos de duração e suas sobreposições, parecem ecoar nas complexidades rítmicas encontradas na sonoridade da poesia do período e vice-versa. Mesmo no caso de Pérotin, por exemplo, o próprio nome "cláusula" parece ter sido derivado da poesia rítmica, assim como muitos de seus procedimentos composicionais, todos baseados em procedimentos de repetição encontrados também na retórica.

Em meio à influência do pensamento escolástico, com suas *disputationes* e seus revigoramentos aristotélicos, outra questão mimética a respeito da escrita propriamente musical girou em torno da discussão sobre o termo *figura*, discussão elaborada no período, envolvendo tanto Jean de Garlande (do tratado *De mensurabili musica*) como Lambertus ou Franco de Colônia[9]. Esse termo se refere, globalmente, à forma da nota ou do conjunto de notas musicais, como *repraesentatio* ou *signum* do som ou de sons que se arranja(m) num modo. Assim, um desenho figurado pela melodia se conformaria à abstração teórica de um

---

8   Ao estudar essas questões na poesia antiga e medieval, procurei desenvolver algo semelhante por meio de pequenos cálculos de desvio médio para variação da acentuação e das assonâncias em meu livro *Da Lua Não Vejo Minha Casa*, São Paulo: Demônio Negro, 2015, trabalho inesperadamente reconhecido com um prêmio Jabuti.

9   Interessante notar o mesmo tipo de discussão sobre o termo "figura" ao final do século xx, nos escritos de compositores como Brian Ferneyhough e Salvatore Sciarrino, cada qual com seu campo de entendimento próprio. Falaremos do uso do termo, feito por compositores recentes, na Parte iii do livro.

MÚSICA E MIMESE: DA IDADE MEDIA À RENASCENÇA 85

modo. A noção de figura como representação do som ou como disposição sonora, visual ou sensorial que, em algum momento, remete ao sonoro será retomada mais adiante como um dos principais meios de conceber a mimese musical, especialmente em concepções da música recente. Toda uma espécie de metafísica da música foi arrolada por meio da ideia de figura (assim como de gesto, objeto e textura), seja por via de alguma apropriação da filosofia, da tradição, das outras artes e das ciências ou não.

Para além da representação visual e escrita de notas musicais, outro termo indicador dos processos miméticos da época é *color*, o qual sinaliza a consequência sensorial e espiritual do que se diz por figura e com o qual se destaca a descrição da experiência e do efeito dos sons na escuta. Para Garlande, *color* é "a beleza do som ou do fenômeno auditivo através do qual o sentido auditivo suscita prazer"[10]. Essa forma da beleza está ligada ao procedimento técnico da repetição, a qual faz uma passagem ou um som desconhecido se tornar conhecido. "Graças a esse reconhecimento, a audição oferece prazer." Daí diversos procedimentos de repetição melódica e ornamental serem concebidos, como a *florificatio vocis* ou o *sono in ordinato*. As *colores*, como formas diversas de repetição, suscitariam e atrairiam a emoção e impressionariam a imaginação. Elas promoveriam, segundo Garlande, a adesão afetiva dos ouvintes. Provindo da retórica, *color* era um termo do vocabulário da poesia didática, correntemente associado ao termo *figura*, a partir do século XI, e difundido em manuais dos séculos XII e XIII[11]. Essas cores retóricas, provindas das artes da linguagem (*trivium*) e atinentes à ideia de repetição (como *repetitio, conversio, complexio, conduplicati, epizeuxis, gradatio* etc.) foram sistematicamente utilizadas nos melismas da polifonia da Escola de Notre Dame. A arte poética e o domínio da retórica se cruzavam com procedimentos musicais, revelando processos miméticos diversos entre as artes ou disciplinas diversas.

---

10 "Color est pulchritudo soni uel obiectum auditus, per quod auditus suscipit placentiam." Ver Erich Reimer (ed.), *Johannes de Garlandia: De mensurabili musica, kritische Edition mit Kommentar und Interpretation der Notationslehre*, Wiesbaden: Steiner, 1972.
11 Vale lembrar que as cores retóricas eram definidas e enumeradas com base em livros clássicos, como a *Rethorica ad Herennium*.

JEAN DE MURS: FIGURA COMO SIGNO
E A LIBERTAÇÃO MIMÉTICA DA ESCRITA

Procedimentos de uma nova prática musical são frequentemente acompanhados de justificativas verbais e descrições do seu processo mimético, quando não de novas maneiras de pensar e entender a própria mimese em jogo. O fim da Idade Média coincide, de certo modo, com a formação de certo tipo de mentalidade (a qual chamamos globalmente de moderna) e muitas das suas características podemos encontrar como valor até os dias atuais.

Para justificar uma nova prática e uma nova escrita musicais, no século XIV, pelo menos um autor procurou uma base filosófica na teoria dos signos: o filósofo, astrônomo, matemático e teórico da música Johannes de Muris, ou Jean de Murs (1290-1351). A forma especial de montar sua justificativa merece nossa atenção até hoje, pois revela, entre outras coisas, uma articulação importante da operacionalidade mimética na arte musical: o surgimento bastante consciente daquilo que nós poderíamos chamar de escritura musical, modo de pensamento musical que passa gradualmente a ser legitimado com certa autonomia – o que os franceses chamaram de *écriture*, em contraposição à simples notação –, uma espécie de pensamento musical que passa a ser projetado pela escrita, de forma até certo ponto independente do som.

Esboçamos aqui apenas algumas justificativas para tal afirmação. Em seu *Notitia artis musicae*, a argumentação exposta por Murs, no início, soa bastante semelhante com a nossa mais conhecida teoria do signo, aquela que costumamos aprender a partir de Ferdinand de Saussure. "Figura autem signum est, res musicalis significatum", ou seja, "A figura é o significante, o som (coisa musical) é o significado." Para Jean de Murs, nesse momento, parece haver duas formas agregadas num evento musical: significante e significado. É possível manipular uma sem alterar a essência da outra (o *signum* em relação ao *significatum*). A ligação entre essas formas, entre nota e som, digamos, é *significativa ad placitum*; isto é, convencional, a nota escrita remete ao som apenas por instituição, por convenção. Essa explanação lhe permite chegar a uma afirmação útil para a defesa do que seria o imperfeito (o uso de dois tempos ou do tempo binário, até então condenado): é o significado quem é perfeito ou imperfeito, não a figura.

MÚSICA E MIMESE: DA IDADE MEDIA À RENASCENÇA   87

Um paradoxo que acaba por liberar o signo escrito da mera notação de sons precisa ser esclarecido. Segundo o autor, é na coisa mesma, no som ritmado, que é preciso se pensar musicalmente, não na escrita musical. A figura é apenas um meio não musical. Para Murs, não há relação musical nenhuma entre figuras. É preciso pensar na relação entre sons. A consonância é um exemplo dado: duas notas soam juntas como coisas que escutamos. É o ouvido quem faz a distinção. São os fatos sonoros que impõem a relação com as figuras. Mas é exatamente ao distinguir a figura como meio não musical, não como algo aderente ao som, que ele parece libertar a escrita musical das suas relações com o som, em sua especulação.

Vale dizer que isto acompanha ou exemplifica o que podemos observar genericamente nesse período, algo fortemente ancorado no aristotelismo: a música já saía do *quadrivium* boeciano para se tornar uma *scientia media*, intermediária entre filosofia natural e matemática. Seu objeto essencial de estudo não era mais o número em movimento, mas a forma matemática do som, na qual a aritmética passava a servir à experiência mais do que determiná-la. Consideramos, portanto, essa nova situação de grande importância para a história dos processos miméticos da música. Mas precisamos nos perguntar um pouco mais: afinal, por quê?

Sua exposição sobre a arbitrariedade do signo musical escrito nos parece vital, em especial para a legitimação de um processo de escrita que se torna progressivamente mais autônomo ou abstrato, independente da ideia de notação ou anotação de sons. A ruptura com a tradição agostiniana, e mesmo tomasiana, nas quais o signo é uma união essencial, um símbolo, retira o peso metafísico que envolvia o uso de notas ou figuras musicais, inclusive aquele relacionado longinquamente com o *logos* grego. Usar signos já não parece significar mais uma direta articulação da realidade do mundo. Aos poucos, ao longo dos séculos que antecedem o período moderno, observa-se que o signo deixa de ser um correlato simbólico aderente ao mundo e ao espírito, um pouco como expôs globalmente Michel Foucault, no seu clássico *As Palavras e as Coisas*. Acredito que esse processo, destacável nos escritos de Murs, no qual já se descreve a nota musical e o som como relação arbitrária entre significante e significado, ajudou a impulsionar e legitimar cada vez mais a própria autonomia da escrita musical em relação à tradição. No caso em questão, a nota musical não se assemelharia ou aderiria mais ao som. Ela operaria apenas como meio de uma relação convencional ou, como dizemos nos termos modernos de Saussure, arbitrária. Isso indica, a meu ver, uma transformação e uma libertação nos processos miméticos da música, algo talvez equivalente à escrita em código computacional recente: desde as discussões de Hucbaldo, deixa-se aos poucos o signo simulador, simbólico ou baseado na ideia de semelhança ao som, ou mesmo a noção de notação de sons, para encontrar a potência de expressão a partir da convenção (ou dessemelhança) do que se representa, legitimando certa autonomia da escrita musical e, por consequência, o pensamento musical pela escrita.

Evidentemente, esse novo campo mimético sofreu forte resistência por parte da igreja e dos detentores do conhecimento. Mas, ao procurar dar autonomia ao signo musical, fomentando uma verdadeira articulação dos processos de representação do som, autores como Jean de Murs puderam embasar e defender a evolução das práticas de composição em curso, além de abrir caminho para o desenvolvimento da polifonia futura. Ao colocar a representação como serva da experiência sonora, da coisa, em seus termos, Murs escreveu como que uma carta de alforria em relação a certas exigências teóricas e práticas tradicionais da música.

Uma inovação teórica específica operada por Jean de Murs diz respeito ao tratamento numérico das durações. O que costumava ser aplicado apenas às alturas passa a valer para as medidas de tempo. Apoiado nos livros da *Física* de Aristóteles, ele funda, assim, a primeira teoria de peso da nova *musica mensurabilis*, cerca de dois anos antes de Philippe de Vitry. No segundo livro de seu *Notitia artis musicae*, ele determina que a duração pode ser medida sobre uma escala finita de números inteiros. Em seguida, expõe os signos por meio dos quais as diferentes durações devem ser representadas. Por fim, discute regras de composição com tais signos.

Mais do que entrar em detalhes, caberá aqui pensar em como ele se fundamenta para dar o primeiro passo. Murs parte da definição do som em função do movimento, "o som é gerado pelo movimento"[12], e o tempo, uma consequência do movimento.

---

12 "Vox generatur cum moto". Ver Johannis de Muris, *Notitia artis musicae*, livro II.

MÚSICA E MIMESE: DA IDADE MEDIA À RENASCENÇA

Embasado no livro IV da *Física* de Aristóteles, trata-se de discutir o problema da medida da duração musical em meio à discussão global sobre o tempo com base no movimento. Se, nessa linha filosófica, o tempo é basicamente uma medida do movimento, a duração deve ser medida, portanto, segundo uma unidade padrão (*secundum unam dimensionem metitur*). Mesmo com a dificuldade do seu latim, e por causa do estado do manuscrito, esse *Notitia*, entre outros escritos, apresenta um grande passo teórico da época para legitimar e praticar uma nova forma de representar o tempo na música.

À parte o que consideramos inovações, Jean de Murs não deixa de se embasar na tradição de Boécio para defender o caráter moral da música e, assim, também opera com base na mimese antiga. Na sua defesa do número 3, ele parecerá, no início do seu tratado, em acordo com o passado e contra os preceitos da *ars nova*, tal qual conhecemos, especialmente a partir de Philippe de Vitry. A perfeição do 3, ou a *convenientia* da unidade à trindade, é encontrável em tudo, desde a trindade divina até a tridimensionalidade dos corpos. O 2, por se opor ou "rechaçar" a unidade, é visto como imperfeito (lembrando do 2 como *numerus infamis*, em São Tomás de Aquino, ou então a suposta condenação do número feita pelos pitagóricos, segundo o Aristóteles de *Metafísica* (986a 15-21).

Os traços tradicionalistas do seu texto também pretendem fazer com que a nova música medida esteja bem alinhada com a música humana e a música cósmica, na melhor tradição cristã e pitagórico-platônica. Mas são justamente esses traços que permitem a Murs especular sobre uma hierarquia de durações mais sofisticada, baseada na divisão por 3. Pelo discurso sobre o 3 do início do texto, tudo pode nos levar a crer que ele restringirá possibilidades exatamente como no passado. Mas uma afirmação, carregada de pitagorismo, poderá servir de brecha inicial para a autenticação de outros tempos possíveis: "Perfeito é aquilo que pode se decompor em três partes iguais, ou em duas partes distintas, das quais a maior excede por si mesma a menor."[13]

Cabe agora entrar um pouco na especulação numérica, pois ela evidencia esse rico processo de articulação da escrita rítmica, com toda uma mimese de cunho numérico e místico. Murs, no

---

13 "Perfectum est, quod est in tres partes aequales divisibile, vel in duas inaequales, quarum minor in se ipsa a maiore superatur." Idem, livro I, capítulo 3.

início do *Notitia*, parece permanecer sempre fiel a todo mensuralismo tradicional do *ars antiqua*. Mas, ao apresentar uma relação bifocal entre números divisíveis, tudo parece começar a mudar de figura. Entremos um pouco na sua exposição: O número 81 é perfeito, pois que divisível por 3. O número 54 é imperfeito, pois que divisível por 2. Pela lógica, o número 27 seria perfeito também. Esses três números (81, 54, 27), para Murs, fazem parte do primeiro grau de perfeição, em acordo com a expressão que mencionamos[14]. Os números 27, 18 e 9 fariam parte do segundo grau de perfeição; os números 9, 6 e 3, do terceiro; e, finalmente, os números 3, 2 e 1, do quarto. Sendo assim, em cada sequência ou grau de perfeição, como afirma o autor, temos um número perfeito (81, 27, 9, 3), um número imperfeito (54, 18, 6, 2) e um neutro ou unidade (27, 9, 3 e 1), em que vale a regra exposta para o perfeito.

O número 27 não é perfeito apenas por ser ternário (resultante da adição ou do produto de três fatores), mas por resultar da soma de 18 + 9. Digamos que ele, 27, é um tanto mais mágico para Murs como número perfeito: fazendo imperfeito o perfeito (*perfectum imperfecit*), pois converte em imperfeito o número perfeito 81, quando gera, por subtração, o 54 (81 − 27 = 54), faz perfeito o imperfeito (*perficiens imperfectum*), quando gera o 9 a partir da subtração do 18 (27 − 18 = 9).

Essa bela especulação parece levá-lo, em capítulos subsequentes, e de forma um tanto inesperada, a uma aprovação ou legitimação do tempo binário, ao afirmar a proporcionalidade de um grupo de três valores perfeitos de tempo imperfeito e um grupo de dois valores imperfeitos de tempo perfeito. A equivalência operada por Murs, como entre três breves binárias e duas breves ternárias, contradiz os princípios franconianos anteriores, e passa a assegurar, a Philippe de Vitry, por exemplo, a possibilidade de equiparar o *tempus imperfectum* ao *perfectum* (afinal, $2 \times 3 = 3 \times 2$).

Assim, uma longa com o valor de três breves (portanto, perfeita, em que cada breve vale duas semibreves (portanto,

---

14 Podemos dizer que os graus de perfeição ternária e suas subdivisões em dois e três parecem ajudar a legitimar ou descrever as proporções da subdivisão temporal da escrita musical mensurada em uso: *modus* e *tempus* (perfeitos e imperfeitos) e a *prolatio* (maior e menor); ou, em termos de durações unitárias, as proporções entre longas, breves, semibreves e mínimas.

MÚSICA E MIMESE: DA IDADE MEDIA À RENASCENÇA 91

imperfeitas)), equivalerá a uma longa que tenha o valor de duas breves (ou seja, de tempo imperfeito, em que cada breve vale três semibreves; por sua vez, um tempo perfeito). Dessa forma, uma nova hierarquia especulativa entre tempos passava a legitimar a inclusão dos ritmos em dois tempos, até então "condenáveis", já presentes em peças da época e no *Roman de Fauvel*.

Em suma, suas especulações teóricas parecem ter ajudado, em muito, a fundamentar as novas formas de representação dos sons e da música, em especial de durações, justamente por tratar a figura como meio ou signo arbitrário, não como símbolo transcendental, colado ou semelhante ao som. Sem dúvida, reputamos que essa forma de pensar também foi algo que auxiliou a formação do que hoje entendemos por teoria e escritura musical, sem ter descartado, no entanto, a antiga associação mimética entre moral ou ética e as formas da sonoridade. Segundo ele, a *musica mensurabilis* podia levar benefícios morais e políticos aos indivíduos e à comunidade, fomentando novos valores e relações de tempo até então oficialmente recusados. Encontramos, em seus escritos, a mimese antiga junto com um processo mimético libertador da escrita e da música, baseado, entre outras coisas, na consideração da arbitrariedade convencional do signo. A ampliação do jogo em torno da escrita musical se deve a esse olhar aguçado tanto para a nova experiência com sons de sua época como para o signo que os representa, transformando os processos miméticos entre som e escrita, escrita e escuta, escuta e representação, escrita e pensamento e assim por diante. Arrisco dizer que se trata de um processo de articulação do que chamamos aqui de mimese musical que nos influencia profundamente até os dias atuais, quando observamos o desenvolvimento de representações da escrita musical na sua relação com o som e com as matemáticas.

MIMESE MÚSICO-POÉTICA E VISUAL EM JACOPO DA BOLOGNA

Em termos gerais, a relação mimética aprofundada entre música, literatura e filosofia pode ser encontrada, com certa frequência, ao longo dos séculos seguintes. O exemplo de um rico processo

92

mimético que gostaria de expor, nesse momento, vem do compositor Jacopo da Bologna (1340-1386). A análise em forma de ensaio foi exposta anteriormente, no meu livro *O Sonoro e o Imaginável*, no qual a preocupação maior foi demonstrar a importância cultural da sátira e do naturalismo na história da música italiana, de seu surgimento até composições recentes[15]. Características fortes da cultura italiana, tais tendências satírica e naturalista podem ser sentidas já em composições do século xiv, como as de Jacopo da Bologna. Jacopo foi um dos principais compositores da primeira geração do *trecento* italiano, juntamente com Magister Piero e Giovanni da Cascia. Também foi um dos primeiros compositores italianos de polifonia em língua vulgar, o primeiro a ter um madrigal a três vozes conhecido e o único contemporâneo de Petrarca cuja música com versos do celebrado poeta chegou até nós. Alguns musicólogos falam, inclusive, da grande possibilidade de eles terem se encontrado.

Vale lembrar que a sátira, especialmente a horaciana, era um dos principais gêneros ensinados no aprendizado do latim, no medievo. Desde a Antiguidade tardia, a sátira se cruza com a figura do sátiro, na medida em que esse passa a ser sua metáfora: uma suposta linguagem desnuda (direta e literal) da sátira, como a nudez do sátiro. Guido da Pisa, no seu comentário de Dante, diz: "a sátira está nua, e é sem-vergonha, pois critica abertamente os vícios"[16]. Veremos, no caso do poema de Jacopo, como certos procedimentos da sátira em relação à política e à moral se combinam com a tradição esópica da fábula de animais, também muito ligada ao aprendizado e à moralidade na época, como evidencia o ensino baseado em Marcus Fabius Quintilianus. Muitos comentadores e preceptores tinham o hábito de desnudar (ou seja, tornar literal) o conteúdo alegórico das fábulas como exercício de ensino. Cabe recordar ainda que a tradição romana da sátira guardava dos gregos o preceito de ser uma censura dos viciosos com liberdade, esse cunho moral, podendo o contexto político, portanto,

---

15 *O Sonoro e o Imaginável: Ensaios Sobre Escuta, Composição e Olhar,* São Paulo: Lamparina Luminosa, 2014. Trata-se de uma coletânea de ensaios sobre temas diferentes, com foco na música, em sua relação com a literatura e a filosofia.

16 Vicenzo Cioffari (ed), *Expositiones et Glose super Comediam Dantis,* New York: State University Press, 1974, p. 5.

ser bastante revelador sobre os poemas. Além disso, na tradição romana, a fábula de animais participava das seletas chamadas de sátiras.

Jacopo deve ter passado ao menos duas vezes pela corte dos Visconti, em Milão, a julgar pelas peças de cunho celebrativo. O ano de 1346 é explicitado pelo madrigal *O in Italia felice Liguria*, indicando a comemoração dos sucessos militares dos Visconti diante de Gênova, o nascimento dos dois filhos gêmeos de Luchino Visconti e a conquista de Parma. O nome do líder, Luchino, está escondido em acróstico nos textos do moteto *Lux purpurata/Diligete iustitiam* e no madrigal *Lo lume vostro, dolce mio segnore*. O primeiro se refere ao irmão de Luchino, Giovanni, enquanto o segundo alude tanto a sua mulher, Isabella Fieschi, como a uma conspiração liderada por Francesco Pusterla, "exemplarmente" punida. Uma série de lideranças foram exiladas, inclusive membros da família, como Galeazzo II, possível amante da esposa de Luchino, com o qual o madrigal *Sotto il'imperio del possente prinze* se relaciona. Esse último faria parte, de acordo com a opinião de especialistas, da sua última fase, a qual coincide com a sua segunda estadia na corte milanesa, já nas décadas de 1350 e 1360, após a morte de Luchino, em 1349, e então sob domínio de Galeazzo II. Dele podemos extrair referências tanto ao príncipe Gian Galeazzo, filho de Galeazzo II, como a Isabelle Valois, sua esposa. A partir desse contexto político, podemos lançar uma primeira interpretação bastante plausível, ao atentar ao que o poema desse madrigal expressa: a louvação quase irrestrita a Luchino, na melhor tradição epidítica, anteriormente explicitada, parece nele se transformar em certa temeridade irônica em relação aos Galeazzo (pai e filho). Cabe recordar que o texto deve ser do próprio compositor, o qual ainda teria sido poeta e teórico.

Historiadores afirmam que o símbolo da serpente, signo da família Visconti desde o século XIII, entrou para o *inquartato* heráldico junto com a águia (possível alegoria sobre Carlos IV em outro madrigal mais conhecido de Bologna, também pela combinação de três textos, *Aquila altera*, da mesma época) após a coroação de Galeazzo filho como duque, em 1395, conforme as figuras ilustram:

Símbolo da serpente coroada de ouro, deglutindo ou regurgitando um jovem, "cor de carne" ou "moreno" (moro, provável mouro), emblema da família Visconti. Do lado direito, seu enquadramento junto com a águia, após o coroamento de Gian Galeazzo, em 1395.

O símbolo da serpente sempre foi uma alegoria da família Visconti e é signo de Milão até hoje, como se pode ver na Piazza del Duomo e em diversos locais da cidade. Sua origem é um pouco duvidosa, já que as crônicas são muito variadas e sua refiguração é constante e ampla. Em 1288, cerca de meio século antes do período mais ativo de Bologna, Bonvesin de la Riva descreve o símbolo viscontino como uma víbora azul expelindo um sarraceno pela boca. Ela simbolizaria a vitória de Ottone Visconti contra os sarracenos. Outro grande cronista da época, Galvano Fiamma, afirma que Ottone teria se apropriado do símbolo, ao vencer o líder mouro Volux. Há ainda muitas hipóteses. Alguns dizem que o símbolo estaria em Milão mesmo antes dos Visconti, podendo ter origem na serpente de bronze da cidade de Santo Ambrósio ou conexão com Bizâncio. Outros traçam suas origens através da iconografia dos lombardos, a partir dos escandinavos. De fato, ela parece ter emanado de uma tradição não ocidental e foi refigurada de diversas formas, simbolizando, na época que nos interessa, o poder, a glória e as pretensões da família Visconti.

Jacopo da Bologna compôs o madrigal *Sotto il'imperio del possente prinze* sobre o seguinte poema:

> Sob o império do príncipe poderoso
> com asas douradas no próprio nome
> reina a serpente de fel vitorioso

MÚSICA E MIMESE: DA IDADE MEDIA À RENASCENÇA

pois que dela fugir ninguém pode.
acossa meu peito e já se assenhora
tão logo vagueia como senhora

quando a olho, ela logo se atina,
seus olhos se fecham e ela se vai,
como víbora virosa ela dissemina

a flama de fogo que mata e esvai.
Alma cruel em tão áspera pele
que o amor nela de mim se repele

Deu-me mais luz que o sol certa vez;
quanto mais me recordo, mais languidez.

Como podemos observar, o texto é uma referência à alegoria da serpente dos Visconti com uso da ironia (no sentido amplo), lembrando a prática retórica de figuras como *subiectio* (no sentido da vivacidade da imagem, *enargeia*, sujeito ao olhar) e *exclamatio* ("Deu-me...") e de um *tropus* como *charientismos*, pelo contraste entre a suavidade da sedução e o perigo mortal da serpente para enfatizar a ironia. Usando a lírica amorosa de tradição trovadoresca, com seu uso da ironia como crítica moral, e o esquema de rima mais livre dos madrigais do *trecento*, o poeta retrata uma situação política com bom humor. Se o texto também trafega por metáforas de amor, típicas da época, a figura sedutora, sinuosa e perigosa da cobra insinua os atos de poder. Nino Pirrotta apontou um uso da moral, ou seja, da sátira política, em outro madrigal de Bologna, *Prima virtut'é constrangir la lingua*, no qual a língua "não tem osso, mas pode quebrar seu dorso"[17], numa suposta referência ao assassinato de Luchino. O que mais chama a atenção é o fato de o texto desenvolver esse "eu lírico" desconfiado, duvidoso, seduzido e satírico, tudo ao mesmo tempo, com a figuração sensual, naturalista e perigosa da serpente. As sensações podem remeter, como foi dito, a uma situação política bem diferente da primeira estadia de Jacopo, em Milão. O fato de ele mesmo ser o provável autor do poema e de seu louvado senhor, Luchino, ter exilado Galeazzo, no passado,

---

17 Giuseppe Corsi (ed.), *Poesie musicali del Trecento*, Bologna: Comissione per i Testi di lingua, 1970, p. 44.

e, mais tarde, ter sido assassinado (talvez pela própria esposa) parece tornar sua leitura do poder, na época, bem menos laudatória, mas mais irônica, temerária e crítica.

Mas a alegoria da fábula, a sátira e o naturalismo não param por aí. O estudo do movimento das cobras nos ensina que a forma de locomoção mais comum nas serpentes é a serpentina (ondulação lateral). O desenho efetuado pelas alturas melódicas do madrigal em questão, por analogia, pode ser comparado a essa forma. Sua característica principal é desenvolver uma série de ondulações mais ou menos senoidais. É possível notar a riqueza irregular da movimentação melódica visualmente. Veja a primeira frase da voz mais aguda no manuscrito de época e as três vozes em notação moderna:

Frase 1 (dividida aqui em compassos 1 a 11):
Sotto il'imperio del possente prinze.

Um traço aproximado e retilíneo indicando os movimentos do contraponto pode nos fazer visualizar melhor nossa hipotética alegoria sonora:

A variação rítmica constante nos permite sentir a elasticidade das melodias e do tempo na escuta. A alteração rítmica constante, que se vale de síncopas e tercinas (aqui adaptadas), permite que a predominância de movimentos contrários não se torne uma regra previsível para a escuta. Por analogia, o trabalho rítmico poderia equivaler ao movimento das serpentes descrito pela zoologia como concertina ou sanfona, pois o compositor comprime irregularmente as melodias em curvas menores e as estende em maiores de forma livre. Um processo de aceleração e desaceleração das figuras da voz mais aguda é notável, enquanto a voz intermediária só acelera ao final da frase. A velocidade média das figuras obedece ao registro das vozes, sendo a mais aguda a mais rápida. A voz grave, na frase inicial, tem apenas a função de apoio cadencial, no seu início, meio e ao final. A oposição de velocidades permite um jogo rítmico bastante rico, que se alia à mistura das também sempre imprevisíveis direções melódicas. Se sobrepusermos as duas linhas mais agudas, teremos um entrelaçamento extremamente variado, mas sempre dentro do âmbito restrito da quinta, o que enriquece a escuta, misturando as vozes:

A fluência temporal e formal sentidas pela escuta (algo nem sempre tão presente em outros madrigais do mesmo compositor) é conquistada pela rica relação fusional e fissional das vozes em linhas curvilíneas irregulares, num movimento imprevisível cujo desenho, mimetizando o movimento natural das serpentes, é traçado em grande parte por graus conjuntos.

Por todos esses motivos, e outros que não mencionamos aqui (como o incrível jogo de sensações harmônicas provocado por essa dinâmica das vozes), a alegoria da serpente e sua sensação de movimento podem ser sentidas não apenas através do poema, em que a fábula ou sátira ironiza a situação política, mas do som. Isso não é evidente, mas torna-se claro à escuta após nos valermos do conhecimento do contexto poético e da situação política em que o compositor vivia. Assim, a alegoria, como sentido figurado, está presente também na configuração das sonoridades, e não apenas literariamente. Trata-se, portanto, de uma alegoria sonora, dentro de um processo mimético intrincado entre visão, som e literatura. Exemplos semelhantes poderão ser encontrados durante toda a chamada Renascença, os períodos moderno e contemporâneo nos quais a música mimetiza ou é mimetizada por ideias textuais, visuais e vice-versa, como ainda veremos em alguns exemplos deste livro.

ABERTURA RENASCENTISTA: AFETO, RETÓRICA E MIMESE MUSICAL EM NICOLA VICENTINO

A discussão sobre formas de aproximação da música com a retórica e a literatura se tornou bastante prolífica e aprofundada em relação ao período moderno. Uma grande quantidade de textos e discussões promovidas por teóricos e compositores, do século XVI em diante, foi comentada por musicólogos e teóricos, com grande rigor e abrangência. Por isso, não entraremos no debate, cujo aprofundamento se encontra no trabalho mais acessível e dedicado dos especialistas. A partir da idade moderna, os processos miméticos que procuramos relatar podem parecer mais visíveis ou facilmente evocáveis, muito em função da grande proliferação de esforços teóricos e musicológicos do e sobre o período. Processos miméticos paralelos ao próprio surgimento da ópera como signo mais evidente de todo um gênero moderno de mimese musical.

No que tange à relação entre retórica e música, por exemplo, trabalhos como os de Hans-Heinrich Unger e Dietrich Bartel são inestimáveis. Eles demonstram como, a partir do fim do medievo, as ideias de figura e de afeto (ou efeito (*gli effetti*), em toda relação com a poesia e a retórica, como a partir de autores como Johannes Tinctoris) começam a ganhar uma valorização teórica e uma catalogação cada vez mais sistemática de equivalências ou atribuições, sendo expostas teoricamente por tratados e teorias diversas, que, por sua abrangência, fixidez e grande desenvolvimento, não serão tratados aqui.

Para exemplificar todo um tipo de processo mimético na música, referente à passagem ao período moderno, teceremos apenas alguns comentários sobre um compositor, cuja produção musical, por uma série de motivos, consideramos emblemática do período. Trata-se da teoria e da obra musical do compositor quinhentista Nicola Vicentino (1511-1576). Compositor prático e inventor de instrumentos, escreveu um tratado teórico de grande riqueza. Clérigo profissional, compôs obras seculares de grande

MÚSICA E MIMESE: DA IDADE MEDIA À RENASCENÇA

expressão, explorando o cromatismo e a enarmonia dos antigos em contextos harmônicos da sua época. Para fazer uso de um anacronismo comparativo sem grandes consequências, suas práticas variadas, regadas de espírito humanista, lembram as de um compositor do século XX, como Iannis Xenakis.

Nos anos de 1530, Vicentino estudou com Adrian Willaert, que, por sua vez, estudara com Josquin des Prez. Tornou-se um clérigo de posição duvidosa, é possível que junto ao cardeal de Ferrara, também arcebispo de Milão, o que recentemente tem se provado mais importante do que parecia. Documentos pesquisados por musicólogos, como Davide Daolmi, parecem atestar que lhe foram atribuídos cargos que talvez não tenha nem mesmo exercido. Por volta dos vinte e três anos, ele teria começado a estudar teoria e prática da antiga música grega. Esse estudo foi um ponto de partida importante para toda sua especulação futura, provavelmente impulsionada pela roda de literatos, artistas e músicos em torno do cardeal.

A sua especulação musical diferenciada girava em torno dos antigos gêneros cromático e enarmônico da teoria musical de origem grega, gêneros então um tanto esquecidos, tratados por ele como pequenos segredos da Antiguidade a serem retrabalhados pela prática moderna da música. A polêmica em torno do assunto resultou em seu conhecido tratado, *L'antica musica ridotta alla moderna prattica*, redigido após a sua derrota para Vicente Lusitano no debate público a respeito da validade do uso desses gêneros antigos. Se quisermos, a discussão por ele travada pode ser vista segundo um processo mimético já operante em séculos anteriores, proveniente da tópica retórica de gênero demonstrativo ou epidítico: o elogio do antigo e o moderno como sua readaptação ou superação, ainda mais louvável. Ao que parece, o compositor Vicentino viajou com seu grupo de cantores por todo o norte da Itália, apresentando essa música considerada estranha, nem sempre com muito sucesso. O gênero enarmônico em especial devia e ainda deve gerar bastante estranheza aos ouvidos acostumados com o temperamento e o sistema diatônico.

É notório seu conhecimento sobre a suposta e um tanto mítica habilidade da música grega antiga de mover as paixões, atrair e domar animais, curar problemas mentais etc. Sabe-se que essas ideias eram bem disseminadas, como já pudemos ter uma noção, a partir dos tratados antigos. A fonte principal de seu tratado era Boécio, escolhido por ele como a mais importante autoridade, autor em que essa discussão sobre as paixões também se dá, ainda que, como vimos, de forma resumida. Mas, no século XVI, para falar em termos genéricos, a autoridade do grande autor do passado (a *auctoritas*) já não tem o peso que ocupava no medievo. Além disso, Vicentino era um compositor prático, sendo, inclusive, o inventor de instrumentos que procuravam concretizar em sons suas pesquisas e especulações sobre o passado grego. Daí a criação dos chamados *archicembalo* e *archiorgano*, instrumentos que incorporaram a sua exploração do microtonalismo baseado nos gêneros gregos. No prefácio do seu tratado, Vicentino busca defender um uso pragmático das palavras, sem a altura poética que alguns poderiam exigir. O compositor não foge dos recursos retóricos comuns a qualquer letrado da época, especialmente àqueles ligados à crescente tradição ciceroneana, já presente em autores de tratados de música pelo menos desde Tinctoris. Ele mesmo se desculpa por não usar Boécio a fundo, pois acredita que muito do que é discutido por Boécio não servirá para seu propósito, isto é, fundamentar a sua prática musical no presente. Essa parece ser, realmente, uma outra forma de pensar os modelos, daí nos valermos de Vicentino como um exemplo emblemático do século XVI. O processo mimético desvia, ou se vale até onde interessa, do modelo ou da autoridade de base de forma consciente, na busca por uma maneira de compor. No prefácio, ao se dirigir ao seu patrono e aos seus leitores com habilidosos recursos retóricos, vicentino apresenta o *tópos* Antigo-Moderno como o "segredo" dos gregos antigos que ele estaria recuperando à luz da prática moderna. E como se trata de expor essa prática em grande extensão, ele diz não se sentir obrigado a escrever no estilo de Boccaccio. O que isso pode querer dizer? Podemos dizer que ele não pretende escrever num estilo alto, que busca mover as paixões, tampouco num estilo médio, que busca o deleite, optando, então, pelo discurso baixo ou didático, aquele que visa ensinar e mostrar, sem as sutilezas, a graça e as facécias de um estilo como o de Boccaccio. Mesmo assim, sua elaboração nesse prefácio se vale da *sermocinatio*, grande maquinário retórico por meio do qual se pretende esconder a arte a partir da ilusão, ou do efeito

MÚSICA E MIMESE: DA IDADE MEDIA À RENASCENÇA

cuidadosamente fabricado, de que o seu discurso não tem arte, como se fosse uma simples conversa.

Com a companhia de outros artistas e homens de letras, num caldeirão social bem mais complexo e diversificado, compositores do século XVI começam a buscar a expressão dos textos utilizados mediante uma grande sensibilidade para a textura musical. A prática se torna mais evidente nas composições seculares, nas quais o controle tradicional da liturgia não existia. O próprio Vicentino incentiva a prática, ao falar da música vernacular (*volgari*), a qual vê como mais livre para "tratar das muitas e diversas paixões"[18]. Um madrigal ou uma *chanson* podem começar alegres e terminar em tons tristes. Os modos utilizados podem então ser alterados em função disto. Diz ele que o compositor deve animar as palavras, mostrar as suas paixões (*mostrare le sue passioni*): "agora duro, agora suave, agora alegre, agora triste, em acordo com seu assunto; daí se extrai a razão pela qual cada intervalo [ou consonância], mesmo sendo considerado ruim, pode ser usado sobre as palavras, de acordo com seus efeitos"[19]. Ou seja, a sonoridade da composição deve entrar em processo mimético com o conteúdo do texto utilizado e, assim, poderá libertar a música de seu regime convencional de regras. Temos assim a construção da sonoridade em função da poesia, processo que tanto se desenvolveu nas décadas seguintes, sendo mais conhecido em compositores como Claudio Monteverdi e Carlo Gesualdo.

Vale citar apenas um exemplo para indicar a aproximação mimética entre poesia e textura musical. A composição *L'aura che'l verde lauro et l'aureo crine*, de Nicola Vicentino[20], demonstra a conduta surpreendente que uma textura musical pode tomar, tanto pela harmonia como pelo jogo de seus ritmos texturais, quando se torna produto de uma relação mimética com o texto. Os acidentes tornam a harmonia inesperada e a condução rítmica embala gestos diversos que ora se unificam, ora se fragmentam. Nesta composição, Vicentino põe em prática, portanto, aquilo que defendeu como "animar as palavras", não de maneira categórica ou rígida, mas antes com grande liberdade e sensibilidade. No caso desse texto de Petrarca, para falarmos apenas do início

18 *L'antica musica ridotta alla moderna prattica*, livro III, capítulo 15, 1555.
19 Ibidem.
20 Disponível no YouTube: <https://www.youtube.com/>.

da peça, é como se Vicentino pintasse musicalmente, como um eco epectral em desvio nas vozes, a própria paranomásia do texto (entre *l'aura*, *l'auro* e *l'aureo*). Como já foi dito, sabemos que essa nova maneira de compor será explorada de forma expressiva por diversos compositores das gerações subsequentes, especialmente na Itália, como nos casos de Gesualdo e Monteverdi, ampliando cada vez mais as possibilidades de mimese entre poesia, retórica e sonoridade, ou mesmo endurecendo suas relações em correspondências pretensamente fixas, ao menos no que se pode observar do discurso de alguns teóricos dos séculos XVII e XVIII.

Mimese Musical no Período Moderno

INTRODUÇÃO GERAL:
A MIMESE MUSICAL NOS SÉCULOS XVI E XVII

De certa forma, no curso da história da música ocidental, o surgimento da ópera como gênero musical moderno parece selar, na prática e na especulação musical, a correspondência mimética que vinha sendo operada, há alguns séculos, entre a forma e o conteúdo – religioso ou secular, mítico ou político, retórico, gramático ou poético – de um texto ou de uma narrativa e o comportamento dos sons e das formas de expressão musical. Podemos dizer que, pelo menos desde o cancioneiro trovadoresco e do cantochão monofônico da igreja católica medieval (no que diz respeito à acentuação da língua que se transformou gradativamente em escrita neumática), essa correspondência foi ganhando mais e mais terreno e diversidade, fazendo a música encontrar formas renovadas de expressão e de teorização, por meio da sua relação com a retórica, com o passado greco-latino, com a gramática e com determinados gêneros e práticas da literatura. A alimentação que a música recebeu das formas de expressão verbal reflete todo um processo mimético, como no caso mais particular do que Lacoue-Labarthe chamou – de forma questionável, do ponto de vista musicológico, mas válida, pelo prisma filosófico – de *musica ficta*: a figuração ou a construção da música a partir da poesia, ou a ideia de uma música que, ao imitar a poesia, exprimiria diretamente afetos e paixões. Na parte anterior do livro, apresentamos casos que, de certa forma, expressam esse processo, mesmo com séculos de distância entre si: por exemplo, os de Jacopo da Bologna, no século XIV (como o que descobrimos em seu madrigal *Sotto il'imperio del possente prinze*, ou seja, toda a imitação dos movimentos de uma cobra feita pelas melodias, reforçando as ideias contidas no poema), e o de Nicola Vicentino, que, na primeira metade do século XVI, busca pintar afetos e sensações contidos no poema com o comportamento do som e das estruturas rítmicas da textura sonora.

Desde o pensamento e os valores que encontramos no que foi etiquetado de humanismo, no que tange um projeto positivamente anacrônico de fazer renascer a discussão sobre textos e práticas de gregos e latinos, a questão da mimese, entre tantas outras coisas, passa por diversas refigurações no Ocidente, chegando a se tornar novamente um fundamento filosófico que procura justificar e orientar a produção de determinadas práticas musicais. Ao fim do século XVI, teóricos da música, como Girolamo Mei e Vincenzo Galilei, travam debates detalhados sobre o fundamento mimético da relação entre som, ou voz humana, e afeto, por exemplo. O fato é bem explanado pela musicologia recente, não nos cabendo entrar em detalhes aqui[1]. Apenas gostaríamos de mencionar o fato de que, nesses autores pós ou tardo-renascentistas, a discussão teórica sobre a mimese na música é retomada com novas cores e associações, como demonstra o caso do amplo debate retomado desde a Antiguidade sobre a diferença afetiva que existiria entre sons agudos e graves ou entre sons rápidos e lentos. Tais sons podem corresponder mimeticamente a ânimos ou estados de alma agitados e exaltados (sons agudos e rápidos), em contraposição a ânimos calmos, íntimos, ou de pensamentos abjetos (sons graves e lentos), ou, ainda, a ânimos moderados, ou à temperança (sons médios, nem muito agudos, nem muito graves, nem muito rápidos, nem muito lentos) e assim por diante. Ou seja, a mimese antiga é reencontrada na

---

1   No Brasil, ver, por exemplo, os livros de Ibaney Chasin, também publicados pela Perspectiva, *Música Serva da Alma* e *Canto dos Afetos*.

MIMESE MUSICAL NO PERÍODO MODERNO

correspondência que se pretende estabelecer entre determinados afetos ou estados de alma e determinadas características sonoras, sendo a voz uma fonte natural ou mais direta que expressaria essas semelhanças entre estado de alma e som, por meio de um vínculo "natural" indissociável entre canto (ou voz) e afeto.

É preciso reafirmar, igualmente, a importância global do surgimento e da disseminação da impressão de livros sobre e de música, a partir do período moderno. Graças à arte tipográfica, formou-se um mercado do livro de música que conquistou dimensões inusitadas até então. O gosto também passou a ser moldado por essa atividade, valorizando a condição da arte e contribuindo para a difusão da polifonia. Com isso, a elaboração musical de gêneros diversos, como motetos e missas, com formas de processamento mimético que emergem da difusão do conhecimento via impressão, assim como o que ocorreu com a gravação sonora, no século passado, proliferou. Além disso, com o início do período moderno, a música parece se tornar cada vez mais visual e pública, tanto por causa da impressão disseminada quanto pelos novos contextos sociais de produção e apresentação.

Quanto a aspectos gerais de conteúdo, a herança pitagórica-boeciana se faz sentir em diversos tratadistas, no fim do século XVI e início do XVII, sem perdermos de vista a influência que o aristotelismo promoveu desde, por exemplo, as *quaestiones*, as quais, a partir do século XIII, pretendiam "corrigir" ou retratar autores, como Boécio. Essa herança antiga, tendo por base a ideia geral de que a música influenciava a alma, ainda projetava como causa fundamental do efeito simpático entre relações sonoras e afetos as próprias relações numéricas. Neste campo, a influência de humores sobre estados de alma costumava ser dada como certa, e até de forma axiomática. A continuidade de alguns desses princípios, assentados numa verdadeira fé mimética ou representativa em torno do número, é parte de uma contínua transmissão do poderoso conhecimento de base pitagórica ao longo dos séculos, algo também observável em certas linhas de trabalho em computação musical, mais recentemente.

Entretanto, se, para alguns, a classificação de afetos descendia da classificação de intervalos e estes, de números essenciais em relação, para outros, os afetos musicais pareciam poder dar-se por si mesmos, suscitados em cada escala modal ou relação interválica de maneira específica (como já pode acontecer na teorização de um Tinctoris). Talvez a pergunta entre os teóricos pudesse ser formulada da seguinte forma: seria a relação intervalar como sensação sonora ou como proporção (ou relação numérica) o que causaria determinados afetos? Para um pitagórico, a relação numérica será sempre a causa primordial. Para uma tradição mais aristotélica, teofrástica ou aristoxênica, é a sensação provocada pela percepção interválica, melódica e rítmica o que determinaria a causa ou relação afetiva.

Façamos um parêntese. Hoje em dia, com as teorias mais recentes da música, uma série de elementos musicais podia ser somada, ao pensarmos no que causaria ou induziria determinados afetos e conteúdos éticos em música, se é que podemos pensar numa correspondência de forma tão objetiva: elementos como o timbre, a dinâmica, a intensidade, a textura, e não apenas elementos rítmicos e melódicos, todos combinados em determinadas condições e caracteres, podendo influenciar de tal ou qual maneira a nossa escuta, a ponto de querermos atribuir alguma correlação afetiva e participativa em jogo. De acordo com a teoria que estamos desenvolvendo, isto não pode ser algo exclusivamente objetivo: veremos como a correspondência efetuada depende de sujeitos (que podem se dar tanto na obra como em indivíduos ou em grupos de tamanhos variados, que serão vistos como processos singulares, ou seja, emprestando o termo singularidade da matemática, sem valores necessariamente determinados *a priori*. Tais sujeitos, portanto, podem absorver diferentes valores compartilhados socialmente).

De toda a forma, mesmo no século XVII, a consideração sobre o número e o sistema pitagórico continuou forte, impulsionada pela valorização da pesquisa em torno da música antiga. O pitagórico Boécio foi a grande autoridade para compositores e teóricos modernos, como Vicentino ou Gioseffo Zarlino, no século anterior. E, ao menos no discurso teórico, o uso moderno de dissonâncias exteriores aos modos estabelecidos ainda procurava na mistura de gêneros gregos antigos a sua justificativa mais plausível.

Por outro lado, podemos afirmar que, ao questionar o modo mais justo de combinar palavra com som, muitos teóricos musicais do período moderno parecem estar mais preocupados com a vontade de seduzir com eficácia o ouvinte do que de desenvolver aquele moralismo político e milenar em torno dos afetos que pudemos observar desde Platão. No entanto, cabe lembrar como a Itália pós-trentina (após o Concílio contrarreformista de Trento, no século xvi) deve toda uma produção literária, teológica e secular a uma discussão das implicações morais da música, cujas raízes remetem a essa tradição. Se, de um lado, o prazer com a música sempre foi visto como contrário à visão cristã e medieval, aquela associada a tópicas como a *contemptus mundi*, de outro, ele já pode ser considerado parte fundamental da formação da elite nobiliária, como seu ingrediente básico, mesmo na discussão em torno da oratória sacra (haja vista toda discussão eclesiástica em torno de Filippo Neri e o sucesso dos seus madrigais espirituais, baseados tanto em valores morais como na ideia de um prazer comedido ou "correto").

Entre as medidas discutidas pelo Concílio de Trento, a defesa da clareza do texto na música, o qual não devia ser obscurecido por usos impróprios do canto e da polifonia, teve a sua influência até o século xvii e além. Como não poderia deixar de ser, os membros do Concílio também estavam embebidos no exercício da retórica, valorizando a função intelectual da palavra no discurso musical. O envolvimento do ouvinte não poderia dispensar como meio a palavra, cuja eficácia deveria ser reforçada pela melodia, no caso, a palavra de Deus, a ser transmitida com persuasão e eficácia; uma palavra de Deus mimetizada em música, de forma a atingir mais a sensibilidade do que a razão.

Mas, para além das prerrogativas teóricas de eventos decisivos como o Concílio e seus desdobramentos, ou as tantas discussões em torno da música do século xvi em diante, relativas a assuntos como censura, alquimia, pecado, é interessante constatar a mistura ou zona de indistinção entre o sacro e o profano presente em boa parte da própria prática composicional, como nas grandes obras da virada para o século xvii. Vale comentar um caso, entre outros. As escolhas composicionais para os motetos cantados entre os salmos, assim como a sonata que Monteverdi publicou com seu *Vespro della Beata Vergine*, servem de exemplo de uma mistura que ainda gera controvérsia: um monólogo ("Nigra sum") e um dueto ("Pulchra es") em estilo recitativo, com texto do *Cântico dos Cânticos* que só se refere ao culto da Virgem por alegoria; uma composição de tema trinitário que desemboca na competição virtuosística entre as três vozes dos anjos (com o texto "Plena est omnis Gloria eius")[2]; e a sonata instrumental entrelaçada com o *cantus firmus* repetido tantas vezes pelo soprano ("Sancta Maria ora pro nobis"). Seriam as partes da obra feitas também para outras ocasiões mais profanas, e que foram ali inseridas (como peças para a corte do duque de Mântua, seu patrono)? De certa maneira, a estrutura da obra parece refletir em parte a condição social do artista, além de valores sociais e religiosos entremeados numa forma de participação mimética bem mais ampla do que a etiqueta de obra sacra indicaria.

Das relações discutidas sobre música e corpo, música e alma, linguagem musical e linguagem das paixões (ou dos afetos) em tantos teóricos da música e filósofos desse início do período moderno emergem controvérsias, pontos de vista diversos e considerações detalhadas, as quais não deixam de se basear numa projeção mais geral compartilhada: a ideia de uma música capaz de comover por si mesma e assumir a função de uma "nova retórica" ou "oratória por outros meios", *musica flexanima* ou *musica poetica*, como diziam, cujas ambiguidades permanecerão vivas ao longo dos séculos XVII e XVIII.

Como a discussão sobre o assunto é muito vasta e extremamente detalhada em cada teórico, filósofo ou para cada produção da época, e o mesmo vale para as suas inter-relações, preferimos deixá-la para os especialistas e apresentar a seguir apenas um caso de como uma forma de mimese musical – baseada na relação entre texto, ideias ou figuras retóricas e características sonoras e musicais – pode ser pensada em uma obra do século XVII. Processos miméticos podem ser observados, entre outras coisas, nas

---

2   A representação da trindade como correspondência mimética entre o número de vozes e o significado do texto, na forma de uma passagem de duas para três vozes, geralmente unificadas ao final, também está presente em compositores como Samuel Scheidt, em seu Duo Seraphim clamabant, nas *Cantiones sacrae*. A ligação entre conteúdo do texto (que exprimia coisas como números, ações circulares, ascencionais ou descendentes) e figuras musicais equivalentes era parte do que se chamava, na retórica propriamente musical, de *inventio* musical. Claro que o uso destas figuras musicais igualmente se alia ao âmbito retórico geral da *decoratio*, o das figuras e dos tropos. Uma invenção de J.S. Bach não ganhou esse nome à toa. Ele advém da *inventio* retórica e reflete em grande parte a ideia que Johann Mattheson faz da *inventio* em música: uma composição de tema, tempo e tonalidade definidos, sem contraste drástico de ideias na sua forma.

MIMESE MUSICAL NO PERÍODO MODERNO

mais variadas formas de correspondência que foram concebidas entre figuras musicais específicas e o seu suposto efeito retórico e afetivo, correspondências especulativas cada vez mais catalogadas e tecnicamente determinadas por teóricos da música, a partir do ensino e da prática retórica, abrangendo todo um período que vai do século XVI ao século XVIII. Após um exemplo do século XVII, veremos como a estrutura da *dispositio* ou *elaboratio* da retórica irá se refletir mimeticamente no que chamamos de forma sonata, forma musical emergente no século XVIII.

VANITAS VANITATUM: A MIMESE EM UM MOTETO DE CARISSIMI

Comentaremos a seguir aspectos do moteto *Vanitas vanitatum* I, de Giacomo Carissimi (1605-1674) – *motetto*, termo do manuscrito, como parte ou rudimento do que depois se chamará oratório – como forma de exemplificar as relações miméticas entre literatura, retórica e música na produção composicional do século XVII[3]. A própria palavra oratório indica a potência retórica envolvida na música, Carissimi sendo visto como um de seus progenitores mais habilidosos. Por sua destreza no uso das figuras retóricas, o compositor foi considerado, já em sua época, grande "orador musical" e Athanasius Kircher, em seu conhecido *Musurgia universalis*, chegou a afirmar que ele era "superior" aos outros por "direcionar as mentes dos seus ouvintes para quaisquer afetos que quisesse".

A famosa expressão do livro da bíblia hebraica *Eclesiastes*, frequentemente traduzida por "vaidade das vaidades, é tudo vaidade" (*vanitas vanitatum et omnia vanitas*) – na qual o termo vaidade deve ser mais bem traduzido pelo sentido do hebraico *hevel*, ou seja, sopro, respiração, fumaça, neblina, névoa (como na bela "transcriação" de Haroldo de Campos, "névoas de nada") –, exprime, entre outras coisas, a efemeridade da vida, das riquezas, das ações humanas etc. Como se sabe, o tema da *vanitas* se aliou a concepções cristãs de cunho moralista (como o *contemptus mundi* que mencionamos) e ganhou expressão artística em

---

3   A música pode ser encontrada no YouTube.

diversos campos, como a pintura e a literatura. Na música recente, recebeu expressão singular na obra de Salvatore Sciarrino, junto com uma concepção de anamorfose, transposta para a música.

No caso desta peça de Carissimi, a tópica é explorada com a repetição da frase como bordão principal da obra, entremeado por duas pequenas narrativas em forma de recitativo, extraídas de *Lucas* 16 e *Daniel*. Ambas narram histórias de homens poderosos, suas riquezas, seus luxos, seu poder passageiro, sua soberba e sua glória dita miserável, que, como diz um dos textos, seriam menos estáveis que um piscar de olhos.

Uma observação mais próxima da construção da música nos permite encontrar uma série de recursos musicais que enfatizam aspectos do texto, constituindo formas de gerar correspondência mimética entre sonoridades e representações/afetos/sensações. O termo *omnia*, por exemplo, que podemos traduzir por "tudo" ou "totalidade", é enfatizado retoricamente de diversas maneiras na primeira parte da peça: pelo uso surpreendente do sustenido, na frase inicial (quarta aumentada em relação à tonalidade, um caso do chamado *passus duriusculus*); pela repetição da palavra *omnia*, nessa frase; por se combinar ao pico mais agudo de uma frase em que as duas vozes caminham juntas; por fazer parte de uma dissonância em destaque, no início de outra frase; ou por receber uma elaboração ornamental estendida (que podemos vincular à figura da retórica musical chamada *circulatio*), intensificada por repetições entre as duas vozes. A figura do círculo, como sabemos, pode bem simbolizar a ideia do todo. A ênfase na palavra "tudo" parece fortalecer a expressão do texto e da música, pois "tudo" é aquilo que inclui tudo e, nesse texto, tudo é sopro, efêmero, vazio ou "vaidade". A inteligência expressiva de Carissimi é notável também pelo fato de que nos parece um tanto mais óbvio e redundante enfatizar a palavras *vanitas*, em vez de *omnia*, o que ele não faz.

A segunda parte da peça, igualmente extraída de *Lucas*, descreve em recitativo os luxos e abusos de um rei implacável. Com mil servos, ele comanda isto e aquilo. Seus comandos, como "Vá" e "Faça", são enfatizados melodicamente por Carissimi com as notas mais agudas, assim como a obediência militar dos servos é pintada com uma ritmia mais rígida e maquinal, ou, nas ações de resposta ao comando do rei, com sons mais graves em gesto de rebaixamento ("e assim ele foi", "e assim ele fez"). As frases seguintes, que se referem às tantas coisas boas e aos prazeres disponíveis ao rei na forma de um lamento, revelam um contraste interessante. Elas cadenciam no segundo grau da tonalidade maior, ou seja, em tom menor. A forma de lamento do trecho parece expressar a interpretação do próprio narrador da história, sentindo piedade ou tristeza pela quantidade de riquezas e prazeres mundanos do rei (que, na lógica da *vanitas*, seriam coisas vãs, efêmeras, que ofuscariam valores importantes).

A ênfase seguinte na palavra "glória" de "glória miserável" se dá por meio do uso de um sustenido diferente (quinta aumentada em relação à tonalidade, sensível da relativa menor), que faz a harmonia caminhar por outro território, cadenciando na relativa menor com "soberba doentia". A ideia marcante do homem rico e poderoso, que o narrador descreve como "sepultado no inferno", ganha cores retóricas de intensa expressividade. Além da dupla repetição da expressão ("sepultado no inferno"), há uma construção de ascensão e queda da melodia, subindo por graus rígidos de notas repetidas e descendo em ornamentos circulares, algo que nos faz lembrar os estágios circulares do inferno de Dante.

A peça continua com a repetição de toda a primeira parte para enfatizar o bordão do *Eclesiastes*. O segundo recitativo expõe a história de um rei assírio que manda construir uma enorme estátua de ouro, tema extraído do texto do profeta Daniel. Seu poder e sua altivez são expressos pelo realce em intervalos de terça e quarta, no início. Mas a estátua é inaugurada ao som da harpa e da flauta – a ideia de "som" representada por figuras onduladas (o que pode ser visto como um exemplo de *hipotiposis*) – e deve ser adorada com louvor. O comando para a louvação, que é uma mudança do foco narrativo, é enfatizado com uma mudança harmônica inesperada, um tom abaixo (de ré maior para dó maior). O que fascina na construção de Carissimi é o fato de ele sempre explorar um novo recurso musical e retórico (seja ele melódico, harmônico, rítmico ou de repetição) para as mudanças e as ênfases da narrativa ou do seu foco. A palavra "voo" (no sentido de "voe, venha correndo louvar") recebe, como esperado, uma ornamentação estendida rumo ao agudo que a descreve (para falar através das figuras retóricas: mais globalmente, uma *assimilatio*, de modo mais específico, outra *hipotiposis*, como representação musical vívida da ideia que temos de um voo visível, como de um pássaro). Em contraste, as palavras de submissão e humildade na louvação da imagem recebem notas repetidas, como que num chão horizontal de rebaixamento.

A virada da história acontece com a queda de uma parte da montanha sobre a estátua dourada do rei. A figura retórica da *interrogatio* nas perguntas "e agora, e agora, onde está o ouro, onde está o engenho?" é destacável, inclusive com o uso da segunda maior ascendente na terminação. As notas repetidas, que expressavam o rebaixamento, retornam na resposta às perguntas, repetida em tom grave e baixo: "na lama, na poeira, na sombra, no nada".

Névoas de nada. A estátua que vira fumaça serve de imagem concreta da *vanitas*, cujo bordão retorna momentaneamente, como no início. Mas, agora, as duas vozes retomam o dueto de ária, numa espécie de ensinamento final, um dueto de sublimação moralista ou como "moral da história", expondo ainda outros recursos musicais diferentes. Em repetições diversas, a parte final falará da busca de valores mais nobres, esperança e amor, enquanto vacilamos na escuridão da nossa vida mortal, cheia de tormentos e aflições (podemos destacar, por exemplo, a belíssima figura *gradatio*, usada no melisma em torno da palavra *agitati*). Essa busca sem fim da esperança e do amor, efetuada pelo coração, é marcada por novos recursos, como a presença de uma pausa retórica (*aposiopesis*) antes das duas repetições finais de "coração que busca": pausa que pode simbolizar, para os conhecedores de retórica musical da época, tanto a eternidade como a morte. Então, o que estaria em jogo, nesse ensinamento final? A ideia da morte como única eternidade ou a eternidade do nosso vacilo vivido? Talvez ambas as coisas, e tudo mais que possamos associar ao conhecido tema da *vanitas*.

O FLORESCIMENTO DA FORMA SONATA NO SÉCULO XVIII COMO MIMESE DA *DISPOSITIO*

Para pensarmos num caso genérico de mimese musical do século XVIII, daremos atenção aqui para uma forma de correspondência mimética das mais efetivas, entre tantas possíveis de serem mencionadas: aquela entre uma forma musical emergente, de

MIMESE MUSICAL NO PERÍODO MODERNO

partes contrastantes, a qual viria a ser chamada forma-sonata, e o arranjo formal do discurso ou da oratória, que o ensino da retórica chamava de *dispositio* ou *elaboratio*. É sempre importante relembrar que, ao menos até o fim do século XVIII, fazia parte da educação formal dos letrados pensar em temas e formas das suas disciplinas e áreas de interesse a partir da arte oratória, da retórica, então uma importante prática curricular. Isso não significava uma transposição pura e simples de procedimentos retóricos ao meio musical, mas, certamente, uma mimese desviante e transformadora de alguns de seus princípios.

Assim, o mimetismo de uma construção global da arte oratória (a *dispositio*) na arte musical não pode ser visto como algo reto, sem deformações, adaptações, retroalimentações, cruzamentos ou desvios. Parte importantíssima de um processo mimético, como podemos perceber, é justamente o desvio de modelos diversos, as derivações desviantes, de forma a se chegar em outra coisa, a partir do que era aprendido e assimilado, em determinada época. Das diferentes concepções da *dispositio* clássica na tradição retórica, já se nota uma série de nuances e variações, as quais influenciaram a concepção e a gestação da forma sonata. Hoje, não há dúvida de que particularidades dessa forma e seu florescimento estão ligadas a toda uma herança vinculada à retórica. Da dita Renascença, sabemos que a atualização de autores, como Cícero e Marcus Fabius Quintilianus, permitiu redescobrir e ensinar preceitos da retórica clássica. Uma série de estudos musicológicos expuseram a sua influência na música, pelo menos a partir da Escola de Notre-Dame, dentro de uma virada global, no início do período moderno, em direção às disciplinas do *trivium*. E, como vimos, desde o século XVI, a noção de *musica poetica* inseriu a retórica na própria teoria musical. A ideia de pensar a forma da música por partes contrastantes também se associava a noções da arte oratória, especialmente à antiga ideia clássica de que o pensamento sobre a ordem das partes ajudava a "mover" as almas. Já no século XVI, fala-se de uma estrutura ternária da música conforme à estrutura ternária de um discurso: *exordium*, *medium* e *finis*. E vários teóricos da música, a partir de então (como Poncio, Cerone, Praetorius, Mattheson), passam a analisar motetos, missas, madrigais etc. fazendo alusão a princípios da arte oratória.

Desde a retórica antiga, autores propunham e ensinavam um esquema estável de construção do discurso no tempo, um arranjo da argumentação por partes que foi chamado *dispositio* ou *elaboratio*. Sua concepção latina, em especial após os estoicos, costuma apresentar as partes descritas a seguir, numa ordem análoga ao que ocorre com o material musical da forma sonata. Claro que a correspondência a partes da forma musical não pode ser fixada ou direta, também é variável de autor para autor, embora, como se poderá notar, sempre exista certa coerência geral entre a *dispositio* e as partes da forma sonata, quanto ao percurso e às características das partes da forma no tempo. Seguem, então, as partes da *dispositio*, descritas em função da sua semelhança às partes da forma sonata, na ordem em que ambas se apresentam:

EXORDIUM OU PROEMIUM: introdução do discurso, que pode ser comparada, por exemplo, a uma introdução anterior à exposição temática, como na sonata *Patética*, de Beethoven, ou a uma primeira região temática mais importante.

NARRATIO: narração da história ou do tema em questão, podendo ser seguida pela ideia de *propositio*, um resumo dos temas em questão. Podemos compará-la às regiões temáticas A e B de uma forma sonata ou exposição, com sua possível transição interna, ou apenas a uma primeira seção temática mais global. A ideia de *propositio* é certamente comparável à ideia de região temática.

PARTITIO e TRACTATIO: recorte e desenvolvimento do discurso, comparáveis, portanto, ao desenvolvimento da forma sonata, na qual diversos recursos e procedimentos de transformação, mutação e quebra dos temas são utilizados, tendo por base um caráter mais instável ou transitório. Aqui também podem aparecer termos como *argumentatio* e *refutatio*, como âmbitos mais contrastantes num discurso. O chamado episódio do desenvolvimento da forma sonata pode ser associado ao termo *digressio*.

CONFIRMATIO: confirmação temática pode ser comparada ao trabalho da reexposição de uma forma sonata, por exemplo, embora para a maioria dos teóricos do século XVIII a analogia da *dispositio* com a forma emergente se restringisse aos temas da exposição. O estudo de teóricos posteriores, no entanto, demonstrou a ligação da *dispositio* com formas musicais completas.

MIMESE MUSICAL NO PERÍODO MODERNO

CONCLUSIO e PERORATIO: conclusão do discurso, que costumava se valer do *páthos* e de um clímax, com a presença de figuras diversas, tais como: *accumulatio, complexio, epiphonema* etc. Essa parte da *dispositio* pode equivaler ao que chamamos de coda, ou conclusão, na forma sonata. As *codas* de Beethoven, por exemplo, são bem conhecidas, por sua ênfase climática e afetiva.

Assim, podemos dizer que as correspondências entre o arranjo discursivo tradicional da arte oratória (*dispositio* ou *elaboratio*) e as partes da forma sonata não são simples coincidências. Os âmbitos disciplinares se influenciavam e se contagiavam muito mais do que podemos imaginar hoje, fazendo a nova, se não a principal, forma musical do Ocidente constituída no século XVIII dever sua concepção, quando não sua gestação e seu crescimento, em certa medida, à antiga teorização retórica sobre a disposição das partes de um discurso, tão assimilada e reproduzida pelo ensino da época. Essa constatação nos serve, mais uma vez, de amostra do que chamamos de derivação ou assimilação mimética (ou, mais genericamente, de processo mimético). Ou seja: um tipo de correspondência combinado à efetuação de sua desistência, correspondência que nunca se firma de maneira direta, na forma de uma verdade fixável, mas que, certamente, opera na forma de um contágio indireto, de uma troca, de uma (dis)simulação, de um desvio e de processos mais ou menos intensos de transformação.

CHARAKTERSTÜCKE NO SÉCULO XIX COMO EXEMPLO DE MIMESE SUGERIDA

O termo "peças de caráter", comum no século XIX (*Charakterstücke*), refere-se a uma ampla variedade de obras musicais, em geral mais curtas, compostas para piano (ou piano e violino), supostamente baseadas numa única ideia programática ou num único "caráter" a ser poetizado em sons (peças como bagatelas, baladas, prelúdios, *impromptus, intermezzos*, mazurcas, noturnos, valsas, *polonaises*, rapsódias etc.). Escolhemos comentar brevemente esse âmbito de composição do século XIX porque ele constitui uma importante marca expressiva do período, estabelecendo alguma correspondência mimética entre texturas/

materiais sonoros e determinados caracteres, isto é, qualidades éticas, estados afetivos e de sensação, muitas vezes de forma sugestiva e ambígua. Os títulos das peças podem, embora nem sempre, revelar algo sobre a relação com o caráter pretendido, sugerindo brevidade, se não casualidade, e promovendo, por meio de uma ética rítmica das marcas sonoras, singularidades subjetivas, tanto da obra como do ouvinte.

Como vimos na primeira parte deste livro, e abordaremos na segunda, o termo "caráter" provém de uma conexão com a ética (éthos), mas também com a palavra ritmo, no diz que respeito ao tipo, à marca característica que se imprime moral ou eticamente pelo som. O caráter diz respeito tanto a uma qualidade ou a um conteúdo ético quanto à impressão de um tipo (de um molde, como o caractere das letras ou da tipografia), ou seja, podemos falar de um molde ético que se pode imprimir na alma ou no sujeito e que a música mimetizaria isso de alguma forma; assim, podemos pensar em como tipos ou marcas sonoras, associados mimeticamente a conteúdos éticos compartilhados socialmente, afetam a alma: um processo mimético. Assim, uma música cuja preocupação é o caráter já é mimética por princípio, no que aqui chamamos de mimese de produção. Ela sugere a correspondência entre suas características ou marcas soantes e determinadas qualidades ou conteúdos ético-afetivos compartilháveis.

Como o âmbito das peças de caráter é muito vasto, comentaremos apenas dois casos, procurando apontar para a correspondência mimética entre a construção da textura e dos materiais musicais envolvidos e o caráter, isto é, a marca ética compartilhável que pode se associar e se dissociar culturalmente desta construção.

Um exemplo conhecido de como um mesmo conjunto de peças do período pode se associar a caracteres e afetos tão diferentes e distantes entre si é a série de prelúdios de Chopin, inclusive pela ordem em que se apresentam. Ela é exemplar, pois cada peça tem um caráter bastante distinto, uma marca ético-mimética diferente, se pensarmos na sua ordem global. O uso de palavras que descrevem seus conteúdos éticos e afetivos tornou-se frequente, quando não razoavelmente compartilhado, mesmo ao apelar para supostos conteúdos simbólicos escondidos na composição. Não caberá agora uma análise aprofundada, mas podemos dizer – de forma até certo ponto relativa a sujeitos, e considerando um modo de escuta tonal que em parte compartilhamos – que o suposto caráter espirituoso e animado do primeiro prelúdio contrasta-se com clareza com o caráter lúgubre e sombrio em geral atribuído ao segundo, por uma série de motivos que compartilhamos culturalmente com esse modo de escuta, motivos um tanto insondáveis, indo muito além do simples contraste "musical" de andamento e de harmonia. Se o primeiro prelúdio apresenta toda uma estrutura de movimento ondulatório, tanto no âmbito do compasso como num arco de alguns compassos, um ímpeto de movimento fluente na forma de ondas espasmódicas, o segundo repete uma alternância de dissonâncias mais estanque ou repetitiva, promovendo a sensação de maior estaticidade, entre outras sensações e afetos potencialmente evocáveis. As características e as marcas sonoras assim combinadas em cada um dos prelúdios se associam a um conjunto de afetos e sensações culturalmente compartilhados, tipificados de maneira descritiva por essas palavras mais gerais: "lúgubre", "fúnebre", "expansivo", "flutuante", "movimento", "estaticidade" etc. Elas podem dizer pouco sobre a construção ou outros modos possíveis de escuta desta música: como é evidente, estarão vinculadas a um modo de escuta específico, que valoriza a correspondência mimética entre a sonoridade e certos afetos, representações e sensações. Ainda assim, podem dizer algo sobre o que compartilhamos socialmente, sobre a *méthexis* de uma obra, como lado ou laço social inseparável do seu processo mimético de instalação e desinstalação de correspondências. É claro que outras formas de correspondência e desinstalação miméticas são possíveis de se evocar para tal repertório, desfazendo essas atribuições afetivas e convocando outras formas de sentir e de pensar a mesma música, como aquela mais voltada para a ambiguidade ou para a desinstalação das funções harmônicas do tonalismo, no caso do segundo prelúdio e assim por diante. Como teorizamos, neste livro, e repetimos com bastante ênfase, a correspondência mimética pode tanto se instalar como ser desinstalada em qualquer experiência artística, dependendo da ação dos sujeitos que se dão na obra e no receptor.

Gostaria de comentar de forma breve outro caso de interesse sobre a questão do caráter e da capacidade de um compositor excepcional do século xix sustentar a lembrança da sua marca ética-rítmica ao longo de uma peça cheia de contrastes: trata-se do que ocorre no *Opus 79*, n. 1, de Brahms, em especial no que diz respeito a como as marcas impressas pela composição podem afetar ética e socialmente a experiência de escuta da obra[4]. Se a segunda rapsódia (em Sol menor, bem mais conhecida) mantém o mesmo caráter, a mesma marca rítmico-ética, ou seja, mimética, com um recurso mais evidente – a continuidade rítmica e constante das tercinas ressonantes em meio a marcas acentuadas da melodia saliente e das oitavas espaçadas em registro contrastantes ou em grandes saltos (algo que se pode associar, mimeticamente falando, a afetos de tipo épico ou da ordem da imponência, por exemplo) –, a primeira rapsódia (em Si menor, menos conhecida) mantém um fio contínuo de igual caráter com recursos menos evidentes, já que as texturas, os centros tonais e as dinâmicas se contrastam bastante ao longo da peça. Isso se coaduna com a noção teórica que se fez da rapsódia romântica como uma forma feita de episódios, num fluxo estrutural mais livre, com a sensação de maior espontaneidade, mas também de uma maneira integrada[5]. Esse sentido de integração ou de costura, do nosso ponto de vista, é mimético, na medida em que a peça, entre outras coisas, preserva o fio de um mesmo caráter, uma mesma marca ética, compartilhável mimeticamente, passível de ser sentida ao longo de toda sua duração, inclusive com partes tão contrastantes.

Nesta obra, em toda sua primeira parte e até em seus momentos dinamicamente contrastantes, a figura do ornamento temático de quatro notas (tercina de semicolcheia mais nota de apoio final) serve de elo, com suas aparições variadas, como nas inversões de material entre as mãos ou em dinâmicas antagônicas; mas, além disso, o uso do contratempo e da síncopa como marcador rítmico-ético preserva um senso do mesmo caráter que se configura desde o início. O que nos surpreende ainda mais é que, numa seção seguinte, mais lírica e suave, em tudo contrastante em termos de textura, tonalidade, articulação, acentuação e dinâmica, inclusive num campo de correspondência afetiva potencialmente contrastante, mais associado ao intimismo do que à imponência,

---

4   A música com partitura pode ser encontrada no YouTube.
5   Lembramos como a origem grega da palavra "rapsódia" está associada a isso, com a ideia de costura: o rapsodo como aquele que costura (*rhaptéin*) a canção ou as canções (*aoidé*).

MIMESE MUSICAL NO PERÍODO MODERNO 119

um fio de continuidade do mesmo caráter, no caso como marca ética, rítmica, no sentido que tratamos aqui, a partir de Lacoue-Labarthe – mas também de Émile Benveniste, por exemplo –, ainda permanece sensível.

Para além da manutenção do andamento (o que talvez seja, de modo global, fundamental para a sustentação do "caráter"), isto se dá, entre outras coisas, pelo uso que Brahms faz da síncopa e das notas específicas que ele ali coloca: seja marcando notas repetidas em síncopa, como "ressoadores" da nova tônica; seja no uso da síncopa em notas harmonicamente próximas da tônica, lembrando o uso marcado do contratempo na primeira parte, o qual também enfatiza, com boa frequência, notas consonantes. Há, em Brahms, um uso especial da síncopa e do contratempo, algo que nos surpreende por reforçar a tonalidade num sentido contrário às velhas regras do contraponto (como o que se aprende sobre notas de passagem). A frequência um tanto constante das notas consonantes em tempos fracos ou contratempos, seja como efeito rítmico dialético ou como ressoador, promove a sensação de uma fluência contínua, de mobilidade e de continuidade, em geral associada à ideia de rapsódia. Em outras palavras, ela promove a mimese ou o ritmo ético global, como continuidade na variedade. Aliás, isto é análogo ao princípio da arte mimética do rapsodo antigo que, mediante a continuidade ou a fluência na variedade (*polideukos*), do fluxo variante da forma das palavras usadas, recriava Homero de forma sempre recomposta, a cada performance, sendo comparado, na própria Antiguidade, com o rouxinol, pássaro que varia continuamente sua melodia, dando assim maior fluência e interesse ao seu canto.

Além de tudo isso, o fio de continuidade do caráter, sensível nessa peça de Brahms, parece se dar ainda pela forma como o compositor cria a montagem melódica em paralelo, na mão direita e no acompanhamento da parte mais contrastante: ou seja, pela figura melódica ascendente por grau conjunto, em geral em grupos acentuados de três ou quatro notas, aliada à ressonância promovida pela nota repetida em síncopa, que se conecta à memória de figuras melódicas equivalentes utilizadas na primeira parte, como aquelas em oitavas ascendentes no jogo de contratempos e síncopas, ou na sensação de aumentação da figura ornamental e temática do início (a tercina ascendente em semicolcheia).

Assim sendo, evocam-se marcas ou características rítmico-éticas da peça, constantes ao longo de toda sua duração, mas de forma não evidente, isto é, mesmo quando o contexto textural, tonal, articulatório, afetivo e dinâmico se torna totalmente diferente. Grande proeza de Brahms. Esse fio condutor, acreditamos, auxilia em muito a fluência de escuta da obra, na qual a sensação de continuidade se encontra na própria mudança, uma fluência que se quer rapsódica: há um fio de sensação e de caráter que se sustenta ao longo de toda a peça, uma marca de impressão rítmica, também no antigo sentido ético da palavra ritmo. Logo, como observaremos em detalhe na segunda parte deste livro, o ritmo ético sempre revelará um processo mimético mais aprofundado e menos evidente de uma música. Esse tipo de fio característico, de um caráter/caractere ou marca ético-afetiva que se sustenta ao longo das mudanças de uma peça inteira, pode ser sentido em outras obras do período, não apenas naquelas em que o caráter já é expresso ou referido na intenção produtiva do compositor. Mesmo em obras do século XX que também enfatizam grandes contrastes de material, pode-se sentir processos similares de ritmia ético-mimética, quando a continuidade é percebida ou se torna evocável inclusive através de seções que se contrastam bastante. Penso em algumas obras de determinados autores, como Helmut Lachenmann, Giacinto Scelsi ou Stefano Gervasoni.

VARÈSE E A MIMESE DO IMAGINÁRIO PICTÓRICO E CIENTIFICISTA DA SUA ÉPOCA

Para dar um exemplo do início do século passado, gostaria de fazer um sucinto comentário, sem exposições analíticas, sobre aspectos de todo um processo mimético que pode ser detectado na produção musical de Edgar Varèse (1883-1965), processo que se tornou emblemático para tantas gerações de compositores posteriores. Acredito que ele serve, e serviu, de parâmetro para uma série de processos miméticos ocorridos ao longo do século XX, como nos casos de Iannis Xenakis, dos chamados compositores espectrais ou de certos procedimentos e concepções na música eletroacústica.

Por um lado, sua reconhecida amizade com artistas e poetas modernistas, como Guillaume Apollinaire, Albert Gleizes, Francis

MIMESE MUSICAL NO PERÍODO MODERNO   121

Picabia e Marcel Duchamp, parece ter alimentado a imaginação de correspondências miméticas diferenciadas; por outro, seu interesse por aspectos científicos do som e da ciência em geral, como as suas leituras de Hermann Helmholtz ou sobre a formação de cristais, também pareceu ganhar a condição de importante fonte mimética para o imaginário que ele procurava instalar e desinstalar sobre os sons.

Como já dissemos, esses processos miméticos e essas correspondências momentâneas nunca são diretos ou isentos de uma série de desvios, adaptações, transformações e desistências, sendo até certo ponto insondáveis. Mas a derivação de ideias e formas que provêm de outros campos é uma constante na arte musical, como vimos com a forma sonata ou na relação da música com a poesia, num passado mais distante. O alimento diferenciado da imaginação de Varèse, alheio aos costumes dos meios musicais de sua época, é o que permitiu uma série de desinstalações e de instalações produzidas pelo compositor como sujeito de processos miméticos de recepção e produção.

O próprio Varèse cita uma frase do cientista Józéf Hoëné--Wronski que alimentou sua imaginação musical: música é "a corporificação da inteligência que há nos sons"[6]. Essa concepção, segundo o compositor, levou-o à ideia de pensar a música como um espaço de corpos sonoros em movimento, "aberto, ao invés de limitado". Algumas frases do compositor se tornaram emblemáticas para o ideário de vanguarda no século XX: "uma cruzada por novos instrumentos", "luta pela liberação do som", "nosso alfabeto musical deve ser enriquecido", "sentimos a necessidade de novos meios de expressão" etc. Sua defesa árdua pela relação do compositor com os novos meios tecnológicos do século nascente, no sentido de transpor a "limitação mecânica", tornou-se um símbolo da busca criativa em música, muito realimentado pelas gerações seguintes.

Em seu imaginário mimético, o próprio som passa a ser tratado como uma massa que colide, é atraída e repelida, viaja e traça curvaturas, é penetrada e transmuta das mais variadas formas. Choque de planos, interpenetrações, massas moventes em transmutações diversas. Como se sabe, uma analogia mimética

---

6   Ver Edgar Varèse em entrevista de 1946. *Écrits*, Paris: C. Bourgois, 1983, p. 115.

que Varèse gostava de usar para descrever a formação e a organização das massas sonoras era o fenômeno da cristalização, não sem o ceticismo a respeito de suas imagens e correspondências (o que chamamos em nossa teoria de desinstalação ou desistência mimética, extremamente comum no período moderno e mais recente, mas sempre aliada, de modo recíproco, a instalações e correspondências diversas e variáveis).

Para compor seu imaginário mimético, Varèse cita o professor de mineralogia Nathaniel Arbiter, da Universidade de Columbia: "a estrutura interna na unidade do cristal é o menor agrupamento de átomos que tem ordem e composição da substância. A extensão da unidade no espaço forma o cristal inteiro [...] A forma cristal é consequência da interação de forças atrativas e repulsivas e da ordem de agrupamento dos átomos"[7]. Nas palavras do compositor, isto é "uma ideia, a base de uma estrutura interna, expandida e dividida em diferentes formas ou grupos de sons, mudando de formato com constância, direção e velocidade, atraída e repelida por forças variadas". Esse imaginário é de grande importância para se pensar na escuta e na construção de suas composições, para não dizer que se tornou fundamental, mimeticamente falando, para o pensamento de quase toda a música considerada "de ponta", na segunda metade do século xx (pensar, por exemplo, em obras de Iannis Xenakis, Gérard Grisey ou Tristan Murail, ao imaginar e metaforizar certos espaços, temporalidades, forças, atratores etc.).

Um caso simples e mais concreto de sua música pode nos ajudar a pensar nesse tipo de correspondência mimética. Reflitamos sobre como uma colisão de planos, átomos ou massas pode ser pensada pelas características de uma de suas músicas. O começo de *Deserts*, por exemplo, exibe dois planos estáveis em intervalo de nona maior (Fá 3/Sol 4, Ré 1-Mi 3), planos que, de início, são "reforçados" ou incrustados por outras alturas no plano médio (Dó 3 e Lá 1), cristalizando uma estrutura global formada de quintas. Mas a aparição de um novo plano em nona menor (Sib-Si) vai transformar a configuração dos planos iniciais, provocando o surgimento de uma nova configuração. A colisão dos planos todos parece provocar essa emergência, a qual conduz a textura

7   Ver Edgard Varèse, The Liberation of Sound, *Perspectives of New Music*, v. 5, 1, p. 11.

a uma expansão em direção ao agudo. Até que ponto esse tipo de descrição do início da peça é adequado ou efetivo dependerá do sujeito de escuta, mas ela é, sem dúvida, fiel à sensação que podemos ter ao escutá-la. Por isso, o pensamento mimético do compositor em torno de massas, planos, átomos, seus choques e cristalizações não se dá apenas num nível abstrato ou poético, mas é possível de ser vivido no plano das sensações sonoras.

PARTE II

Mimese Musical e a Filosofia Moderna e Contemporânea

> [...] achava que aquela experiência de total retraimento ou ruptura da consciência se ligava a experiências perdidas que os místicos de todas as religiões conheciam, portanto, de certa forma, eram um substituto atual de necessidades eternas.
>
> ROBERT MUSIL, *O Homem Sem Qualidades*

APRESENTAÇÃO DA DISCUSSÃO TEÓRICA

Dada a variedade e a complexidade do assunto em tantos filósofos e teóricos recentes, estará fora do nosso escopo abarcar em detalhe a discussão filosófica aprofundada em torno da mimese. Não entraremos na ampla e variada discussão sobre a relação ambígua e de difícil definição entre cultura e natureza que o termo pode provocar. Por exemplo, a discussão que vê a mimese como processo que se dá num limiar até certo ponto indefinível entre natureza e cultura, ou como "imagem dialética" de ambas, ou, ainda, como "a natureza que a cultura usa para criar uma segunda natureza", na definição usada pelo antropólogo Michael Taussig. Quando se fala na reflexividade e no fundamento da mimese, torna-se um tanto difícil definir o "natural" e o "cultural", especialmente como elementos dissociados.

Desejamos apenas levantar questões gerais a partir de alguns desses pensadores e artistas para discutir e propor nossa visão a respeito, sobretudo por meio de uma relação pensável entre instâncias como mimese, escuta, som, sujeito (ou alma) e concepção musical. Isso se dará de forma sintética e geral, em uma argumentação teórica que se faz em diálogo crítico com esses autores, não sendo fundamentada, portanto, num acordo condescendente com seus textos. Essa argumentação teórica está mais próxima àquela de um "desespecialista", como define Haroldo de Campos. Em particular, porque procuramos desviar de certo tipo de especialização: a do acadêmico comodamente recompensado por servir ao culto repetitivo e inquestionado de determinados pensadores ou conceitos. Abordaremos o assunto sempre de maneira panorâmica e sintética, revelando em linhas gerais como nos posicionamos sobre o assunto frente a um diálogo com determinados autores. É nesse posicionamento que iremos propor nossa forma de pensar a mimese. Um esquema genérico que o sintetiza se encontra no final do livro.

Alguns dos autores dirão que qualquer verificação, apropriação, identificação da mimese já trai a sua propriedade ou essência, caso ela tenha uma essência ou propriedade. Pois o próprio da mimese é justamente o fato de não ter "próprio" ou de não ter essência, e, portanto, de ser algo até certo ponto indefinível e sem qualquer compromisso com a verdade. Daí também a sua riqueza para se pensar a experiência e a produção da arte, cujas relações com o uso do verbo que procura descrevê-las ou com meios comunicacionais nunca são plenos ou inquestionáveis; o acesso ao silêncio de sua atividade e à linguagem de seu silêncio será sempre discutível. Por causa do seu caráter inerente de indefinição, de estranhamento, o que se apresenta aqui é apenas uma maneira de pensar a mimese, sem que essa maneira seja uma verdade cabal ou uma correção sobre a forma como a mimese atua ou se dá. Trata-se apenas de um modelo de pensamento, entre tantos possíveis, uma visão que nasce das leituras sobre o tema desde os textos da Antiguidade que comentamos na primeira parte, com algumas características adicionadas: entre elas, a de pensar a efetividade da mimese mediante a consideração de uma zona de indistinção entre senso de realidade e ficção, apresentação e representação, sensação e sentido, cultura e natureza, e, por outro lado, a de pensar a mimese atrelada a uma ideia de sujeito como processo e singularidade.

Segundo a leitura de Jacques Derrida sobre um livro de Philippe Lacoue-Labarthe, por exemplo, a mimese *ek-siste* ou *des-iste* na desapropriação contínua de tudo que é supostamente próprio. Até a ideia de propriedade fica comprometida. Além disso, ela pode, como processo que é, desistir, continuamente ou não, de uma relação com a verdade. Deste tipo de argumento, pode-se pensar na desapropriação e na desistência mimética que a arte moderna costuma operar em relação a verdades de artes anteriores, ou em relação à verdade ou mentira de si mesma, ao desejar desfazer ou descontextualizar correspondências fixadas ou apenas potenciais, vistas ou não como ultrapassadas ou verossímeis. A mimese nos ensina, entre outras coisas, que uma obra ou um artista não precisa ter compromisso com as verdades ou as mentiras que cria. Uma estratégia comum, já mais desgastada hoje, é a de uma defesa da obra como experiência a ser continuamente purificada, seja por parte do artista ou do comentador, de qualquer correspondência ou instalação que possa ser efetuada a seu respeito em dado contexto cultural. É que a mimese é um processo de dois lados: tanto pode instalar quanto pretende desinstalar relações entre o que se apresenta e determinadas representações, afetos e sensações. Cabe lembrar ainda que é justamente a desapropriação contínua da mimese que opera na nossa conexão com o que se apresenta, para além de uma relação com a verdade, através de uma zona do que é impróprio, participativo e comum. É por isso inclusive que poderemos dizer aqui que não existe obra de arte como um ser em si ou por si mesmo. A arte sempre depende de outra arte: a da sua recepção subjetivada, conforme veremos em nossa teoria.

Justifica-se então nosso interesse pela mimese desde o princípio, a qual, especialmente a partir do período moderno, parece precisar da ideia de sujeito como aquilo que se apropria e se reapropria, de alguma forma, ou se vale dessa desapropriação contínua – um tipo de (re)apropriação não privativa, não individualista, mas que, pela disposição do sujeito e não do indivíduo (esse último pensado com os seus atributos e propriedades já constituídos), é capaz de produzir alguma diferença ou singularidade, causada por uma filtragem e uma transformação *próprias* do que vem de fora. Um processamento singular da mimese se vale, assim, de um operador também singular chamado sujeito (aquele ou aquilo que recebe do que age e age sobre o que recebe)[1]. Mesmo com Platão e Aristóteles, isso já nos parece ter um

---

1 Nossa concepção é de que o sujeito também é um processo singular (não uma coisa, uma substância, uma consciência), podendo se dar na obra, no receptor ou no produtor, numa pessoa, num grupo, numa obra ou em uma entidade qualquer. Uma singularidade, termo aqui emprestado do sentido da matemática, ▶

130

grau de pertinência, embora saibamos que a noção de sujeito tal qual a entendemos hoje não existisse e seja completamente moderna. Falamos em grau de pertinência, pois é justamente por seu poder de compartilhamento, assimilação, incorporação, despossessão que a mimese se afasta da ideia de propriedade e, por isso, sempre implica a ideia de participação e recepção, podendo ainda afastar-se da necessidade do conhecimento e da identidade para se efetuar.

Daí podermos divergir em parte, também pelo fato da mimese na música ser mais da ordem dos afetos e das sensações do que do (re)conhecimento, de argumentações como as do crítico Luiz Costa Lima sobre "parâmetros culturais" na experiência da mimese, pois o que esse entende pela orientação ou condução mimética do receptor por parâmetros culturais ou "horizonte de expectativas" se fundamenta na aquisição ou não de conhecimentos ou entendimentos compartilhados antes da experiência. Alegamos que há uma forma de mimese que não se realiza apenas por intermédio do conhecimento prévio, ao menos não no sentido por ele apresentado. Ou seja, pensamos num processo mimético por assimilação, em boa parte das vezes inconsciente, por uma filtragem afetiva ou sensacional que pode se tornar até certo ponto singular e ativa, mas nunca totalmente autônoma (o que provém do processamento subjetivo de representações, e também de afetos e sensações por si mesmos, no sentido de potencializar a liberdade de agir do sujeito, para falar de uma forma espinozista, relacionada com a ideia de participação e dependente do que nos é comum). Em nosso esquema mimético, a sensação provém de um processamento de elementos sensoriais, podendo ser gerada através de um sentido sensível, tais como as sensações de calor, de frio, de secura, de golpe, de agitação, de movimento, de turbulência, de estabilidade, do liso, do áspero etc. Já o afeto provém de um processamento um pouco mais abstraído e culturalmente construído, como o medo, o terror,

▷ é um ponto ou aquilo que se abre a valores infinitos ou que podem estar indefinidos *a priori*, em termos espinozistas, que está aberto à própria potência de agir, podendo assim gerar transformações e diferenças (ou criar outro acesso) ao processar o que se apresenta, sem ser central ou onipresente, apenas operante de forma dependente do que nos é comum no processo mimético. Ver nosso esquema mimético, no final do livro. No limite, pode haver um receptor ou uma obra sem a ação de sujeitos, evidentemente.

MIMESE MUSICAL E A FILOSOFIA MODERNA E CONTEMPORÂNEA   131

a expectativa, a angústia, a previsibilidade, a piedade, a coragem, a temperança, a monotonia etc. Até certo ponto, afetos e sensações podem ser orientados por representações ou convenções, como podem independer destas para serem sentidos e processados no que chamamos de mimese, podendo ou não ser representados posteriormente.

Por um lado, um processo afetivo ou sensacional pode ser visto por meio da ideia aristotélica de simpatia, da correspondência por semelhança afetiva, ou seja: por obra do efeito simpático, conforme a sua visão sobre a mimese poético-musical que discutimos na primeira parte deste livro. Aprendemos com os antigos que algo como a circulação de afetos estrutura laços sociais, por isso mesmo é que a arte gera participação e tem tanta importância política para eles: ela faz circular uma mimese de afetos, sendo o poder, como disse Foucault, aquele de afetar ou ser afetado. Mas, se não quisermos aceitar um processo mimético operacionalizado pela ideia de semelhança, recusa comum em tempos modernos, poderemos imaginar a mimese mediante uma *di-patia*, isto é: o processo mimético pode gerar uma diferença resultante da possível singularidade do sujeito de recepção frente ao que se apresenta e da singularidade do sujeito do que se apresenta frente ao receptor. O sujeito, como singularidade que não controla, mas processa o que recebe de formas potencialmente infinitas e indefinidas, embora nunca de forma autônoma, pode gerar uma diferença ou uma transformação, especialmente quando não é guiado por algum conhecimento pré-formado. Daí uma das formas de diferenciar, por exemplo e num limite sempre questionável, obra de arte e artesanato, ou escuta subjetiva e escuta didática. A primeira de cada par tem mais presença subjetiva: ou seja, a diferença pode nascer da singularidade que não é guiada por um conhecimento prévio ou por valores dados que estabelecem a organização da experiência *a priori*, em contraposição àquela atividade que só reproduz o que faz a partir de um conhecimento ou de um valor sobre a organização da experiência dado *a priori*.

Propomos assim tais condições de uma condução mimética, especialmente quanto à escuta, que não se processa mimeticamente *apenas* pelo conhecimento de tipo inteligível, ou mesmo por verossimilhança ou evidência (mas antes, como veremos, por retraimento, recuo, retraço). Sabemos como o prazer aristotélico e a adequação da mimese provinham em boa parte do reconhecimento da figura e do estilo retratados, tornando-se assim mimeticamente convincentes (*Poética*). Certamente, o prazer e adequação não provinham apenas disso. O caso da música/poesia serve de exemplo no próprio Aristóteles, como no livro VIII da *Política*: nele, já se considera a possibilidade válida de um sensualismo plástico ou plenamente afetivo operando na alma por simpatia, não por conhecimento ou significação, sendo condutor ou orientador da experiência por ser também mimético (para Aristóteles, afirma-se uma correspondência operada na alma, mediante a semelhança, entre o que se apresenta em melodia/ritmo e um conteúdo ético-afetivo específico). Embora sendo inútil (conforme diz o livro VIII da *Política*) e capaz de afetar a alma sem a necessidade de um conhecimento inteligível envolvido, a músico-poética, e até a música puramente instrumental ou sonora, já se torna passível de aceitação como valor de compartilhamento mimético e de participação social.

Resgatamos de Costa Lima a visão da mimese como uma correspondência entre o que se apresenta e o efeito que produz no receptor (o que ele chama, em certo momento, de representação-efeito), além da sua visão sobre o surgimento de uma subjetividade não solar, descentrada, observável na experiência mimética da arte, a qual, no nosso caso, aproximamos da ideia de singularidade subjetiva. No entanto, a ideia de representação-efeito aparece nos seus escritos em função do conhecimento ou da categoria do entendimento, o que já nos faz divergir em parte da sua forma de compreender a mimese via apresentação/representação no receptor, como se esse fosse sempre passivo e incapaz de alterar seu horizonte de expectativas sem uma diferença apresentada pela obra. Na nossa forma de ver, o receptor também pode se valer de um sujeito capaz de gerar diferenças, seja por instalação ou por desinstalação de correspondências. Assim, a divergência se sustenta ainda quanto ao que se dirá aqui sobre a mimese como o que não apenas instala ou faz correspondência, mas desinstala (ou desiste de) correspondências instituídas, algo em parte atribuído pelo crítico apenas à mimese de produção, a qual seria capaz de gerar diferença, embora, para ele, sempre com base em semelhanças. Como veremos, podemos pensar na mimese por si mesma pela ideia de desistência, de desinstalação, de despossessão (por vezes de conteúdos, da verdade ou de correspondências), em acordo com Lacoue-Labarthe e Derrida. Para nossos propósitos, a capacidade de desinstalar vale tanto para o receptor (no caso da arte sonora, para a escuta não guiada por conceitos *a priori*, por meio de um sujeito singular que se vale da despossessão mimética) como para o produtor ou artista (através da singularidade subjetiva operada na materialidade da obra). Se o encontro mimético com uma obra é da ordem da despossessão, do que é impróprio, do que nos é comum, é ele quem poderá inclusive obrigar a redefinir nossos atributos e conhecimentos, ou a viver e assimilar o que não somos nem capazes de pensar.

Junto do que exporemos sobre o ritmo, em seu sentido eminentemente ético, na sua origem sempre pensado como caractere e caráter ao mesmo tempo, podemos pensar na mimese musical mediante a vontade paradoxal de reconhecer o irreconhecível, não operando, portanto, qualquer identificação por conhecimento prévio no processo entre apresentação e efeito. O efeito mimético pode se dar pela capacidade de sentir a condução ou operação de algo irreconhecível e insensível, sem haver identificação: no caso do som, um "tender para" (*intendere*) na escuta, alguma forma de condução quase insondável que, por um processo de racionalização, pode levar ao sentido e a conceitos. A ideia de desistência (do que *des-iste* e *ek-siste*) do conhecimento e da verdade também permitirá reativar outras esferas mais misteriosas e de difícil acesso em torno da mimese, tais como a do *Riss*, em Heiddegger (a fissura, o esboço, o traçado), relacionada com outra ideia sobre a verdade (abertura, revelação, e não um saber dado ou adquirido), ou a do *retrait* e do ritmo, em Lacoue-Labarthe, o retrato como experiência não do reconhecimento ou da identidade, mas como retraço, retraimento ou recuo que, creio eu, pode conduzir à experiência de um invisível no visível, de um inaudível no audível (ou a uma presença insensível ou invisível da própria ação parcialmente condutora e (inter ou co[s])subjetiva do processo mimético, que ele relaciona com a origem da palavra ritmo). Esse ritmo insensível, mas condutor e singular, seria uma forma de vislumbrar a mimese em si mesma, sentido de ritmo de origem grega, muito além do sentido musical, sendo ético, "impressionante" e participativo. Abordaremos um exemplo mais concreto da experiência de tal ritmo mais adiante, para pensar a mimese como processo na escuta, partindo do que nos é comum até as apropriações e transformações efetuadas pelos sujeitos na obra e no receptor.

O conceito moderno de sublime (kantiano), embora de outro contexto e com suas especificidades, pode servir de paralelo (inadequado, dirá um especialista, pois cada filosofia tem seus conceitos ou campos de relações próprios) para algumas dessas observações sobre desinstalação e desistência da mimese de concepção moderna, no momento em que a imaginação aliada ou identificada à *Darstellung* (e essa, por vezes negativada) se torna incapaz de se associar a conceitos, ou os faz de maneira equivalente a desinstalar relações entre alma (ou melhor, sujeito) e conteúdo ético ou de conhecimento (ou os faz desistir de uma representação instalada como verdade), sem por isso deixar de operar ou se livrar do processamento de representações, de sensações e de afetos. A ideia de desinstalação está mais ligada a uma concepção mais recente de mimese, portanto, baseada na valorização desta como desapropriação que permite a participação via sujeito. Mas, se a participação se afirma pelo que, de alguma forma, é comum, não privativo, não individual, sem atributo próprio, é esse comum disponibilizado ao sujeito pela mimese o meio ou espaço intersubjetivo pelo qual pode operar a singularidade subjetiva no que se apresenta e no receptor, capaz de produzir diferenças na experiência da arte, seja na recepção, seja na produção, seja na própria obra; quer dizer, isso nos permite dar senso à despossessão e à impropriedade da mimese como meio social da criação, necessário à apropriação e à transformação do sujeito como singularidade (em que tudo pode ganhar um valor infinito ou antes indefinido). Por outro lado, a mimese antiga busca, com alta frequência, afirmar ou confirmar a instalação de correspondências por semelhança ou diferença na semelhança ou na repetição (como o caso das máscaras sobre as máscaras nos rostos dos sátiros, vista por Jean-Pierre Vernant como vivência da alteridade na cultura pré-socrática). Neste nosso livro, consideramos que mesmo a mimese do receptor, e não apenas do produtor, é capaz de gerar diferenças a partir da singularidade do sujeito que se apropria e que transforma, não apenas com representações e verossimilhanças objetivas, mas também pelo efeito, no mais das vezes inconsciente e emocional, gerado por

MIMESE MUSICAL E A FILOSOFIA MODERNA E CONTEMPORÂNEA 135

afetos e sensações. No caso da música, a discussão antiga da correspondência entre estruturas melódicas/rítmicas e determinados conteúdos éticos e afetivos, a qual nos foi herdada desde os pitagóricos, serve de exemplo de como a mimese (de Platão em diante) era entendida na época antiga, ou seja, uma mimese por instalação de correspondências, muitas vezes duvidosas ou culturalmente firmadas, ao passo que uma música, arte moderna ou atual que se pretende expressiva pode buscar alguma diferença ou singularidade justamente no combate ou na destituição de determinadas correspondências, mimese como desinstalação ou desistência, mais frequentemente ligada ao período moderno (a da *desistência* de verdades e de correspondências pré-existentes, não sem estabelecer outras...). Ambas, a de instalação como a de desinstalação, podem se aliar à ideia de um sujeito singularizado e descentrado, aquele que não controla a ação do que se apresenta, mas se submete à despossessão, instalação ou desinstalação da mimese, transformando-a em valor próprio ou apropriado (afetivo, sensacional ou de conhecimento). Por exemplo, a discussão e a busca pela fuga dos clichês ou de correspondências convencionadas são amostras explícitas da mimese mais comum na era moderna, aquela que também se fundamenta nas tentativas de desinstalação de correspondências. Por outro lado, há artistas ou compositores que conceituam seus procedimentos com o objetivo claro de instalar correspondências (mesmo se arbitrárias, passageiras, questionáveis, mais ou menos efetivas, já que sempre miméticas). Daí um sujeito operar tanto por instalação quanto por desinstalação de correspondências, seja numa obra, seja num receptor. Essas operações miméticas objetivadas podem ser visadas em concepções composicionais específicas, as quais buscam nos conduzir mimeticamente ou "ritmicamente" (isto é, eticamente, ao provocar um efeito ou afetar-nos por meio de representações, sensações, conceitos e afetos), através de terrenos sonoros, tácteis e visuais dos quais podemos participar também como singularidade subjetiva, podendo alimentar novos processos miméticos indefinidamente. Procuraremos descrever certos casos de forma mais concreta adiante.

Portanto, com a ajuda do pensamento de antigos e modernos, procuraremos elaborar algumas reflexões sobre como a mimese (tal qual a entendemos e teorizamos aqui) pode (e não deve) ser, se não verificada ou instalada, detectada ou sondada na criação da arte sonora ou musical mais recente, assim como em processos de aprendizado, de escuta e de composição, sem que isso seja visto como uma verdade ontológica ou científica sobre as músicas ou práticas consideradas. Pois, como temos comentado, para se pensar em arte com uma visão mais aprofundada da mimese, as relações de verdade ou de conhecimento podem tanto se instalar como ser desinstaladas a qualquer momento. Vemos que há processos miméticos de produção musical mais evidentes, como aquele pretendido pelo autor mediante textos poéticos, narrativas representadas, indicações e descrições de caráter, geralmente de forma a corresponder ao comportamento do material ou da forma musical. Todavia, podemos pensar na mimese com processos de produção menos evidentes, operados por instalações e desinstalações de correspondências as mais diversas, sejam de caráter naturalista, conceitual, figural ou abstrato.

Como vimos com os antigos, o que se entende ou se opera por meio da mimese é um campo bem mais sutil, inconclusivo e intrincado do que o que encontramos como interpretação em muitos textos de filósofos modernos e contemporâneos, muito em função do acúmulo de uma visão ou generalização deturpada sobre o assunto desde os latinos. Por exemplo, a partir do século passado, ficamos sabendo que a tradução de mimese por *imitatio*, em autores como Horácio, revelou-se uma grande fonte de limitação e restrição para o seu entendimento durante séculos. Por outro lado, ao longo dos séculos XIX e XX, algumas filosofias, embora retoricamente sedutoras ou elaboradas de forma intencionalmente oblíqua, produziram certos argumentos generalizantes passíveis de questionamento, em especial quando o assunto é mimese e representação.

Para dar apenas um caso: Jacques Derrida, ao apontar uma suposta história do jogo entre literatura e verdade, considera certa interpretação da mimese aquela que a teria organizado. Mas a mesma interpretação da mimese é vista pelo autor como o "todo de uma história" (de Platão a Stéphane Mallarmé), a qual pode ser vista como a história da própria literatura (algo que já consideramos uma generalização questionável). Embora Derrida apresente algumas nuances e distinções quanto ao que entende por mimese e imitação, para ele, tal história genérica de cunho

MIMESE MUSICAL E A FILOSOFIA MODERNA E CONTEMPORÂNEA   137

platônico seria, ao menos no momento específico de seus textos, totalmente regida pelo valor da verdade (falamos aqui de *La Dissémination*). À frente, Derrida afirma de forma ainda mais categórica que a mimese, em toda a sua história de interpretação, sempre foi comandada pelo processo da verdade[2].

Mas, se é notório que, quanto à mimese, a questão do verdadeiro e do falso sempre parece entrar em jogo nos diálogos de Platão, isto não significa que toda a história da literatura (com seus fundamentos miméticos) e toda a história da interpretação da mimese sejam regidas invariavelmente pelo processo da verdade. Se, no próprio Platão, encontramos, onde é menos visado, a afirmação da dificuldade inextricável de estabelecer a relação da mimese com a verdade (mimese como terreno "escorregadio"), bastará considerar Aristóteles ou autores com certa filiação a ele para repensarmos esse tipo de generalidade; por exemplo, o vínculo da mimese a objetos possíveis (e não necessariamente reais) e a certa plasticidade da alma já podem afastá-la de uma suposta dependência do processo da verdade, de um tipo de conhecimento ou de realidade dados, seja na análise ou na história de seu entendimento, ou na história de sua interpretação, desde autores antigos. O vínculo atribuído pela história de sua interpretação à ideia de doação de uma forma (*morphe*, ou de transposição que capta uma forma), ou ao termo grego *plassein*, também apontam para a produção social de uma plasticidade de certa forma independente de um processo de "submissão" à verdade ou ao conhecimento. Donde aparece, de modo sorrateiro, seu caráter de desinstalação, apontado por autores recentes, como Derrida posteriormente. Vemos que, para percebê-lo, em especial em períodos mais remotos, talvez seja preciso se ater mais a um trajeto de interpretação de cunho aristotélico do que a uma tradição platônica de discussão argumentativa.

Não é raro observarmos pensadores e artistas, por mais intrincados ou interessantes que sejam, desenvolverem suas elaborações conceituais em torno de uma visão redutora ou generalizante da

---

2   É esse mesmo autor quem, ao descrever o Heidegger de Lacoue-Labarthe, é capaz de apresentar (com intenso brilho retórico) a mimese em outro plano, justamente como desestabilização da verdade, ou como o que "precede" a verdade (verdade como *homoiosis*), em contraposição a visões em que haveria uma esperança de revelação (*aletheia*) na mimese, como o que buscou ver em René Girard.

mimese, em particular a partir do que emerge de um tipo de discussão de origem platônica. Daí podermos divergir ainda de autores que veem a arte de forma imanentista, isto é, como algum ser em si, em que as "forças" vêm dela ou estão nela, sem que se vincule à sua relação com o receptor, sem que se vincule à participação, sendo ela efetuada por uma pessoa, um conjunto de pessoas, uma comunidade etc. Os filósofos franceses Gilles Deleuze e Félix Guattari não adentram o assunto mimese, e não acreditamos que seja um mero acaso. A relativa falta de interesse pela mimese no sentido amplo – e, no caso deles, especialmente em relação a afetos, sensações e apresentações-representações pensados numa zona mais ampla que a de um ser em si – aparenta um desvio deliberado e escolhido de toda uma tradição de pensamento a respeito (inclusive de tradições caras a eles, como a de Baruch de Spinoza). O fato está longe de ser uma exclusividade desses autores: é apenas um dos muitos casos de uma tradição recente que evitou ou ignorou o assunto ao pensar na obra de arte. Por um lado, parece se dar ao ver a mimese apenas como forma de correspondência fixada, com base numa visão restrita da representação ou então por meio de uma relação de identidade, e não como uma forma de interação que se faz e se desfaz, dependendo de sujeitos e singularidades, como no nosso caso. Costa Lima, por exemplo, elaborou uma crítica bastante consistente a Deleuze e Guattari, quanto à questão da mimese. Não nos caberá fazer todo um posicionamento detalhado em relação a ambos. Gostaríamos tão somente de questionar esse tipo de visão sobre a arte com base em outra consideração, partindo da ideia quase inexistente que alguns autores fazem do sujeito em relação a arte, como o que aparece no livro *O Que É Filosofia?*, de Deleuze e Guattari. No texto, na parte referente à arte, qualquer coisa que se assemelhe a um sujeito que não seja a própria obra é apenas considerada em relação ao que é "pessoal" ou da percepção e afecção de homens atuais e em particular (como criador, espectador ou ouvinte). Em nossa concepção, logo vemos que ela é inaceitável. Primeiro, porque a ideia de sujeito não pode se reduzir à ação ou reação de pessoas ou indivíduos. Aqui o tratamos como processo e singularidade de um múltiplo ser-como-alguém, que pode se dar tanto na obra como no receptor, ou no produtor, seja de quantos corpos for composto. Segundo, porque, para nós, o que se conserva na

MIMESE MUSICAL E A FILOSOFIA MODERNA E CONTEMPORÂNEA

arte é singular, mas nunca independe de sujeitos (atuais ou não). Valerá, portanto, esclarecer nosso posicionamento, conforme a teorização deste livro.

Por causa de um estilo de escrita bastante retórico encontrado nos dois filósofos, não é difícil se equivocar e assumir, por exemplo, o que chamam de *afecto* em uma obra (o que se conserva como sensação na obra de arte, vista como um ser "em si") como algo semelhante ou identificado ao afeto em outras formas diferentes de pensamento, como em Spinoza (afeto que, para esse, parte justamente do encontro e da mistura de corpos, tornando-se variação da potência de ser e agir), ou, ainda, o afeto de alguma tradição aristotélica. Isto é um erro frequente, pois autores como Deleuze e Guattari identificam a criação artística a um ser autônomo e purificado de sensação (feito de *afectos* e *perceptos*), independente do efeito que pode ou é capaz de produzir em outro corpo. Daí também nossa divergência de visão, tornando-se importante diferenciar a forma como entendemos uma relação com a arte em que o sujeito se dá como singularidade múltipla, seja na obra, seja no artista, seja no receptor. Em nossa concepção, é o sujeito que processa afetos, representações e sensações no ato de um encontro participativo, num âmbito do que nos é comum (sujeito que pode se dar em um "nós", um povo, um grupo, uma obra, um artista, uma pessoa etc., em todos eles como singularidade múltipla e, no mínimo, sempre em dupla; afinal, são sujeitos). Se a obra tem traços singulares que se conservam, é porque existe a atividade de sujeitos nela e fora dela (que a visam e processam). Além disso, em nossa concepção, o artista não cria afetos, ele apenas mimetiza afetos como sujeito (ou seja, também ele se sujeita, afeta e é afetado pelas múltiplas presenças que assimila e dispõe); tal mimese de afetos se dá por uma correspondência que o artista provoca entre uma situação ou materialidade sensível da sua arte e afetos (ou representações de afetos) coletivamente compartilhados, correspondência que pode ser, decerto, singular ou diferençável. Por isso, ele pode inventar um processo mimético, uma correspondência ou uma desinstalação, mas nunca o próprio afeto em si, que é, para nós, uma construção política, psíquica, participativa, social e coletiva sempre muito mais ampla e historicamente operada do que algo perfeitamente isolável na obra de arte. Nossa visão sobre a arte, portanto, terá pouco a ver com o ser de sensação imanentista, eterno e purificado, com um ser em si, como descrito em Deleuze e Guattari. É que, para nós, a zona de singularidade, indeterminação e indistinção mimética da obra é operada pelo e no que chamamos de sujeito (que não se antepõe a um objeto, e não é só um "eu") que age a partir do que é comunitário e compartilhado, isto é, por meio do processo que chamamos de mimese, não tratando a obra como ser que fica de pé por si mesma, independente de sujeitos, ou, nas palavras desses filósofos, de um nós (pois, para nós, esse "nós" é basicamente o que a coloca e a mantém, de forma continuada, de pé, como singularidade múltipla). Até em Deleuze e Guattari essa maneira de entender a experiência da obra acaba aparecendo: inclusive para o ser de sensação como um "em si" haverá sempre um momento em que ele arrebata ou apanha um sujeito múltiplo "nós". No entanto, para os autores, ainda em sintonia com uma tradição de reverência ou mistificação um tanto neorromântica/revolucionária do artista ou da obra, sempre será a obra aquela que age, de pé por si mesma, sobre esse "nós". Se quiséssemos, poderíamos então tentar aproximar o ser de sensação de Deleuze e Guattari ao que chamamos de sujeito. Também porque, como eles, consideramos a questão da sensação fundamental no processo. Mas até a sensação, para nós, é entendida de outra forma (talvez mais próxima da antiga *aisthesis*, e não por meio de um ser em si). Além disso, cremos que há sempre um sujeito que age e recebe, podendo se dar na obra, no receptor e no produtor, sempre afetando e sendo afetado, um sujeito que só se singulariza, afeta e é afetado a partir de uma relação com um terreno comum entre os homens e com a coletividade; através, portanto, de algo próximo, mas não idêntico, ao que os antigos tratavam pelo par inseparável *mimēsis/méthexis*, ou seja, pela questão da participação na arte. Daí, embora de forma diferente, estarmos mais próximos das especulações de um Jean-Luc Nancy sobre arte, comunidade e singularidade. A arte, como obra, prática ou experiência, é, de essência, um dos esteios principais do que é comum entre os homens. Ela é indissociável do comum e, por isso, não podemos tratá-la apenas por suas supostas propriedades imanentes; antes, por suas propriedades singulares, nunca independentes do comum, da despossessão e da sujeição ou re-apropriação múltipla.

MIMESE MUSICAL E A FILOSOFIA MODERNA E CONTEMPORÂNEA   141

Podemos dizer que certa tradição de pensamento românti-ca-revolucionária e moderna, aquela que busca obscurecer ou reduzir o entendimento da mimese nas artes, auxiliou em muito a sua frequente extradição ou condenação, especialmente desde o século xix. Às vezes, isso se deu pelo fato de a ideia que se fez da mimese se associar a uma ideia simplista de imitação, substituição, onomatopeia ou cópia, ou, como vimos, a alguma generalização que se quer histórica. A visão redutora também costuma aparecer quando a mimese é identificada ou associada a um conceito de representação mais restrito, conceito que foi criticado com certa frequência ao longo do século xx, às vezes visto até como suposto empecilho para o exercício da "criativi-dade" ou da "originalidade". Como observamos, o que podemos tratar por mimese e por representação, num sentido mais aberto (como no caso das ambiguidades em torno de termos como *Gestell* e *Darstellung*), ou mesmo a partir de Platão e Aristóteles, não é algo que se encerra, por exemplo, em uma relação fixada entre conceito e objeto[3], ou que se vincula à imitação pura e simples de modelos externos. Um processo mimético se torna muito mais plausível quando pensado com a ideia de uma digestão subjetiva, do processamento do que se recebe ao agir e do que age ao rece-ber, podendo produzir algo que se externa a partir desta digestão, sem perder de vista o contexto mimético sócio-histórico em que o processo se dá, processo que se dá a partir do que é comum entre nós ou mais comum em determinada época. É justo esse

3   Como em Deleuze, em que a representação foi tratada dessa forma, ou como momento no qual uma imagem ilustra um objeto, ou, ainda, e mais essencial-mente, como subordinação da diferença à identidade. No entanto, pelo menos em relação a Aristóteles, vale um pequeno comentário: além da confusão comum a alguns comentadores entre a *diaphora* (diferença) e a alteridade (*heterotês*) aristotélicas, ambos traduzidos, infelizmente, como "diferença", há a confluên-cia que o próprio Deleuze pretendeu estabelecer entre analogia e homonímia, a partir da visão de Aristóteles, na medida em que ele considera *pros hēn* algo equivalente à analogia. Ele não parece considerar a construção do texto da *Metafísica* em grego e não vê o lado focal/diferencial da definição de ser como "homonímia" em Aristóteles, buscando equipará-lo à analogia, especialmente ao falar da diferença entre gêneros. Assim, em *Diferença e Repetição*, Deleuze parece buscar uma crítica da diferença em Aristóteles, na qual ela estaria basi-camente subordinada à identidade ou a algo como uma unidade bem formada, o que não é aceitável. Em termos bem gerais, podemos dizer até que Aristóteles já tem uma concepção diferencial do ser que não se baseia em identidade ou unidade completa, ainda que baseada no caso dos homônimos.

processo mimético, cujos meios são internalizáveis ou apropriáveis subjetivamente, a partir do que é comum e inapropriado – ou, dito de outra forma, um processo baseado na assimilação e na participação do que é comum, conforme o que é sinalizado por Platão, mas ainda do que é afetivo, representativo e sensacional, como o que é discutido em parte por Aristóteles –, aquilo que vislumbramos para se pensar a arte e a música, em particular.

No entanto, para os mestres antigos, a questão toda estaria quase que invariavelmente em formas de instalar, ou seja, na correspondência (ou, na conformação/ *orthotēs*) da forma composta, ou da doação de uma forma plástica, ao efeito ético ou comunitário que essa forma produz ou contém, por semelhança ou diferença na semelhança, em si mesma. A desinstalação das correspondências seria uma reivindicação mais comum nas práticas artísticas modernas e contemporâneas, não sem deixar de instalar outras correspondências, mesmo que sorrateiramente. De toda a forma, em seu rasgo expressivo e potencial, a mimese, em geral, opera ou conduz esse processo bivalente[4], rastreando (como no alemão, *nachstellen*) o que existe e já é socialmente compartilhado por digestão, mutação, proporção, filtragem, figuração, desfiguração, desvio, mediação, combinação, depuração, distinção, simulação, dissimulação, transformação, aproximação etc. No estudo da mimese, percebe-se, como dissemos, que é sempre preciso retirá-la rapidamente da identificação simplória com a ideia de cópia para se ter uma abordagem mais justa a seu respeito, isto é, como um processo complexo e pouco evidente. Mirar esse processo nos permite refletir sobre o que partilhamos socialmente na experiência e na produção de uma obra, muitas vezes sem nem perceber ou se dar conta. A participação que toda mimese envolve não será foco de filosofias da arte de caráter imanentista, ou seja, em que a obra ganharia o *status* de um ser em si, independente do processo subjetivo de feitura e de fruição. Vemos nisto um problema fundamental, pois ambos, produção e fruição, dependem do processo de relação com o comum e

---

4 De instalar e desinstalar relações temáticas, conceituais, formais, materiais, objetuais, sonoras, visuais, tecnomórficas, tecnoconceituais etc. Não se trata de abolir correspondências, mas desinstalá-las em determinado momento histórico de uma prática artística, a fim de instalar algumas outras ou de manter o mistério (ou aura) de sua atividade.

MIMESE MUSICAL E A FILOSOFIA MODERNA E CONTEMPORÂNEA 143

com a participação ou a ética que a mimese revela. A questão não está tanto em querer não dar alguma autonomia existencial para uma obra, autonomia que, inclusive como singularidade subjetiva, entra em sintonia com nossa visão mimética, mas em tratar a arte como um "em si" descolado da experiência histórica e sensível dos homens em contemplação e em produção, numa ontologia que parece acentuar ideais burgueses, ou então romântico-revolucionários, típicos da modernidade, dentro de um universo de pensamento que vai de Kant a Deleuze. Também não se trata, com isso, de querer atribuir função à arte, mas de englobar a natureza da sua produção e da sua fruição a um contexto de participação coletiva e comunitário mais amplo do que aquele contido nas ideias de indivíduo criador e/ou de uma purificação ontológica da arte baseada no conceito de imanência ou mesmo de transcendência, em que as regras, por exemplo, ganham uma primazia de raiz neokantiana.

Vale pensar em algum exemplo um pouco fetichizado, especialmente no caso da música. Não é difícil perceber que termos como força, figura, energia e potência, atribuídos à expressividade da obra de arte de forma imanente e trans-histórica, ou seja, não associados a qualquer condição sócio-histórica ou ao tipo de conhecimento de uma época, extraídos de outras áreas (de certa forma assimilados e processados pelo artista ou promotor desses conceitos, mimeticamente) – em suma, quando não estão associados à dimensão social, histórica e do comum em que a obra necessariamente se dá, à dimensão evocadora, coletiva e participativa da mimese em jogo na sua produção –, costumam apenas reforçar certa mistificação ou certo fetichismo sobre a obra, juntamente com o de quem a produziu. Veremos como isto se dá no discurso estético de alguns compositores. Pois termos como esses, quando pensados apenas como propriedades ou agentes atuantes na obra de forma imanente, levam a obscurecer o processo inevitavelmente mimético, coletivo e participativo da sua experiência, algo que é, no fundo, o que os termos costumam querer indicar e expressar. Como observamos desde os antigos, mimese e participação formam uma moeda de duas faces, na qual tais propriedades ou termos (como figura, textura, gesto, objeto) podem ser pensados a partir de todo um contexto, sempre muito maior do que aquilo que estaria atuando num suposto "em si" de uma obra. Daí a riqueza de se pensar na mimese como experiência da arte, pois ela reflete o interior de uma obra e de sujeitos como algo que parte de uma situação de compartilhamento coletivo, externa, mas em contínua interação com as singularidades múltiplas da obra e do sujeito. No nosso olhar teórico, trata-se de um âmbito do comum que pode ser assimilado por uma subjetividade singular múltipla e não autônoma, que então produz singularmente (e não cria, de forma originária). Com a mimese, portanto, é possível aliar visões culturalistas e sociológicas a respeito da arte com visões imanentistas ou formais, pois é com a sua consideração aprofundada que esses "polos" de visão podem se associar, sendo vistos como imbricados um no outro. A obra e o artista assimilam do mundo, do que nos é comum, e, ao assimilar (processo que também transforma o que é assimilado), podem se singularizar. O receptor, como sujeito múltiplo, assimila e, ao assimilar e processar o assimilado, pode igualmente se singularizar e enriquecer seu mundo e seu entorno e assim por diante.

Recentemente, a filosofia de Philippe Lacoue-Labarthe (bem fundamentada num diálogo com a de Heidegger) e a argumentação de filólogos mais recentes, além de antropólogos e ensaístas diversos, desenvolveram um entendimento mais aprofundado da tradição de pensamento e da própria vivência da mimese, cada qual com suas circunscrições e interesses. Não se trata, é claro, de encontrar a exata verdade sobre o que é mimese (porque, aliás, sua essência, como vimos, é sempre questionável), mas antes de procurar ser o mais justo possível com toda a riqueza de sua concepção, de sua vivência e de seu pensamento no Ocidente ao longo do tempo. Pois, mais cedo ou mais tarde, acabamos percebendo que seu estudo e sua discussão nos ajuda a pensar com maior distanciamento e amplitude a concepção e a experiência das obras de arte e, entre elas, a música.

Na introdução de *Musica ficta* (*Figuras de Wagner*), um livro dedicado à recepção e tradição de Richard Wagner no pensamento de poetas e filósofos, Lacoue-Labarthe argumenta que a música moderna, desde o fim da chamada Renascença ou com a *seconda prattica* de Monteverdi, teria se tornado mimética novamente[5].

---

5   Vale dizer, para ser justo com Lacoue-Labarthe, que as generalizações da Introdução destoam da profundidade mais cirúrgica, intrincada e elaborada dos capítulos do mesmo livro.

MIMESE MUSICAL E A FILOSOFIA MODERNA E CONTEMPORÂNEA   145

Para além de um suposto uso infeliz do que chama de *musica ficta*, sem nenhuma referência a seu significado conhecido na prática da música medieval, o que chama a atenção é a constatação louvável, ainda que muito questionável por algumas de suas generalizações, de demonstrar a mimese como algo recorrente em obras musicais modernas. No entanto, não é que a mimese já não operasse desde sempre, ou que ela tenha retornado depois de um sumiço, pois ela sempre existiu e existe na música, entendida de uma forma ou de outra. O uso, talvez imprudente, do termo *ficta*, busca vincular a música a todo um campo de significação que se aproxima da ficção, da importância do texto, mas também, como quer o autor, do *fingere* latino ou do *plassein* grego, em suma, do que chama, no seu jogo especulativo, de *figurar*. Vimos e ainda veremos que qualquer ideia de figura ou sobre o que é figural sempre será um sinal importante da ação de processos miméticos. Embora extremamente válida, a sua especulação de caráter genérico apenas sugere o nosso caminho em direção à observação de processos miméticos na música. É que mesmo a ideia de figurar, se pensarmos no *plassein*, pode nos levar bem mais longe do que o que é tratado pelo filósofo francês por meio de seus exemplos musicais; podemos pensar em termos como modelar, dar forma, operar em plasticidade etc., num plano além do reconhecimento de significados, figuras formadas ou da correspondência de conteúdos a formas ou características sonoras.

A música, muitas vezes, pode ser vista como dar forma a sons num sentido plástico e, assim, ideias como figuração ou dar forma poderão se referir também a aspectos mais abstratos e imaginativos, tanto como mais materiais: digamos, ao figural, mais que ao figurativo ou figurado, à materialidade manipulada, mais que aos signos externos, referenciais, aos quais ela pode se associar, outra vez por mimese. Pois, como vimos com os antigos e além, a mimese igualmente se processa na forma ou na materialidade sonora projetada, ou seja, na música puramente instrumental, assim como, hoje, na arte puramente sonora, seja ela vista como imagem, textura, figuração ou por algum procedimento de sua composição ou associação de escuta. É que, nesse texto específico, Lacoue-Labarthe parece não ter um olhar sobre a mimese na música fora do mundo operístico e do *dramma per musica*, onde ela se torna mais evidente por sua relação explícita com a teatralidade, a expressão de sentimentos, os contextos sociais, a metalinguagem e o significado das palavras cantadas.

Por outro lado, o filósofo indica um processo mimético importante, que já havíamos esboçado na primeira parte deste livro: ele vê a busca renascentista de práticas e modelos clássicos para fundar a novidade, o moderno, como um processo mimético de *recomposição*, algo que pudemos constatar com o caso de Nicola Vicentino. É evidente que o reaparecimento e a tradução dos textos clássicos na chamada Renascença, especialmente os de Aristóteles, de Cícero e de tantos autores recuperados, se não aqueles do bizantino Hermógenes, promoveram uma série de reconsiderações quanto a modelos e autoridades, quanto à concepção da própria arte, do uso da palavra e suas possíveis figurações em outros campos. Sem dúvida, ao se falar de música, e por toda sua herança grega como *mousikē*, a ideia de mimese sempre esteve mais próxima a algum plano ou a alguma forma de dramaturgia, como pudemos constatar na sua origem. A ópera pôde e pode ser vista como uma reformulação idealizada da dramaturgia musical do passado, idealização da tragédia grega que chega pelo menos até Wagner, a tal ponto de generalizarmos a questão como um "resgate da mimese". Mas a mimese musical que buscamos estudar aqui vai além da relação que a música estabelece com a palavra e a teatralidade, ao pensarmos nos processos de concepção, escrita, representação, forma, organização plástica dos sons, aprendizado, escuta e expressão, ou seja, também em processos sem vínculo explícito com texto, conteúdo temático, narrativa, encenação ou poesia.

Um grande mérito da introdução de *Musica ficta* (*Figuras de Wagner*) é a indicação enxuta, vital para nossos propósitos, de como a mimese musical se vincula à figuração, à manipulação, à modelagem, à simulação, e mesmo ao processo de forjamento mediante a imaginação. Figura, molde, desvio, manipulação e imagem. Processamentos, enfim, que já pudemos vislumbrar, ao comentar certas tradições ocidentais de discussão sobre mimese na música. Uma prática musical, moderna ou não, nova ou antiga sempre apresentará traços miméticos, independentemente da época, em muitos sentidos e em tipos diversos de processamento, o que é, essencialmente, o que procuramos demonstrar com esse livro.

MIMESE MODERNA, MÚSICA E SOM:
RETRAÇO, SEMENTE E FRUTO DO SUJEITO

Eu não componho, sou composto.

GUSTAV MAHLER

Em um texto sobre a relação entre Richard Wagner e Charles Baudelaire, Lacoue-Labarthe procura, de início, interpretar algumas passagens dos escritos do compositor alemão em relação a outros do poeta francês. Uma interpretação que ele faz dos textos de Wagner, a qual nos interessa, surge da ideia wagneriana de que a música é uma forma-potência, uma forma-força, dotada, por essa razão, do poder de agir e operar. Para Wagner, ela teria o poder de conciliar, unir formas diferentes, sendo supostamente soberana[6]. Além disso, relevaria ou destacaria a ideia, ligada à linguagem, no e através do sentimento. Por isso, a música ofereceria o que chamou de "órgão universal". Esse órgão é órgão "daquilo que há de mais íntimo na intuição do artista"[7], o que podemos vincular, de certa forma, à sua subjetividade ou singularidade. Quanto mais subjetivo o processo que a música permite desenrolar, mais objetivo ele se tornará também como potência universal. Daí Wagner pensar na necessidade de uma estrutura mimética para tal órgão, de uma "plasticidade" que objetive o seu soberano poder subjetivo. Dito de outra forma, quanto mais subjetiva a música, mais universal poderia se tornar, mais puramente humana, mais compartilhável. A literatura não chegaria a esse ponto por depender da língua natural de cada local ou povo.

6 Esse tipo de argumentação que encontramos em Wagner incentivou a tese de que sua obra como um todo seguiria uma suposta dialética afirmativa, unificadora e totalizante, ou mesmo protofascista, um suposto pensamento identitário e uma música sensualista que suprimiriam as diferenças, com efeitos massificadores (algo que teria sido sugerido inclusive por autores como o próprio Lacoue-Labarthe). A suposta tese foi questionada por autores como Alain Badiou, que pretendeu encontrar uma estética e uma ética do fragmento, da transformação e da incompletude em Wagner. Em Adorno, podemos constatar tanto uma defesa como uma crítica à concepção composicional de Wagner. Vale dizer que todo tipo de argumentação dependerá de modos de escuta e da forma como os textos são mais ou menos considerados entre tantos filósofos e escritores envolvidos no chamado "caso" Wagner, que vão de Baudelaire e Friedrich Nietzsche a Lacoue-Labarthe e Thomas Mann, passando por Adorno e François Regnault, entre muitos outros.

7 *Apud* Philippe Lacoue-Labarthe, *Musica ficta (figures de Wagner)*, Paris: C. Bourgois, 1991, p. 43.

Com ela, não haveria como gerar a apropriação universal ou, como diríamos com base na primeira parte do nosso livro, uma participação de caráter universal. Por isso, segundo o Wagner de Lacoue-Labarthe, a música é a arte do sujeito por excelência, pois ela seria o único meio de apropriação totalmente subjetiva. Esse sentido operatório da música visaria realizar a determinação subjetiva da arte (no sentido da metafísica da subjetividade), numa realização comandada pela lógica mimética. Ora, o que observar de diferente nesse tipo de pensamento, já tipicamente moderno?

Podemos dizer que a ideia de um processo de objetivação mimética da suposta dimensão altamente subjetiva da música, o que concretizaria com eficiência seu universalismo, alia a questão da mimese ao da participação, novamente, mas agora sob a ótica de uma suposta primazia subjetiva. Esse sujeito que a música convocaria é aquele que promove a possibilidade de uma participação verdadeiramente universal. Daí a suposta necessidade, em Wagner, de a ideia ser transmitida por essa poesia dramático-musical, ou seja, de uma ideia como mito, em um grande processo mimético. "O mito é a matéria ideal do poeta", "o poema primitivo e anônimo do povo"[8], diz Wagner. Para Lacoue-Labarthe, esse fundo mitológico refletirá toda a questão da identidade do povo-sujeito alemão. E a música se torna o veículo da subjetivação do mito.

Não entraremos no debate histórico e sociológico nem no detalhamento filosófico em questão. O que nos importará aqui é procurar entender como o processo mimético se alia, nesse caso, ao poder subjetivo atribuído à música. O filósofo francês percebe algo diferenciado na reação de Baudelaire ao projeto wagneriano. O poeta francês se submete à obra de Wagner, talvez no melhor sentido da condição de sujeito. Ele não é meramente afetado por ela, ele (e sua escuta) se submete a ela (embora, como diz Lacoue-Labarthe, com certa falsa modéstia, fazendo da submissão uma forma de submeter Wagner a seus temas). Eis a dialética inerente à ideia de sujeito, especialmente em tempos modernos: sujeitar-se e sujeitar ao mesmo tempo: apropriar-se para transformar.

Segundo o filósofo francês, a forma mais nítida da sujeição é dizer "eu" em relação à experiência e ao conhecimento da obra. Mas, como afirma, dizer "eu" está bem além do mero engajamento

---

8   Ibidem, p. 55.

MIMESE MUSICAL E A FILOSOFIA MODERNA E CONTEMPORÂNEA   149

pessoal. Trata-se de uma reivindicação em nome da sua atividade, do seu ofício, no caso, a literatura tal qual concebe Baudelaire, ou seja, em nome da subjetividade daquele que se quer poeta e crítico simultaneamente. Esse "eu" também já não é o produto de um artifício retórico ou apenas lírico, mas o "eu" de um sujeito que se pergunta sobre a própria imagem ou a própria constituição, em face da obra. Como essa música me constitui, afinal? Grande questão subjetiva. A música lhe dá a condição de se re-apropriar e de questionar a si mesmo. Para Lacoue-Labarthe, é o sujeito que espera da música de Wagner seu "meio de identificação", o que podemos ou não questionar.

Talvez nada nos parecerá mais comum ao processo da mimese musical – no sentido mais amplo que temos procurado teorizar – do que isto, visto agora, no período moderno mais recente, como experiência ligada à ideia de sujeito ou de subjetividade, ou de submissão a uma experiência que conduz a uma (diferente da antiga) espécie de participação, dessa vez num sentido mais individualizado. Baudelaire diz já ter conhecido essa música, como se ela fizesse parte dele antes da experiência (ideia que tem certa origem na anamnese platônica, a reminiscência). Essa reminiscência, então moderna, é um processo de re-apropriação subjetiva, oferecendo ao sujeito a possiblidade de escutar a sua língua mais própria (o próprio do sujeito é ser ele mesmo), escutar o que seria uma espécie de língua absoluta para si ou de si mesmo. Em nossa visão, é justamente o processo mimético que permite esse tipo de experiência, por sua capacidade de operacionalizar o efeito subjetivo, também a partir de uma "aura" ou memória partilhada que opera sobre aquilo que se apresenta. Como comentado na primeira parte deste livro, Theodor Adorno evoca a reminiscência ao falar da mimese, como o dado memorial compartilhado, presente tanto no anseio como na experiência da obra de arte. O sentimento de reminiscência provém da sensibilidade para o processo mimético. A desapropriação ou a des-propriedade mimética gera uma re-apropriação subjetiva.

Diz Baudelaire, em outra passagem, mais próxima da sua conhecida ideia de correspondência entre as sensações, que "o leitor sabe qual objetivo perseguimos: demonstrar que a verdadeira música sugere ideias análogas em cérebros diferentes"[9].

---

9   Ibidem, p. 64.

Isso também nos sugere a mimese, como o que é semelhante ou comum entre os homens, a partir do que se compartilha em suas cabeças (diremos, uma mimese como o território comum da *cosa mentale*)[10]. Já a sua famosa ideia sobre o eco entre as sensações de cor, som e perfume oferecerá caminho para uma descrição do próprio lirismo, podemos dizer, por meio de uma subjetividade mimética. Lirismo que residiria na correspondência mimética entre sensações provenientes de sentidos distintos. Assim, poderíamos sugerir um processo mimético presente tanto no que chama de "ideias análogas" em cabeças diferentes como para essas correspondências sensoriais; outra forma de sentir a participação, orientado pelas ideias sobre lirismo do grande poeta. Mas deixemos tal sugestão para o trabalho mais especializado, pois o que nos interessa é apenas apontar a presença da mimese em questionamentos referentes à música ou à experiência do som, especialmente em épocas em que ela costuma ser desconsiderada, reduzida à representação ou escamoteada, como de costume no romantismo e no modernismo.

Voltaremos depois à questão do sujeito e da mimese em Lacoue-Labarthe. Antes, parece-nos interessante apontar um momento anterior da filosofia moderna que revela uma série de sinais do que tratamos aqui por mimese em relação à música, agora com base na amplificação da subjetividade, mesmo que esse momento não se explicite por meio de um conceito ou pensamento próprio da mimese ou a trate apenas via representação. Tendo mencionado a questão em Arthur Schopenhauer na introdução deste livro, comentaremos brevemente a parte referente à música na *Estética* de Hegel, lembrando o fato de que ela foi publicada postumamente e alterada por seus seguidores.

A ligação da música com uma ideia de interioridade subjetiva parece fundamental para pensar seu modo de *apresentação/*

---

10 Lembro-me de uma discussão com o querido Jacó Guinsburg, quando ele, no auge da sua sabedoria, disse-me que a mimese é simplesmente o que está na nossa cabeça. A frase, jogada como um filosofema vívido e solto, deixou-me pensativo. De um ponto de vista mais científico, a descoberta dos neurônios-espelho, na década de 1990, abundantes no ser humano, dá um respaldo enorme a qualquer teoria mimética. A mente imita a ação que os olhos observam ou os ouvidos escutam, isto é, os mesmos neurônios ativados na ação são ativados em quem observa ou escuta a ação. Mais um motivo que nos ajuda a entender que, ao falar de mimese, entramos num nível especular bem mais básico e amplo do que o da representação.

MIMESE MUSICAL E A FILOSOFIA MODERNA E CONTEMPORÂNEA   151

representação efetivo junto do sujeito, (ou seja, em nossa visão, seu procedimento mimético, como *Darstellung*, a partir do efeito do que se apresenta)[11]. Para Hegel, para que o interior possa se manifestar como interioridade subjetiva, os materiais utilizados não podem ser permanentes e aparentar independência objetiva, como na pintura ou na arquitetura. O fato de o som desaparecer rapidamente o torna o melhor candidato a essa contínua absorção na subjetividade (de conteúdos, de expressão, de vida interna), sendo isto o que caracteriza a música, segundo ele[12]. Ela é um modo de *apresentação/representação* no qual o interior, manifesto como interioridade subjetiva, vale-se de um material que não existe por si mesmo. O que isto quer dizer?

No caso do som e da música, o modo de apresentação é diferente, pois baseia-se, no seu ser-para-outro, na evanescência, no devir da presença contínua, na efemeridade e na contínua desaparição, não num material existente de forma fixa ou por si mesmo. O som afeta o ouvido e logo se extingue. Não tem uma objetividade ou uma existência permanente. E mais: para Hegel, o som é uma dupla negação da objetividade (primeiro, da espacialidade do objeto (e em geral); segundo, pela reação não pacífica de quem o recebe, pois some de si mesmo, em um devir aniquilado pela própria existência). Daí sua correspondência direta à subjetividade ou interioridade subjetiva, também porque a sonoridade (ou "ressonância"), ao soar de forma efêmera, abriria mão de sua existência mais ideal (maior nela do que em outras artes, nas quais há uma corporeidade concreta do objeto), tornando-se assim um modo de expressão mais adequado à interioridade (vista como mais concreta, portanto)[13].

---

11 A música aspira "a interioridade subjetiva enquanto tal" ("subjektive Innerlichkeit als solche"). G.W.F. Hegel, *Vorlesungen über die Ästhetik*, parte 3, 2, sobre a música.

12 É necessário um material que, em seu ser-para-outro (*Sein-für-Anderes*), seja inconsistente (*haltlos*) e desapareça já no seu nascer e existir.

13 A ideia de Hegel sobre um devir autoaniquilante do som poderia reencontrar, apenas por comparação nossa de pensamento (insustentável dentro da compreensão do sistema hegeliano, é evidente), a mimese entendida recentemente como desinstalação ou desconstituição. Por exemplo, podemos senti-la com o conceito de *désistance*, tal qual desenvolvido por Derrida, a partir de como a mimese aparece em Lacoue-Labarthe, embora nesse conceito não haja nenhum tipo de negação envolvido, seu pensamento não sendo estritamente dialético. Desinstalação ou desistência mimética, campo que, entre outras coisas, busca esboçar um sentido global para a relação intrincada entre sujeito, (in)verdade e ▶

152

Pensemos, portanto, numa interioridade sem objeto que se deixaria exprimir pelos sons, inclusive porque o som não está aí no modo de uma presença que subsiste. Por meio dele, a música só se dá na medida em que é interiorizada pelo sujeito, em que faz ressoar o modo e a maneira como o si mesmo mais interno (*das innerste Selbst*) se move em si, segundo sua subjetividade e sua alma ideal. Por isso, ela poderá ser vista como antimimética, especialmente em relação aos esquemas do Iluminismo, mas apenas uma vez que a mimese seja vista só como representação objetiva e não como relação entre *apresentação/exposição* (*Darstellung*) e sujeito. Para Hegel, a interioridade sem objeto parece constituir a forma sensível da música em relação ao seu conteúdo espiritual (subjetivo em si mesmo ou sem objeto (concreto ou ideal)) e ao modo de expressão da música. Daí a música incluir, de um lado, a expressão da interioridade do sujeito, e, de outro, um "rigoroso entendimento" formal (enquadramento métrico (ritmo e compasso) e uma construção harmônica baseadas em leis quantitativas). Algo interessante, em Hegel, ao perceber uma aproximação da música com a arquitetura, é que esses polos podem se emancipar. Como ele diz, quando desligada da expressão de sentimentos, "a música se lança a construir por si mesma, com redobrada imaginação, um verdadeiro edifício de sons musicalmente regrado"[14]. No entanto, como os meios (da música e da arquitetura) são distintos, a música se aproximaria muito mais da subjetividade, pois o "mundo fugitivo" dos sons penetra o ouvido até o interior da alma para nela despertar emoções simpáticas. Já vimos a ideia de simpatia como elo mimético entre alma e estruturas sonoras, em Aristóteles (como Hegel lia grego, deve ter se apropriado disso), algo mais profundo ou "natural" do que o efeito da mera significação ou da representação, por exemplo.

No entanto, se a mimese for vista apenas como representação objetiva, a música em Hegel é uma experiência essencialmente

---

▷ mimese, na qual a mimese não tem uma essência definível, sua atividade sendo mais da ordem da desistência de qualquer revelação (*aletheia*), não operando por instalação de conteúdos de verdade ou essenciais. Assim, poderíamos especular que o som escutado (não o mero barulho atormentador) também poderia ser considerado uma espécie de *mimo* de nada, reivindicando seu poder de desinstalação e de inadequação à verdade, entre outras coisas, por causa da *desistência* contínua de si mesmo, da própria forma de *ek-sistência*, de existir ao se extinguir.

14 G.W.F. Hegel, op. cit., na parte sobre a comparação com a pintura e a poesia.

MIMESE MUSICAL E A FILOSOFIA MODERNA E CONTEMPORÂNEA

antimimética. Mas, como toda arte em Hegel, a música necessita do vínculo entre a forma sensível e o conteúdo espiritual (algo que se situa, em nossa teorização própria, no plano do que chamamos de mimese). Até porque, para ele, se a música não expressa ideias, certamente expressa o espírito via sentimentos (o sujeito que aparece na música). E sua argumentação sobre ritmo nos faz lembrar da mimese nesse sentido mais amplo, da forma da sensação e do sentimento, e do ritmo ético no sentido grego, já que, como expressão do tempo, o ritmo efetua a identificação entre tempo do som e tempo do sujeito, ou seja, expressa a forma sensível como forma da sensação e do sentimento (de temporalidade ou de um conteúdo para o sujeito).

Uma vez que mencionamos a questão do ritmo, outro lance de interesse na estética musical de Hegel é relacionar a interioridade subjetiva não apenas com o som e sua natureza penetrante, mas com toda uma ideia própria sobre o tempo. Kant havia definido o tempo como intuição pura de sentido interno. Para o Hegel da *Estética*, todos os três (interioridade subjetiva, som e tempo) têm em comum o fato de serem unidades negativas. E o que significa ser uma unidade negativa? Negativo pode ser entendido, entre outras possibilidades, como o que é contra o igual a si mesmo, ou a aquilo que tem seu não ser em si mesmo (um caso demonstrativo, mas redutor, com uma intenção apenas ilustrativa: o tempo se dá na relação de oposição dialética entre presente e futuro, não há, de fato, o presente e o futuro simplesmente positivados, o que há é a contradição dialética entre ambos). Ou, o tempo, como o sujeito e o som, faz-se desfazendo-se, daí sua negatividade. No que diferem então som, tempo e interioridade subjetiva, segundo a *Estética*?

Enquanto o tempo seria uma unidade negativa ideal, em exterioridade, a interioridade subjetiva desfaz continuamente sua idealidade e permanece interna. No jogo conceitual de Hegel, o "eu" existe no tempo e o tempo é o modo de ser do sujeito. Ou seja, o sujeito é temporal. Já o som, dado que é temporal como o sujeito, penetra como presença contínua no eu[15], apreende o

---

15 A vitalidade da presença do efêmero ou do momento em relação à música poderá se associar ainda ao que Hegel pensou da melodia em outros escritos. O gosto explícito de Hegel pelo que chamou de melodia (sendo ela, nesse caso, um conceito filosófico, mais do que técnico ou musical) parece centrado nessa ideia de que a melodia expõe a felicidade por meio de uma espécie de devir do presente não articulado, não demarcado ou conceituado (dito de outra forma, ▶

154

eu na sua existência mais básica ou simples, pondo-o em movimento através da sucessão rítmica (movimento, em Hegel, pode ser visto como relação dialética entre tempo e espaço).

Outras figurações que expressam sentimentos (atentemos para a palavra "figuração" por ele usada, o que, como sabemos, pode indicar algum processo mimético) completariam o efeito do ritmo, promovendo o conteúdo necessário que uma música deve ter, para além da forma arquitetônica de sua construção. Hoje, costumamos questionar a ideia de expressão de sentimentos, embora precisemos observar melhor o que Hegel entende por isto.

O autor alemão também relativiza a antiga correspondência direta entre conteúdos éticos ou sentimentos da alma e estruturas musicais. Ele critica o poder atribuído à música pelos antigos, como o de domesticar animais selvagens, levar os homens a certas disposições de ânimo e assim por diante. Diz ele que um conteúdo ético como a coragem não nasce dos sons das trombetas e dos rufos dos tambores. Esboça-se, de certa forma, o desejo moderno de ruptura com a instalação de uma correspondência fixada e inerente entre ação moral e estrutura musical, associada à mimese de origem pitagórica. A missão da música seria, para Hegel, fazer ressoar o eu mais íntimo. Seu efeito, como para os antigos, dá-se entre almas. É a arte que se serve de uma alma para agir sobre outras almas. A ação sobre as almas, como processo de compartilhamento, não está isenta, portanto, de alguma preocupação ético-mimética, como nos antigos. No entanto, para o filósofo, os sentimentos da alma têm apenas certa correspondência com as atividades dos sons ou, como diz, *uma vaga simpatia*. Segundo ele, embora seja capaz de uma ação profunda na alma, a música não faz uma pessoa agir de tal ou qual maneira a partir de seus sons, como muitos antigos acreditavam. Para Hegel, a música tem por tema a vida interior por si mesma e com o objetivo de se apresentar como tal vida interna, sua expressão deve ser a comunicação (*Mitteilung*) de um indivíduo vivente que nela deposita toda sua vida interna. Esse sentido de comunicação, assim como a sua forma de destacar a expressão artística via apresentação

▷ o presente vazio é preenchido pelo futuro). O exemplo do canto de passarinho seria claro nesse sentido, mas também parece ser sentido nos momentos, por ele descritos, em que o canto se desprende do texto nas óperas e ganha vazão puramente melódica.

MIMESE MUSICAL E A FILOSOFIA MODERNA E CONTEMPORÂNEA

(*Darstellung*), não poderia nos remeter novamente para algo próximo ao campo mimético mais amplo de que temos falado, a participação e a efetivação do sujeito num nível não conceitual e não apenas representativo (da *Vorstellung*)? Claro que, ao nos perguntarmos, estamos extrapolando o sistema de Hegel, mas a ideia aqui também é fazer isso, ou seja, pensar a nossa visão a partir de Hegel, e não apenas *sobre* Hegel e seu sistema.

A partir dos tempos modernos, portanto, a relação entre sujeito e música ganha grande relevância, inclusive quando não é verbalizada. Lembro-me de o compositor Brian Ferneyhough dizer, num curso de composição de 2002, que ainda acreditava no "Sujeito", ao pensar na criação musical. Veremos em parte como isso se dá em seu discurso escrito mais adiante, ao abordarmos o conceito musical de figura em tempos recentes. De toda a forma, pela nossa visão, poderemos dizer que o sujeito se torna a condição da própria produção singularizada, pois assimila e produz de forma singular via desapropriações e apropriações efetuadas a partir do terreno comum no qual se opera o que chamamos globalmente de mimese.

Mesmo em tempos pós ou hipermodernos, nos quais a grandiosa aura que o indivíduo criador adquiriu desde o século xix se torna praticamente insustentável – aquela que identificava e ainda identifica gênio e indivíduo, indivíduo e criação original, criação e expressão etc. –, a forte relevância do sujeito no processo mimético da música parece persistir, ainda mais quando o sujeito não é mais visto como um centro solar, uma coisa ou consciência privilegiada, mas como um processo, como algo fraturado (Costa Lima), esvaziado, dividido, ausente (Lacoue-Labarthe), ou como singularidade processual "local", sem universalismos nem relativismos purificados, onde representações, sensações e afetos podem ganhar valores infinitos ou indefinidos *a priori* (Aldrovandi). A presença da ação do que podemos chamar de sujeito é inegável (na qual se combinam singularmente recepção e produção), mesmo com qualquer tentativa de sua ocultação, seja nas artes, nas ciências humanas, e talvez até nas ciências exatas, cada qual merecendo investigações próprias e diferenciadas. A questão sem resposta plena é sempre indagar o que o sujeito significa nesses processos, sendo sua essência tão questionável quanto a da mimese, e mais, qual é e por que a frequência de se procurar estabelecer sua relação fundamental com a mimese.

Estaremos longe de cumprir a tarefa. Em parte, já respondemos a ela de modo rudimentar, com nossa concepção do sujeito. Mas, mais do que elaborar uma teoria intrincada do sujeito, indicaremos apenas alguns aspectos da relação entre sujeito e mimese, tal como os concebemos, que nos ajudarão a pensar na experiência da música.

Se a mimese, como *cosa mentale*, parece ganhar terreno entre pensadores e artistas modernos[16], a impressão interna, como marca subjetiva, parece de novo atada à experiência musical. No ensaio "O Eco do Sujeito", Lacoue-Labarthe elabora, para dizer de forma genérica, um intrincado pensamento sobre o sujeito e a mimese com fundamento na ideia mais global de ritmo e de obsessão musical. Para tanto, parte de um questionamento sobre a frequente relação entre compulsão autobiográfica e obsessão musical, observável em diversos autores modernos (escritores e filósofos, o que, sem dúvida, poderíamos estender a muitos músicos e poetas). Compulsão em querer inscrever-se como sujeito, sendo o sujeito atormentado por diferentes obsessões musicais. Neste registro, as obsessões musicais de Agostinho, autor que o filósofo não cita, podem aparecer ligadas à sua atividade confessional, ao seu sujeito retoricamente talhado pela *confessio* ou credo (mantendo ciência de que não podemos encarar suas ideias e o próprio uso do termo *subiectum* com uma concepção de sujeito tal qual entendida por nós, autores modernos).

Essa conexão muito interessante percebida por Lacoue-Labarthe, entre compulsão autobiográfica e obsessão musical, pode ser igualmente observável em certo campo discursivo da música, povoado de conflito narcísico e rivalidade mimética. Podemos observar tais aspectos no discurso costumeiramente autolegitimador, mais ou menos retoricamente talhado, razoavelmente comum no discurso de alguns compositores. E podemos notar com certa frequência, não sem causar bem menos interesse, discursos menos sofisticados, não raro pretensiosos ou narcisistas, em que a compulsão autobiográfica ou a pretensão de autoinscrição histórica está vinculada à obsessão musical ou rítmica, parecendo, assim, pulular de forma mais caricata ou

---

16 Referência à famosa frase de Leonardo da Vinci, que nos é extremamente útil para se pensar a mimese: a pintura é coisa mental ou tem o seu quê num processo mental.

MIMESE MUSICAL E A FILOSOFIA MODERNA E CONTEMPORÂNEA 157

exagerada do que em outros meios artísticos, em especial em algumas manifestações de compositores, poetas ou maestros. Algo que, quando não é visto só por sua comicidade ou pretensão universalista, e cujo foco é basicamente o de uma legitimação artística, histórica, institucional, ou então a de uma autodesignação de importância, pode chegar com menos dificuldade ao ponto da rivalidade, da neurose, do exclusivismo, da megalomania, da mentira, do exagero, ou até da estupidez e da patologia mental. Quem já estudou em certos ambientes acadêmicos da música e da crítica teórica decerto saberá do que estamos falando[17]; e, em nosso caso local, há o agravante, com frequência incutido em certa mentalidade, de termos sido historicamente não apenas colônia, mas colônia de exploração, distante dos grandes centros de maior produção da música, os quais costumam servir de modelo de projeção da rivalidade mimética (no sentido girardiano). Talvez a natureza tão subjetivada e interiorizável da música e do ritmo também intensifique tais atitudes, assim como o papel do ritmo em relação ao éthos, ao caráter, no sentido que iremos discutir a partir, entre outras coisas, do levantamento de Lacoue-Labarthe.

O conjunto de autores citados por Lacoue-Labarthe, os quais apresentam essa correspondência entre compulsão autobiográfica e obsessão (ou frustração) musical, é amplo: Jean-Jacques Rousseau, Friedrich Nietzsche, Theodor Reik, Thomas Mann, Jean Laporte, Gérard de Nerval, Marcel Proust etc. A regularidade desta relação entre compulsão autobiográfica e obsessão musical também aparece em personagens literários, como em *Le Neveu de Rameau* (O Sobrinho de Rameau), de Denis Diderot, em Ernst Hoffmann, Stendhal, Hermann Hesse, Michel Leiris etc. O que essa alta frequência indicaria, afinal, como conflito mimético dos mais impiedosos? Nietzsche *contra* Wagner, a frustração de Rousseau, a obsessão em Thomas Mann etc. Temos aí um belo levantamento crítico feito por esse filósofo francês. Independentemente da forma como encontra uma resposta, a alta frequência seria um mero acaso ou indicaria uma necessidade ou

---

17 A aberração autobiográfica ou autolegitimadora costuma ser agravada pelo contexto acadêmico no qual autores passam a se tratar ou são tratados como autoridades, ou seja; numa condição de crítico em potencial de tudo e de todos, sempre a partir da posição de alguém incriticável ou dogmático.

determinação mais profunda da relação mimética da experiência musical com a subjetividade?

Como o filósofo francês encontra um caminho para responder a isto? No caso do seu ensaio, será pelas especulações psicanalíticas um tanto frustradas de Theodor Reik. Por meio delas, Lacoue-Labarthe procura encontrar um caminho de entendimento para a associação frequente entre compulsão autobiográfica e obsessão musical, não sem afirmar que a problemática já se encontra nos próprios escritos do psicanalista. O tão menos conhecido Reik buscava encontrar uma essência musical do sujeito, em especial por intermédio de um fenômeno significativo e evidentemente mimético: o *earworm*, o evento catacústico ou, como traduzimos em outra oportunidade, a minhoca auditiva; aquela melodia ou sonoridade que aparece de maneira obstinada em nossa mente sem que a busquemos de modo consciente. Seus livros partem da ideia de uma autoanálise ou da busca do desenlace de uma intriga autoanalítica (num estilo que revela intensa compulsão autobiográfica) com base nesses fragmentos melódicos repetitivos que nos aparecem de forma involuntária na mente e que, com frequência, buscamos cantarolar e imaginar.

(Para nossos propósitos, pularemos aqui toda a descrição da autoanálise de Reik e resumiremos bastante as coisas, talvez até de forma um tanto grosseira, a partir de nosso entendimento global do texto, e também por causa do nosso interesse maior; é claro que isto significa correr o risco de não ser completamente justo com o texto detalhado e cheio de dobras do filósofo francês, cuja leitura recomendamos com veemência, mas que se justifica pelo nosso intuito principal que é procurar jogar um lance de pensamento próprio sobre a relação entre mimese, sujeito e escuta musical, mais do que sobre a questão propriamente filosófica ou psicanalítica do sujeito.)

A sua prática analítica envolvia uma espécie de autoanálise e uma escrita sobre si mesmo: a autoconfissão do analista a partir de suas minhocas auditivas. Reik procurava entender a relação inconsciente que se estabelecia entre determinados fragmentos musicais e determinadas figuras projetadas (pessoas, objetos). Segundo Lacoue-Labarthe, a operação mental que gera na mente figuras fictícias a serem relacionadas ou confrontadas entre si (como as imagens/nomes, na nossa mente, de pessoas ou coisas, seja em sonho ou na estrutura inconsciente desatada por um fragmento musical rememorado e insistente) faz com que essas figuras fictícias formadas na mente (*Gestalt*) possam entrar em oscilação constante, num movimento de desestabilização que percorre de modo contínuo a distância de uma à outra, em um processo inconsciente que o sujeito opera com a finalidade de se constituir ou de se estabelecer de forma simultaneamente mimética e narcísica. A oscilação refletida, constante, obstinada entre figuras mentais fictícias, que se relacionam nas teorias psicanalíticas em forma de espelhamento simétrico (o quarteto lacaniano ou o sexteto reikiano, por ele explanados), promoveria como efeito exteriorizado possível a compulsão autobiográfica. O movimento oscilatório *entre* figuras espelhadas, que se efetua na forma de uma rivalidade mimética-narcísica, a qual, por sua vez, embaça ou cria uma abertura na divisão (mais freudiana) entre imaginário e simbólico, entre o verbal e o figural, assemelha-se ao que ocorre num ritmo musical ou é um ritmo por si mesmo. A obsessão musical é uma obsessão fundamentalmente rítmica, seja porque o ritmo é caracterizado por figuras *típicas* em movimento reflexivo (modelos, exemplaridade), seja como uma pulsação ou repetição marcada por uma cesura ou suspensão, o que nos aproximaria mais da obsessão com melodias.

Como algo pré (ou ante) figura, o ritmo também pode se vincular ao sentido mais materialista e terreno da origem da palavra (*rhuthmos*), como condição de possibilidade ou mesmo sinonímia para o *tipo*, o caractere, a forma das letras antes da figura associada à palavra, o selo ou a marca (no alemão, *Gepräge*, a impressão distintiva, no sentido tanto da marca como do caráter). Ritmo como o que antecede e antepõe continuamente as figuras, ou como o que representa o entrefiguras, e, assim, aquilo que possibilita, em um campo transcendental, a alternância mais ou menos regular ou obsessiva das figuras no tempo.

Segundo Émile Benveniste, na concepção grega de ritmo – do tipo à figura, do tipo à disposição, ao humor ou ao caráter – há toda uma filiação. *Ruthmos*, que para o linguista indicaria a forma tomada pelo que está em movimento, forma sem consistência orgânica, improvisada, momentânea, modificável, temporal, pode se associar ao que hoje chamaríamos de sujeito ou Eu, mediante a ideia da formação ou da impressão do caráter.

O caráter de alguém pode ser revelado por uma marcação ou pelo ritmo de movimentos corporais, afetivos, de seus humores e conteúdos éticos colocados em prática. Segundo o fragmento de Arquíloco, por exemplo, o ritmo é aquilo que sustenta o homem em suas ligações e, em particular, o "substrato de suas palavras", ou seja, de suas figuras.

O ritmo é, por assim dizer, o que manifesta, dá forma, torna perceptível o éthos como caráter[18]. Não cessa de designar o "ético", como diz Lacoue-Labarthe, porque, como pré-inscrição que nos conforma de entrada, ele nos determina ao nos desapropriar e nos torna inacessíveis a nós mesmos. Diríamos que o ritmo recorta o tempo vivido da nossa relação com as pessoas, com as coisas e com nós mesmos. Por isso, ele é um fator ético fundamental.

Sua adequação simples à vida do homem virtuoso é uma das necessidades platônicas, isto para que não haja dissimulação na sua conduta. O ritmo imita ou indica o caráter de uma pessoa, não a figura. Ou o caráter é dado pelo ritmo. Para o Platão de Lacoue-Labarthe, o ritmo adequado, ao trazer à tona a unidade e a natureza do éthos, pode livrar o homem da dissimulação. Mas a falta de ritmo ou arritmia pode trazer à tona a heterogeneidade, a complexidade, a falta de adequação ou sustentação ética

---

18 Vale lembrar que, desde Arquíloco, o sentido do ritmo para os gregos sempre foi inseparável de uma ética, no sentido do bem viver. O ritmo humano reflete o *éthos*, sempre atado a uma relação com o corpo e seu comportamento no tempo (ao contrário de termos como harmonia, cujo contexto costuma ser mais cosmológico e menos terreno). O ritmo é da matéria, da terra, do homem, constituindo uma relação especial com o que é sensível. Ele pôde ser entendido de diversas maneiras: como ordem do movimento (Platão), configuração particular do que se move (atomistas), forma espacial temporalizada, forma que algo toma no tempo, forma à medida que é transformada no tempo etc.: o ritmo tem, portanto, toda uma plasticidade de significados nos autores gregos, sempre indicando uma relação entre tempo e espaço, entre fluxo e parada. Uma realidade mista (a *metaxu*, de Platão), nem pura essência (já que muito fluido), nem puro fenômeno ou aparência (já que formal). Há um ritmo vivido e é dele que se trata ao falar em ética: dito de forma genérica, viver bem ou eticamente depende de bons ritmos do corpo, ao lidar com outras coisas e pessoas. Podemos então pensar num ritmo ético que surge na escuta de uma composição musical, quando nos deparamos com uma condução ética dada pela forma/conteúdo da obra, em que atua uma zona de indistinção mimética efetiva, na qual o ritmo é mais vivido como uma condução inaudível projetada eticamente e assim compartilhada, não apenas musicalmente. O meu sujeito de escuta sente isto em boa parte das obras de Helmut Lachenmann ou de Giacinto Scelsi, por exemplo. Voltaremos a casos concretos e à discussão sobre essa zona de indistinção mimética que teorizamos mais adiante.

(*askhèmosunè*). Ritmo que não é apenas uma categoria musical, nem propriamente algo equivalente à figura, portanto, mas algo entre pulsação e figura que designa o ético e que seria, assim, uma espécie de a-fundamento que pode levar a explicar algumas formas de obsessão subjetiva. Ou, ainda, algo que marca um tempo improvisado, fluido, mas relacionado com a forma ou a medida, sem ser o puro fluxo heraclitiano. Antes, a palavra já implicaria o tipo, o selo ou a impressão, a pré-inscrição que nos determina pela desapropriação (*desistência*) do que é figurado (ou representado) em, para ou por nós mesmos. Daí o salto que Lacoue-Labarthe dá em relação a Heidegger. O ritmo, na verdade, envolve um processo de figuração e desfiguração incessantes que jamais se estabiliza numa figura fixada. Seríamos ritmados, digamos, se conseguíssemos ser nós mesmos, antes das figurações que se nos impõem. Assim, o ritmo poderia indicar a origem ou a ossatura dos processos e conduções miméticos – onde o retrato ou a (re) apresentação é mais (re)tratamento ético, retraimento ou retraço dinâmico de um si ou entre "sis", entre sujeitos –, mais do que a designação de alguma figura estável ou identitária.

Caberá aqui o pensamento que se vale de todo o anacronismo de Lacoue-Labarthe, combinado ao nosso anacronismo, ao recuperar ideias antigas e combiná-las ao sujeito tal qual o entendemos hoje. De certa forma, então, o ritmo é o que está na base da obsessão musical, ou no surgimento de uma minhoca auditiva em nossa mente, por exemplo, na medida em que o sujeito faz do trecho musical e a sua repetição involuntária a expressão desse gesto contínuo de oscilação ou movimento inconsciente entre figuras ou conteúdos subjetivos, entre figurações e desfigurações, na busca narcísica e mimética de sua constituição como sujeito. O ritmo é aquilo que faz oscilar a figuração e a desfiguração. Ele seria um estágio anterior, instável, mas não caótico.

Pode-se sintetizar a nossa leitura do texto "O Eco do Sujeito" dessa forma, entre outras possíveis, sempre lembrando do nosso modo enviesado e re-apropriado, portanto. A experiência da mimese vinculada ao sujeito e à escuta que pretendemos propor, a partir desse texto, entre tantos outros que temos nos apropriado, sem tê-lo como forma de justificação (pois aqui o que se discute encontra-se em outro âmbito, com outra preocupação), é a seguinte: sem precisar dispensar o que vimos com pensadores antigos, adicionando apenas a questão do sujeito (para nós, visto como encruzilhada processual singular de ação e recepção dado tanto na escuta como na obra, no qual se dão processos de apropriação e desapropriação), podemos conceber um teor *mimético em si mesmo* da experiência musical como uma orientação ou condução insensível e indistinta do que se apresenta como sujeito ao sujeito-de-escuta, como elemento espiritual compartilhado que está por trás do sensível apresentado, mas também no sujeito que se dá no receptor, sem ser perceptível ou destacável de forma clara e que de alguma forma se compartilha em nossa sujeição, seja por *simpatia* ou, como queremos, por *dipatia* mimética[19].

Usemos uma imagem oferecida por Reik, citada por Lacoue-Labarthe, para descrever o paradoxo da revelação da operação mimética em ou por si mesma: a visão de pessoas dançando numa distância suficiente para não ouvirmos o ritmo ou a música que elas escutam ao dançar. O que se revelaria, para Lacoue-Labarthe, é a mimese em si mesma, o que, para nós, passa a ser visto como um guia indistinto ou uma condução indistinta de um ritmo ético in-sensível (para além da música em si, ou seja, igualmente como marcação ética condutora ou de conduta) que não é sensível (no caso, inaudível), cuja ausência sensível faz com que senso de realidade e ficção, repetição e diferença, não possam ser discernidos, ao menos não no momento da experiência. De certa forma, é o ritmo, no sentido amplo e com origem nos antigos, aquele que revela, manifesta e torna perceptível o *éthos*, que aqui ressurge transfigurado por nosso pensamento moderno sobre o sujeito, como rasgo ou fissura mimética, fazendo fantasma ou figuração e senso de realidade se confundirem sem haver distinção.

---

19 O retraço mimético é aquele que também gera diferença. Daí sentirmos alguma falta de um tratamento mais aristotélico da questão rítmica, no texto de Lacoue-Labarthe, pois, ao tratar da mimese em relação ao ritmo, no texto "O Eco do Sujeito", seu pensamento é movido somente por exemplos platônicos, o que parece levá-lo a identificá-la a uma ideia de significância, mais do que de simpatia ou dipatia (algo que se refere a comunidade ou compartilhamento de afetos por semelhança ou por diferença). Como vimos, Aristóteles considera mais básica e "natural" a ideia de simpatia, para ele especialmente atuante na música, do que a ideia de significação, que seria mais artificial e intelectualizada. Em nossa teoria, a ideia de *di-patia* procura dar valor ao que pode ser produzido como diferença/repetição, mediante a singularidade de cada sujeito, procurando, assim, fugir do senso de que a mimese se daria apenas por meio da identidade ou da semelhança, ou da representação, num sentido mais restrito.

MIMESE MUSICAL E A FILOSOFIA MODERNA E CONTEMPORÂNEA 163

O assombro do ritmo insensível, mas atuante, operatório, na ordem do que nos é comum ou participativo (como uma estranheza provocada, o *unheimliche*, termo de difícil tradução, algo como a estranheza no que é familiar ou fenomênico, o "fantasmático"), vem do fato de esse ritmo oculto ser a pré-condição de qualquer figura; ou mais, sua ausência sensível causa estranheza, porque ele demarca a repetição, isto é, a restrição temporal como fator de diversificação a partir do qual podemos nos dispor no real. Assim, é na sua in-sensibilidade que ele poderá ser considerado ou intuído como uma imagem para o processo mimético por si mesmo. Trata-se do próprio ato do retraço, da retração, da fissura mimética como campo do inapropriável. A ausência sensível, mas eticamente condutora, desde a qual há mistura entre o que se apresenta e o que se representa, quer dizer, a ausência da repetição (no caso do exemplo, como ritmo da música), segundo Lacoue-Labarthe, revelaria o irrevelável, ou seja, a mimese em si mesma.

No caso da experiência de escuta que queremos discutir e teorizar, alegamos que tal ritmo de caráter ético in-sensível nos faria sentir o comportamento e as transformações do modo de ser dos próprios sons, assim como do que eles evocam; um ritmo no sentido amplo que vimos desde os gregos, vivido eticamente, até certo ponto condutor e in-sensível, que promoveria uma ética implícita ao que é sonoro numa composição[20].

Mais do que uma mimese evidente, vista como suposta relação imitativa de corpos ou de marcas simplesmente sensíveis, partindo de certas figurações ou formas de nosso conhecimento, a projeção ética in-sensível do ritmo (com sua atuação fantasmática condutora

20 No nosso caso, extrapolando as ideias de Lacoue-Labarthe, o que nos permite elaborar uma visão própria, imagine, para o exemplo citado, que as pessoas dançando sem que se ouça a música sejam os próprios sons, cujos comportamentos, modos de ser e transformações seguem, de alguma forma e em alguma medida, um ritmo oculto pré-figural que não podemos perceber simplesmente com o sentido da audição, nem mesmo conceber ao certo, sendo esse ritmo gerador da base ética-afetiva da composição. Não se trata de uma questão de forma, de conteúdo ou de estilo, portanto, mas de uma condução não linear, não universal e não absoluta, nem totalmente relativa, que acontece a partir do que nos é comum; essa condução rítmica tem tais características porque depende tanto do sujeito da obra (como algo relativamente objetivo para o receptor, e que interage a partir do que nos é comum) como do sujeito de escuta no receptor (que também é algo relativamente objetivo para a obra, e que interage a partir do que nos é comum).

no que é, de fato, sensível) – como no caso da cena muda da dança, ou então na ausência da percepção de uma alternância de figuras estabelecidas, reconhecíveis – nos faria sentir, por paradoxo, o que seria a mimese por si mesma: uma atuação em certa medida condutora, pré-figural e operatória da fissura ou do retraço mimético, que gera uma zona de indistinção entre o senso do que é real e do que é figuração, ou entre realidade da ficção e ficção da realidade, ou, ainda, da indistinção entre o que se apresenta e o que se representa, ou mesmo entre sensação e sentido, ou – para ampliar ainda mais o escopo (por que não?) – a indistinção entre o que costumamos chamar de natureza e de cultura, ou, mais, a indistinção entre o que se instala e o que se desinstala no processo de produção e recepção da arte ou de uma experiência estética qualquer e assim por diante; tudo pelo ritmo como rasgo mimético de base ética. Essa ideia sobre uma zona de indistinção eticamente condutora seria apenas uma forma de tentar pensar o impensado, ou talvez o impensável, sobre a atuação da mimese na escuta, a mimese por si mesma, ou seja, como limiar, *peras*, re-traço ou fissura retraída, abandono ou desistência, com os quais se pode figurar e desfigurar rítmica, dinâmica e continuamente. Por meio do ritmo, a mimese, no lugar de produzir rostos, *eidos*, figuras estáveis, produz expressões sempre a ponto de se decompor. Ou podemos ver por outro ângulo. Guiado pela mimese, o ritmo não tem lei de aparência, já que se aloja e atua no cruzamento do re-traço, no seu caráter de limite (*peras*). Daí a *histerese*, a retração, o recuo da mimese, que, com a ritmicidade, também pode ser vista como ameaça para qualquer aparição de figuras estáveis.

ZONA DE INDISTINÇÃO MIMÉTICA E EXPERIÊNCIA DE ESCUTA

Como forma de expor a nossa ideia de que a efetividade da mimese se dá via uma zona de indistinção entre senso de realidade e figuração, apresentaremos aqui o relato de uma escuta musical. Um caso em que o sujeito de escuta se acopla ao sujeito da obra numa mimese de recepção, *retraçando* seus caminhos, via *desapropriação*. Pode-se dizer que o re-traço mimético é a obscuridade própria de um movimento, aquilo que é impróprio

MIMESE MUSICAL E A FILOSOFIA MODERNA E CONTEMPORÂNEA   165

e incapaz de formar figura. É a desistência, como na metáfora, segundo Derrida, mas também o "redesenhar", o traçar de novo que desfigura as coisas prontas. Darei um exemplo pessoal, e até um tanto recente, de sujeição inevitavelmente própria (singular, mas não privada ou autônoma), entre muitas experiências e considerações possíveis para cada sujeito que se dá num receptor, conforme nossa teorização.

Há algo num duo composto pela jovem compositora italiana Clara Iannotta, como em muitas outras peças dos mais variados autores, que instiga a minha escuta, talvez por algum processo subjetivo de participação ou mesmo de sublimação de dois gumes, a imaginar a atuação desta condução insensível de que falamos, a condução da minha experiência de escuta através de um ritmo ético-mimético. Tal participação nunca é subjetiva apenas da minha parte, como receptor. Pois ela não deixa de ter relação com o que Platão descreve para a experiência da beleza; a participação de um ser vivido no mundo físico e no mundo ideal. Isto é, existe a ação de participar que igualmente vem do sujeito da obra, seja participando do universo do receptor, seja formando a participação entre a sua concretude no mundo e o mundo abstraído.

No caso da escuta da peça, isto se dá, em parte e em nossa visão, em função de uma zona de indistinção entre um senso de realidade sobre fatos sonoros concretos (o que seria sentido como a realidade ou facticidade de sons) e a sua figuração; ou então da geração de uma situação de escuta que me leva à impossibilidade de definir com exatidão o que seria esse ritmo de que falamos (no sentido amplo e ético da palavra), embora pudesse evocá-lo ou convocá-lo mediante a *retração* da escuta; algo que certamente está ligado ao que chamamos de forma e matéria sonora no tempo, embora não apenas a isto; algo que me faz imaginar, com minha sujeição, a mimese por si mesma, esse processo condutor indiscernível, com todo seu poder de evocação e participação a partir do que nos é comum, e que, assim, distingue essa composição como experiência participativa em mim, entre tantas outras explorações composicionais ou sonoras (com sons ruidosos ou não, não importando o estilo, os materiais ou a época) que não me causam, nem de longe, o mesmo efeito (afetivo ou ético-mimético, portanto). Desta composição específica, assim como de tantas outras, eu *participei*, pois conduzi e fui conduzido por algum ritmo ético inaudível e indiscernível, (de)marcação fluida do fora cuja lei é a desapropriação mimética, retraço obstinado, que se faz orientador da experiência. A peça se chama *Limun*, um duo para violino e viola. Há algo nessa obra que me instiga a pensar no mistério mimético da escuta. Para tentar descrever esse algo, será preciso pensar num trajeto até certo ponto subjetivo e delimitado de explanação. Num ensaio do livro *O Sonoro e o Imaginável*, chamado "Escuta e Labirinto", afirmo logo de entrada o seguinte: escutar é como entrar num labirinto. O que entendo ali por labirinto pode nos ajudar a pensar a experiência da mimese que me permito descrever aqui.

Não irei repetir as ideias e as tantas associações contidas no ensaio, mas vale partir de algo dito, como a afirmação de que uma escuta nunca é selvagem. A escuta não é andar por uma floresta virgem. A escuta não é algo tão somente natural, mas também não é algo apenas cultural, como andar pela cidade, ou seja, pela cultura civilizada, onde a experiência é constantemente organizada por meios simbólicos (definição de cultura dada por Marshall Sahlins, a qual considero bastante boa e abrangente: organização da experiência por meios simbólicos). A escuta é uma experiência que decerto depende da cultura, mas não se restringe aos seus delineamentos, aos seus guias, tratados, teorias, regulamentos, não depende somente dos códigos civis, dos éditos estabelecidos pela cultura. Explica-se a comparação com o labirinto. Ele é construído pela cultura, mas habitado unicamente por uma criatura monstruosa que queremos isolar: o Minotauro. Ele é feito de múltiplas vias, mas é limitado por elas. Ele nos encanta e nos perturba. Ele nos ameaça e nos tranquiliza. Como a escuta, que pode ir do som ao sentido, ele tranquiliza os ventos, adoça as forças naturais (vai do duro ao doce, como diria Michel Serres). Os labirintos são grandes e complexos receptores. Daí, mais uma vez, a comparação com a escuta. Todo um processamento fisiológico e cultural está envolvido. E não é à toa que chamamos de labirinto uma estrutura fisiológica do nosso ouvido. O caminho tortuoso e complexo das moléculas de ar que se tornam sinal elétrico e vão até o cérebro para outro caminho tortuoso de processamento, podendo chegar ao que chamamos de sentido, seja sensível ou sensato. Mas, antes de elaborar mais sobre o labirinto, o que a música de Iannotta exprime a mim de tão especial que outras não exprimem? Por que é que, com ela, eu, como sujeito, entro num labirinto de escuta?

Desde o estudo um pouco mais cuidadoso dos antigos, fui percebendo uma relação forte entre o que chamei de labirinto, no ensaio mencionado, e a ideia de mimese em relação à música. A mimese por si mesma pode ser vista como uma espécie de condução da nossa escuta pela ética de um ritmo-caminho in-visível, podemos dizer, da ação do que é figural (não figurativo), que se mistura ao senso de realidade, e nos leva a participar com seu retraço de forma mais profunda de uma obra ou experiência que se apresenta. Algo que nos conduz ou dirige sem que tenhamos ideia do que seja, sem que possamos saber distinguir ao certo o que é e até que ponto depende de nós para se dar. Um sujeito compartilhado que se combina com a singularidade de um sujeito, de um caminhante. Entra-se aqui na ordem da retração, do retraimento, do retratamento, do retraço, da mimese, portanto, não como reconhecimento, imagem de um rosto ou aspecto reconhecível, mas como fenda ou fissura de um sujeito (um pouco como na revelação heideggeriana), em parte como o que é descrito em relação à mimese pela tradição que vai de Heidegger à Lacoue-Labarthe e Jean-Luc Nancy.

Talvez não seja à toa que a palavra fissura tenha tanto o sentido de uma abertura, uma rachadura, como uma gíria nossa para uma espécie de prazer do sujeito. Estar fissurado. Ambos são sentidos que parecem se vincular ao efeito mimético. Como disse Aristóteles, o homem sente prazer com a mimese. Todavia, por que a mimese dessa peça, com seu ritmo ético particular, atuaria intensamente em mim? Por que me submeto como sujeito a ela de uma forma única e singular, fazendo minha escuta participar, traçando seus caminhos por um labirinto finito, mas um tanto variável e dinâmico?

Pode ser que esse ritmo ético in-sensível e indiscernível, que descreveria a mimese por si mesma, como retraço, ritmo que também parte do amplo campo de sentido original da palavra *ruthmos*, igualmente como caractere ou tipo, como marca tipográfica ou impressão (tiposônica, poderíamos dizer), e que, combinado a sua dimensão dinâmica ou de movimento, leva-nos a seu sentido ético, do caractere ao caráter, esse ritmo condutor (com)partilhado, como que de uma figuração não figurativa em transe, associada ao éthos, ritmo quase insondável, seja aquele que me faz entrar e andar pelo labirinto que a peça me apresenta. Como dissemos, uma das características desse ritmo insondável ou fantasmático, que descreve o processo mimético em si mesmo, é a produção de um embaçamento, uma indistinção entre figuração e senso do que seria fato, entre ficção e senso de realidade, entre o que se representa e o que se apresenta (ou, como no que se diz da mimese a partir do termo *Darstellung*, em alemão, a apresentação que ambiguamente pode conter a representação e vice-versa, ou, ainda, algo como *o fazer na maneira de outra coisa*). Pode-se pensar também no embaçamento entre sensação e sentido, se preferirmos (sentido como um tender para ou o reenviar, uma remissão, como para Jean-Luc Nancy). No nosso caso, essa marca rítmica e tiposônica me conduz: o senso de realidade sobre o som e sua figuração não se distinguem bem, entram em constante sensação de fusão. E mais, a figuração, aqui, parece estar em função de um senso de realidade do som, e não o som real ou factual em função de uma figuração transcendente, pelo menos não ainda. Eis uma das razões por mim encontradas para gostar tanto desta peça, como de tantas outras.

Quando ouvimos um belo concerto para violino, como o de Felix Mendelssohn, o som está quase sempre em função de uma extraordinária figuração melódica, embora nem sempre, em especial na cadência. A figuração, em *Limun*, também é intensa, mas não se vincula somente à impressão que ela própria (figuração) deixa, nem mesmo por figuras reconhecíveis. A figuração é mais abstrata, mas paradoxalmente, não se distingue, não se destaca da sonoridade, do que é sentido por mim como "fato sonoro". Na minha escuta, a figuração até se confunde com o que me aparece como senso de realidade dos sons, com o que sentiria como fato sonoro. É como se houvesse uma concreção da figuração. A figuração confundida com o fato sonoro, que se confunde com o senso de realidade do som. Eis uma explicação parcial encontrada para toda a intensa viagem subjetiva de escuta. Cria-se uma zona de indistinção entre senso de realidade do som e figuração, a qual promove a efetividade da mimese ou do retraço como um todo. Partindo de um sujeito que se dá num receptor, não há possibilidade desta racionalização sobre a zona sentida ser considerada simplesmente uma verdade *da* obra ou mesmo

MIMESE MUSICAL E A FILOSOFIA MODERNA E CONTEMPORÂNEA 169

do sujeito, também porque a experiência ocorre na cossubjetiva-ção singularizante entre o sujeito receptivo e o sujeito da obra[21]. Podemos ainda sondar aspectos analíticos mais localizados, na peça de Clara Iannotta. Eles nos dão uma chave racionalizada para tentar apreender algo a mais da mimese de recepção como caso particular. A obra pode ser dividida em duas partes com características bem distintas: a primeira, em que predomina uma figuração que chamaremos de ataque-agitação-recuo e na qual me vem, em forma de síntese, a imagem da turbulência. A segunda, em que predomina a estabilidade de uma textura recuada, mais frágil e contemplativa.

Assim, logo no início da peça, pode-se pensar numa figuração recorrente, descrita pelas seguintes palavras: ataque-agitação--recuo. Figuração triádica ou trifásica, portanto, que pode ser sentida na forma do retorno ou de maneira permutada e pro-liferada, através de contrações e distensões, ao longo de toda a primeira parte. Não se trata de uma figura reconhecível e fixa, mas de uma espécie de constante figural variável que lhe dá, assim, certo *sentido* global sensível, uma marcação ou "tiposonia" fluida (isto é, rítmica no sentido que já tratamos) aqui racionali-zada em palavras, que ajuda a entender a condução rítmico-ética de que falávamos, mesmo ao se valer de novas temporalidades e máscaras sonoras a cada momento. Ou seja, podemos dizer que essa figuração (ataque-agitação-recuo), em suas distensões e contrações variadas, esconde-se num revestimento gestual e sonoro sempre diferente, nunca permitindo a formação de uma figura isomorfa que a torne perfeitamente reconhecível, nomeável, claramente destacável. Trata-se de uma figuração que fragmenta as próprias formações, fazendo da minha atribuição por nomes

---

21 Exemplos desta zona de indistinção mimética aqui concebida podem ser pen-sados para diversas artes, não apenas para uma experiência de escuta. Um *ready-made* de Marcel Duchamp revela grande efetividade mimética através ▶ ▷ de uma zona de indistinção entre o senso de realidade dos objetos e a sua figuração, que se dá tanto por meio do título como pelo simples fato de estar num contexto de exposição. Caso, por exemplo, da pá de neve pendurada, com o título: *In Advance of a Broken Arm*. Um tipo mais banalizado desse jogo que se tornou popular em dias recentes é o do jogo *Pokémon Go*. Seres figurados são projetados sobre o senso de realidade da imagem da rua onde se está. Senso de realidade e de figuração passam a se sobrepor. Não por acaso, gerou-se, ini-cialmente e com certa facilidade, uma grande adesão participativa. No entanto, a novidade de participação logo se desfez, talvez, entre outras coisas, porque a zona é pouco indistinta: não cria ambiguidades entre o senso do real e as figuras a ponto de nos deixar intrigados e continuar a participar.

(ataque, agitação e recuo) algo relativo ao meu sujeito de escuta, e que, por consequência, "demonstraria" a ideia desse ritmo ético condutor em certo plano ou jogo entre pulso e figura, entre sensação e sentido, entre apresentação e representação etc.

Já a ideia de turbulência me servirá de imagem para um comportamento mais ou menos caótico que não desfaz essa tipicidade descrita como trifásica, tipicidade mais geral de comportamento, igualmente importante para se pensar no ritmo oculto da mimese. Ela também é produzida pela ação in-sensível de figurações (ações figurais) sem figuras evidentes ou reconhecidas. É assim, entendo eu, que a primeira parte da peça doa uma direção mimética à minha escuta, impulsionando a viagem pelo labirinto, formando seus múltiplos caminhos cambiantes e suas paredes momentâneas, eticamente compartilháveis.

A segunda parte contrasta pela estabilidade dinâmica e textural, permitindo aguçar um senso de contemplação, em contraposição ao de turbulência (claro, sempre vale lembrar, na minha escuta)[22]. Ao indagar o meu sujeito de escuta, a forma da peça me pareceu ter algo de um trajeto dantesco, do ambiente cheio de oscilações e turbulências da primeira parte para uma espécie de serenidade ou estabilidade consequente, reforçada pela forma regular de distribuir os harmônicos, com centro tonal fixado, sob o espectro harmônico da nota Sol (não sem remeter ao início justo no fim do duo de Clara Iannotta, com um pequeno resquício em forma de vírgula da turbulência inicial no extremo agudo).

Eu me pergunto, por pura especulação subjetiva: será que o fato de ter uma forte relação pessoal com a poeticidade e a narratividade contida na *Divina Comédia*, de Dante, reforça a minha submissão de escuta à forma desta peça de música? Será que o senso de paz e tranquilidade celestial que me transmitia a segunda parte me afetava como uma espécie de consolação ou redenção espiritual? Ou será a ação sobre mim de um tipo ou de uma sintaxe ética semelhante ao de uma velha retórica banal e binária, aquela do dito popular: "depois da tempestade, vem a bonança"?

---

22 Numa palestra sobre labirinto e escuta, uma participante me disse que sentia a segunda parte desta obra de uma forma bem diferente do que eu, ou seja, como algo mais tenso e dramático (a espessura harmônica lhe causou tal impressão). Daí a presença do labirinto de tantos caminhos possíveis e da impossibilidade de ser absolutamente objetivo em relação à escuta labiríntica e ao processo mimético.

MIMESE MUSICAL E A FILOSOFIA MODERNA E CONTEMPORÂNEA 171

Não há uma resposta científica ou verdadeira possível. E cada um traçará o seu caminho no labirinto. A especulação pode ir sempre cada vez mais longe e essa é a beleza e a dádiva de uma escuta. Qualquer figuração, nomeada e detectada por nós por meio da intersubjetividade ou cossubjetividade, como fizemos aqui, opera um terreno até certo ponto representável, mas convoca um terreno inconsciente, intersubjetivo, puramente afetivo e sensacional. O labirinto de escuta envolve tudo isso e mais um tanto da nossa bagagem, fazendo-nos tomar esse ou aquele caminho, atribuir tal ou qual característica ou associação, sem saber ao certo a razão, sem que saibamos responder com propriedade o que causa uma maior ou menor participação da obra como sujeito em recepção.

Esse lance efêmero de exemplificação e pensamento exposto, na tentativa paradoxal de descrever o inconcebível em um processo mimético, pretende apenas levantar alguma relação da mimese musical com a escuta, uma escuta considerada labiríntica[23], escuta que também opera por processos miméticos, desde sempre, lembrando que a cada sujeito caberá a própria experiência de alusão ou evocação a uma espécie semelhante de mimese, de forma parecida ao que os antigos consideravam ao falar em "música estocástica", ou seja, aquela cujo efeito ético-mimético irá variar de pessoa para pessoa, de povo para povo, de cultura para cultura. Daí a importância que atribuímos, neste trabalho, a uma reconsideração ou reavaliação em torno do próprio conceito de sujeito, podendo ele dar-se tanto numa pessoa como numa obra, num grupo ou num povo, e auxiliando a descrever o processo da capacidade singular de filtragem e montagem representativa, sensacional e afetiva, a partir daquilo que se apresenta diante de nós.

PARTICIPAÇÃO E MIMESE
NA DISTINÇÃO ENTRE BARULHO E RUÍDO

---

23 Em oposição à escuta didática, ditada por teoria, solfejo, conhecimento, linguagem ou estilo. Referência ao texto Escuta e Labirinto, Leonardo Aldrovandi, *O Sonoro e o Imaginável*, São Paulo: Lamparina Luminosa, 2014. O labirinto, como dissemos, não deixa de ser uma imagem possível para a própria mimese, aquilo que se compartilha na interface entre cultura e natureza, mas sempre a partir de um sujeito que opera seus caminhos.

Sempre aprenderemos algo ao fazermos qualquer tipo de exegese de filósofos como Platão ou Aristóteles: se a mimese (processos miméticos) se atrela de forma indissociável à *méthexis* (participação), isso nos diz que, onde há compartilhamento do que nos é sensível, sempre haverá algum processo mimético em ação e vice-versa. Pois o processo de assimilação entre humanos é um processo participativo e transformador, ao mesmo tempo. Como diz o crítico Costa Lima (de quem tenho certas reservas, notadamente em relação ao que pensa de Platão), a mimese é um fenômeno "existensivo", afirma-se pela circulação que alcança, embora isto não se dê, na nossa visão, apenas pela verossimilhança ou pelo que esse crítico chama de representação-efeito. Em especial no caso do som, a mimese e seu efeito rítmico condutor se dão mais na forma do retraimento, da retração, do retraço, da fissura, da subjetivação, da ressonância em si ou por si, muito mais do que na forma da evidência, do significado e do reconhecimento. O retraço e a retração estão na base do retrato, mas vão muito além da ideia de representação e seu efeito.

A circulação, o sentido comunitário e político que a arte é capaz de promover, portanto, advém da sua natureza mimética (no sentido amplo do termo, que começamos a vislumbrar neste trabalho a partir dos antigos, chegando a autores modernos). O fenômeno mimético-participativo pode variar em grau, modos, objetos e objetivos. Por exemplo, o simples fato de dar um título ou uma forma a alguma performance, seja lá qual for, implica um processo mimético e o desejo de assimilação/participação entre os envolvidos. Já podemos perceber que a transformação de um som qualquer em ruído ou em música é sempre dada por processos miméticos de assimilação e compartilhamento que se contrapõem ao mero barulho, quando considerado apenas agressão ou desconforto fisiológico. Quando o barulho passa a ser vivido mimeticamente, perde o sentido de simples barulho de alguma coisa e passa a fazer sentido comunitário a partir da própria ressonância (do seu sujeito, de seu "em si", para dialogarmos com Jean-Luc Nancy, mais uma vez).

Assim sendo, é sempre interessante observar como toda a discussão sobre arte, mimese, música e som que provém da Antiguidade estará morta apenas para quem a despreza (digo-o, pois é algo bastante comum encontrar nos discursos da nossa época

MIMESE MUSICAL E A FILOSOFIA MODERNA E CONTEMPORÂNEA 173

uma visão sobre a imobilidade do que é antigo, em geral em nome de um pragmatismo tecnocrítico associado ao que é moderno e ao que foi concebido no século xx). O respeito e o cuidado pelos escritos e pensamentos de antepassados e dos antigos sempre nos faz reconhecer um alto grau, senão de universalidade, de repetição nas ideias e experiências que atravessam tempos humanos, por mais modernos e crentes na diferença e na inovação advindas dos meios e das tecnologias, e mesmo com toda a previsão "evolutivista" sobre o futuro trans, pós ou inumano. Essa última previsão, um tanto propalada pelo fascínio, frequentemente fetichista, com meios e dispositivos recentes, só valerá se desprezarmos também a sorte de não nos autoaniquilarmos ou autocontrolarmos por muitos desses meios, o que, em tempos atuais, pode nos parecer não apenas provável. Por defender certo antipragmatismo que volta com pá e cuia para o que se falou há muito tempo, gostaria de dar um exemplo do meu respeito aos ensinamentos antigos, ao pensarmos brevemente sobre algumas das práticas e ideias de uma época recente, em total anacronia.

No último século, certa politização da arte sonora em torno do ruído e do som em geral tornou-se até ideologia corrente, seja da chamada música experimental, seja da música do século passado, o que nos faz pensar em que sentido se dá a sua idealização e a efetividade da participação mimética, nesse caso. Gostaria de destacar apenas um ponto nesse comentário. Parece haver uma diferença brutal entre o uso do ruído em processos miméticos e o desejo de apresentar o barulho por si mesmo de forma agressiva, como suposta atitude política que se libertaria do que alguns chamariam, de maneira pejorativa, de "música" ou "música convencional". Pois, se considerarmos, a partir dos antigos e além, a importância fundamental do par *mimese-méthexis* em qualquer processo artístico ou no limiar do artístico, logo percebemos como a idealização de uma suposta libertação da escuta gerada pelo barulho agressivo, que se quer sem qualquer contorno ou processo mimético, é bastante enganosa, quando não politicamente ingênua. Uma sonoridade bastante (ou totalmente) ruidosa, quando parte de uma projeção mimética, integra-se a uma partilha social, a regimes do *comum* que são desapropriáveis e re-apropriáveis, tornando-se capaz de se aliar a uma potencialidade factual de transformação da escuta, inclusive quando tais práticas ou estratégias (para usar um termo mais belicoso e vanguardeiro) a respeito do ruído são idealizadas em torno de alguma ideologia niilista, algum preconceito vanguardista ou alguma forma de salvacionismo, "anticapitalista" ou não.

Por outro lado, a simples apresentação de barulhos sem contorno, amorfos e intencionalmente agressivos (casos de sons no limite de volume ou próximo ao limiar da dor), apesar de todo possível discurso sobre quebra de convenções, não vai além do ato banal e efêmero, pois não atinge o objetivo de gerar um processo social e partilhado da escuta. É uma coisa que um estudo sobre a mimese dos antigos pode ajudar, por incrível que pareça, a ver melhor. Primeiro, porque o ato não transcende o nível do gesto (sem compartilhar formas, modos, valores, processos de simpatia ou dipatia, especulações teóricas, assimilação, instalação, desinstalação e significação: isto é, tudo que vimos como mimético). Segundo, por permanecer num nível de contestação por si mesmo, já que usar material ruidoso em qualquer manifestação artística não é mais nenhuma raridade ou novidade, muito pelo contrário, é praticamente a regra da arte sonora mais elaborada desde o século passado.

Hoje, podemos sentir, inclusive, novas formas de neoclassicismo emergirem, em parte como reação a um suposto esgotamento do uso de sonoridades de todo tipo, sejam elas vistas como ruidosas ou "eletroacústicas", ou pelo cansaço declarado por alguns compositores quanto ao uso irrestrito, academizado e até protocolar das *beaux sonorités* e dos modos de tocar estendidos (as chamadas *extended techniques*), e mesmo das técnicas de síntese, processamento de áudio e espacialização. Esse tipo de reação, reciclagem ou suposto recuo sempre fez parte da história das artes, não sendo redutível a uma questão de conservadorismo, de tradicionalismo, de aporia ou de salvacionismo históricos. Felizmente, a arte não precisa ser vista como evolutiva, talvez seja mais interessante pensá-la como *revolutiva*.

Voltando à questão da participação mimética, de que tipo de inconsequência política estaríamos então falando quando apresentamos o barulho indiferenciado e agressivo como suposto ato político? Em geral, uma agressão explícita aos ouvidos é repudiável e, portanto, não assimilável por quem está exposto a ela. Algo que não é assimilável não se compartilha, não se torna da ordem

MIMESE MUSICAL E A FILOSOFIA MODERNA E CONTEMPORÂNEA 175

da mimese, portanto, não é politicamente consequente. Sempre vale relembrar que não é por acaso que a discussão sobre mimese, arte e participação está nos livros antigos sobre política (como em *República* e *Leis*, de Platão, e o livro VIII da *Política*, de Aristóteles). Falemos apenas de determinados casos recentes para pensar a diferenciação entre barulho e ruído. O *bruitismo* futurista, por exemplo, sempre teve dimensões miméticas: a dimensão própria da exploração do ruído (e não do mero barulho agressivo); a forma de combinar sonoridades ruidosas; sua apresentação como manifesto de ideias; as formas de construir instrumentos; a montagem de outra orquestra possível etc. Isto se estendeu para as mais diversas formas e tipos de exploração de sonoridades, tão frequentes (inclusive se para alguns já tradicionais ou entediantes) na música do século passado até hoje.

No caso da música concreta, mesmo algo com o antigo nome de "tratado" procurou dar conta da mimese de sonoridades mais ou menos ruidosas, como o que foi produzido por Pierre Schaeffer. Se muitas das concepções ou representações por ele elaboradas não são levadas mais em conta atualmente, permanece a tentativa aprofundada e singular de apreender a mimese que se opera a partir da escuta do som, através do que chamou de objeto sonoro, com suas mais diversas decorrências. Já podemos observar o mesmo processo que ocorreu com certos tratados antigos: parte de suas proposições e práticas miméticas sempre permanece, mas boa fatia fica cristalizada em seu tempo, em seu contexto e em sua época.

Insistimos em dizer que a mimese, ao procurar desinstalar correspondências, não deixa de instalar ou reproduzir outras. Esse tipo de visão procura assim evitar a mistificação do ato de criação como ideia atribuída a uma pessoa de gênio, pois o que advém de uma pessoa é sempre um processamento de algo coletivo, desapropriado anteriormente e processado, que, por meio dela como sujeito, mostra-se de alguma forma singular e re-apropriada. O que seria de Xenakis sem Edgar Varèse e Olivier Messiaen, ou de Duchamp sem os pintores, poetas e músicos e as especulações em curso na alta densidade temporal da arte moderna? Pode-se até despersonalizar a discussão das obras por meio de nomes próprios, pois ela ainda costuma promover a ideia romântica e revolucionária de genialidade. Outro exemplo:

mesmo na tentativa contínua da música recente de tentar fugir dos clichês, instala-se a própria "fuga do clichê" como ideologia de desinstalação e participação, compartilhada por certa comunidade. A participação mimética, como *méthexis* politizada, também está presente no pensamento compartilhado de que a arte só terá valor expressivo se for nova ou se conseguir fugir dos clichês. Mas o valor coletivo não impedirá que logo apareça um teor de neoclassicismo que a recondicione em alguma medida e assim por diante.

Em arte, talvez por seu caráter inerente e duplo de resistência e preservação, como bem pensou Gilles Deleuze, não existe criação independente em absoluto, aquela que surge do zero, da ideia purificada de uma pessoa, embora haja processos de subjetivação singulares que produzam obras singulares. E qualquer forma de desinstalação ativa não se processa sem com isso deixar de instalar ou reproduzir uma correspondência já compartilhável socialmente, num plano de ideias, afetos, representações ou sensações. Em qualquer obra, por mais radical ou diferente que possa ser considerada, instalação e desinstalação operam de forma recíproca. É nesse jogo que o artista opera. A análise mais aprofundada de uma obra, e de forma mais evidente e intensa no período moderno, sempre irá encontrar algo desta reciprocidade entre instalação e desinstalação. Por via da ideia de desistência da verdade ou não, pode-se até pensar em uma mimese de nada, ou na mimese por si mesma, mas nunca em uma obra que surge do nada ou do zero.

Após mais essa pequena digressão, outro caso, agora da música popular, pode nos ajudar a expor ainda melhor o argumento anterior sobre a diferença entre barulho agressivo e ruído participativo: se o rock dos Sex Pistols foi considerado "barulhento", mas política e musicalmente instigante em sua época, isto se dava porque ele não deixou de operar várias dimensões miméticas compartilháveis, como as letras, marcas visuais, roupas, penteados e topetes, acordes e timbres específicos, figuras rítmicas e gestos acentuados, além de uma intensa expressão mimética por meio da paródia e da ironia (como em "God Save the Queen" ou "My Way"). Características tantas que diferem a sua produção do mero barulho agressivo.

Até se pensarmos no ruído por si só, no ruído em si, se isso for possível, como timbre ou sonoridade levada à experiência de

MIMESE MUSICAL E A FILOSOFIA MODERNA E CONTEMPORÂNEA 177

escuta, à experiência de sua "pura" ressonância, algo que se distingue totalmente do mero barulho de alguma coisa, podemos dizer que ele já é mimético por si mesmo, fazendo diferentes registros sensíveis entrar em relação participativa (em *méthexis*, por "contágio ou contiguidade metonímica", como diz Jean-Luc Nancy)[24]. Se o antropólogo Michael Taussig disse que a mimese "converte o olho em meio ótico de contato", podemos pensar que ela também converte o ouvido em meio acústico de contato.

A mimese sonora vincula (e desvincula) registros sensíveis num primeiro momento, para depois se associar ou não a registros mais abstratos ou de sentidos mais sensatos do que sensíveis. Instala e desinstala relações essenciais por aproximação, contágio e contiguidade, pela ação de representações sobre as sensações e vice-versa; e, especialmente, no caso do ruído, parece promover o ato de ouvir à condição de contato ou tato (condição da escuta). Ou, ainda, podemos pensar num fato sonoro escutado como forma de contato que não se distingue tanto da sua possível figuração musicada, na medida em que é escutado (em sua ressonância, como um em si ou sujeito, de acordo com Nancy) e não apenas ouvido como o barulho de alguma coisa. Teremos aí a ação do que chamamos de zona de indistinção mimética.

Além de tudo isto, o ruído, diferente do mero barulho, pode ser visto também, via teorias da comunicação ou outras, como o negativo dialético do processo comunicativo, ou seja, de um contato; é percebido, aqui por outro viés, como um ator significativo em processos diversos de participação, mesmo se num sentido mais "comunicativo".

A mimese não elege materiais ou sonoridades específicos, pode estar na figuração e desfiguração de todos eles, na criação e destruição das formas de relação entre eles e assim por diante. Ela põe e tira o som da relação consigo e com os demais. Nunca se apropria de um "outro", vive tropeçando no seu afastamento. Em certa comunhão anacrônica com a argumentação de Platão e Aristóteles, podemos dizer que a mimese leva à participação

---

24 Registros sensíveis diferentes se contagiam no timbre, num efeito participativo amplo de caráter mimético, como registros físicos (líquido, estalido, rasgadela etc.), de vozes animais (uivo, rugido, rosnado etc.), de materiais (metálico, arbóreo, vítreo etc.), como afirma Jean-Luc Nancy. Ver *À l'ecoute*, Paris: Galilée, 2002. Para Michael Taussig, ver *Mimesis and Alterity*, New York: Routledge, 1993.

assim como a participação percebe-se no comum, no que é compartilhado eticamente, via mimese, via tropeço. A exploração elaborada do ruído na arte, distinto do mero barulho, é um exemplo de ação da mimese e de seu poder de compartilhamento social, o qual ainda expõe um lado de resistência à reprodução e à repetição em massa de representações fixadas sobre os sons, em especial aquelas promovidas pelo bombardeio midiático.

Entretanto, falemos brevemente do uso do ruído na arte recente em relação a seu sentido ético. Em seu nicho mais restrito, não é raro observarmos, no ambiente cultural da música de ponta, rompantes de narcisismo, outorga de importância e de distinção, paternalismo e prepotência de posicionamento no comportamento de uma parte de seus atores. Algo que nos parece mais diluído, difuso, menos centrado no que estabeleceria a própria importância pessoal, histórica e, por vezes, automistificadora na produção de outras artes, como a literatura e as artes visuais[25].

Já comentamos parcialmente a obsessão narcísica e autobiográfica associada à experiência da música, junto do que é dito em um belo texto de Lacoue-Labarthe. A formação do éthos como caráter geral de uma pessoa parece oscilar mais em indivíduos com obsessões musicais ou auditivas, dado seu fundamento rítmico. Mas outra visão, também parcial e de tipo mais sociológica, poderia ajudar a compreender certa frequência no desvio ou na oscilação do caráter, mais comum em artistas das artes temporais do que, aparentemente, em outras artes.

Não é difícil de imaginar que o tipo de contexto de produção social da música de ponta atuaria na estruturação do inconsciente de uma significativa parcela dos envolvidos, como uma ressonância no plano psíquico, sendo resultado de determinados mecanismos dos quais ainda nos falta descobrir muitos dos modos de operação. Por exemplo, é preciso lembrar que, na segunda metade do século passado, a "academização" e a institucionalização da grande maioria dos atores envolvidos na música

---

25 Falo a partir da experiência própria e da de uma boa quantidade de bons amigos menos preocupados com a imposição da importância no mundo, mas também por sempre ter produzido em mais de um campo de produção artística, podendo assim observar mais à distância essa busca risível por uma autolegitimação que sentimos em muitos compositores e maestros da música, em nosso tempo; algo que não observo, pelo menos não com tanta obsessão e desejo de manipulação, no meio literário ou do teatro-dança, por exemplo.

MIMESE MUSICAL E A FILOSOFIA MODERNA E CONTEMPORÂNEA 179

de ponta recente, e mesmo boa fatia do que se chama de música experimental, podem ter exercido forte influência no surgimento de alguns comportamentos e valores.

Acredito ser difícil aceitar um suposto desvio ético que seria instigado por conteúdos sonoros específicos encontrados em tal música, como os teóricos antigos acreditavam para a música nova da sua época. No entanto, cogita-se também se em alguma parte ou no caráter (especialmente rítmico, no sentido amplo e vivido) da nossa música de concerto ou experimental recente – com toda sua abertura de práticas, pluralidade estética, complexidade, forma e ideário das características de seu conteúdo sonoro e expressivo, ou mesmo em seu frequente "combativismo" e em sua (um tanto perversa) lógica de legitimação – não se encontrariam traços que impulsionam certos distúrbios éticos parecidos àqueles descritos pelos antigos, quando eles abordavam negativamente a música nova de sua era pela suposta falta de uma mimese adequada. Em geral, a inadequação estava associada ao desejo de *status*, fama, reconhecimento e glória, muitas vezes com alguma performatividade excessiva ou espetacularização. Mas ela também estava associada a ritmos e modos supostamente inadequados, formas de composição misturadas ou à presumível complexidade excessiva da própria música. Como pudemos acompanhar na primeira parte do livro, a mimese musical pensada pelos antigos sempre tratou da ética, do caráter, do envolvimento participativo e da correspondência afetiva de mais gente do que cabe numa mão. Inclusive em seu contexto aristocrático e escravista, a preocupação dos antigos sempre esteve ligada a um âmbito de debate sobre a participação do cidadão, na idealização sobre os ambientes musicais e sua importância política nas cidades-estados.

Quanto à institucionalização de muitas práticas recentes, há, é evidente, muitas vantagens e condições que ela proporciona aos produtores e não se nega a sua importância social e, principalmente, educacional. No entanto, valerá aqui apontar, apenas de passagem, uma pequena crítica ao processo de "academização" da produção musical de ponta, nas últimas décadas. Embora possa ser visto como forma importante ou necessária de independer da produção regida pelo mercado, ou seja, como uma forma de resistência à necessidade de venda das obras, esse processo também é contexto de algumas aberrações éticas próprias, em especial no momento em que quase toda a questão da participação social da produção, da *méthexis* de sua mimese ou a própria atividade mimética, passa a ter como foco primordial a própria lógica da legitimação, a uma pressuposta ou antecipada importância documental, original ou histórica, das produções e dos produtores.

Um tipo de comportamento, um tanto endógeno, que pode se configurar com certa facilidade em ambientes acadêmicos é aquele que busca costurar a prática teórica, política e artística com uma busca pela legitimidade de tipo cartorial, personalista, por vezes de cunho autoritário. Em nosso caso pós-colonial português, isto pode se associar a figurações de si e de outros aristocraticamente forçosas, quando não um tanto cômicas, a privilégios públicos não encarados como privilégios, ao sentimento aristocrático de "desterrados na própria terra"[26], a uma visão quase sempre normalizada sobre troca de favores, o que costuma gerar concursos e pesquisas fajutos, assim como fetiches caprichosos diversos, todos relacionados como trato com o poder e a legitimação. Digo aristocrático inclusive no seu sentido antigo, associado também ao que se pode observar ideologicamente na tradição da nossa elite, ou seja, do poder desejado ou efetuado pelos que se supõem melhores, escolhidos, favorecidos, importantes ou especiais.

Por exemplo, é interessante estudar melhor e a fundo a relação às vezes sutil entre autoria e autoridade, nesses contextos. Não raro, a estrutura acadêmica promove um contexto ou uma postura regular de crítica como forma de autoproteção ou de exercício de poder, mais do que como meio fundamental de procurar promover o crescimento educacional e o conhecimento dos envolvidos. No contexto estrutural de uma posição acadêmica, não é difícil observar o costume de se elaborar críticas contínuas a obras e produtores variados, o que poderia ser muito produtivo, se não fossem geralmente efetuadas por quem se coloca na condição de incriticável, isto é, na condição de uma origem purificada, melhorada, ou de uma autoridade.

A crítica pertinente, como forma de promover o crescimento contínuo a que todos devemos nos submeter, deverá ser sempre bem-vinda. No entanto, ela só pode ser eticamente pertinente e permitir o desenvolvimento de trabalhos produtivos e singulares

---

26 Expressão notória de Sérgio Buarque de Holanda.

MIMESE MUSICAL E A FILOSOFIA MODERNA E CONTEMPORÂNEA   181

quando a sua ação não é pautada pelo desejo de exercer um poder de autoridade (o que, na estruturação mental desse tipo de ambiente, pode se tornar algo bastante comum). Por aqui, sabemos como a produção, desde nosso passado escravista, sempre dependeu mais da figuração da autoridade do que da eficiência. A ideologia que se cristalizou em torno disto parece não ter sido eliminada de boa parte das relações de poder no ambiente acadêmico até os dias de hoje. A forma de endogenia hierárquica e do exercício de uma espécie de promotoria intelectual hierarquizada com base na noção de autoridade, em grande parte relacionada com posições ou cargos[27], na qual é comum o exercício da crítica ao outro ou ao objeto referente ou produzido por outro (em geral por quem se imagina numa posição incriticável, de ponto de origem teórica, de distinção ou de importância), pode, com facilidade, promover a asfixia de buscas e produções singulares, principalmente quando o fundamento da ação crítica tem por base essencial alguma rivalidade política ou mimética, ou seu centro de valor na suposta superioridade ou exclusividade do que é feito, pensado ou escolhido.

Tudo isso pode variar de instituição a instituição, de país a país, de cidade a cidade, de pessoa a pessoa; evidentemente, não se pode generalizar a questão de forma absoluta. Mas não há como negar que tal aspecto sociológico, relacionado com a questão da figuração da autoridade, o desejo por exclusivismo ou a busca de uma importância especial atribuída àquilo que se faz, é muito comum em ambientes acadêmicos e afins, operando na psiquê daqueles que trabalham nesse contexto, e influenciando, amiúde, de forma menos positiva seus processos participativos de produção.

Da mesma forma, uma asfixia da produção e do pensamento pode ocorrer quando se reproduz, cultua ou compila religiosamente o dito e o feito de pensadores, artistas ou pesquisadores

---

27 Sabe-se como, no Brasil, ser um desembargador ou um concursado de qualquer espécie, especialmente no âmbito público, pode ser sentido e vivido quase como um título de nobreza, quando não como aquele que foi favorecido ou escolhido por ser supostamente melhor ou mais apto; além disso, o cargo costuma ser sentido, no aspecto ideológico, como uma atribuição contínua do ser, vivida mesmo fora do âmbito do trabalho, em oposição à forma como se encara um cargo em algumas culturas diferentes. Como demonstrou Raymundo Faoro, pode-se observar que pelo menos parte disto tem um fundamento na formação da corte medieval portuguesa.

consagrados sem a exposição e o desenvolvimento de pensamentos independentes e visões próprias ou mais aprofundadas sobre o que disseram e fizeram. Além do sentimento frequente de ter de se figurar como, ou com alguma, autoridade, ou de prestar contas a outros autores também vistos como tal – ou seja, vendo-se a si e a outros, com frequência, como centros de origem ou de importância, figurados politicamente na economia do aprendizado e do ensino, e não apenas como autores ou como autor que pensa *com* outros autores – é muito comum nos meios assim o uso de pensadores ou artistas consagrados principalmente *como* autoridades, não como autores com os quais podemos pensar junto e viajar de forma própria.

Seria preciso pensar no contexto de todos aqueles levados a rodo pelo processo do *publish or perish* e das políticas hierárquicas e burocráticas de exploração universitária de forma mais aprofundada, com independência. A meu ver, também pelas grandes dificuldades financeiras enfrentadas por quem produz a duras penas fora desses meios, professores-pesquisadores bem pagos só merecem nossa real atenção quando todas as questões relativas a cargos, verbas, reclamações de situações privilegiadas, outorgas de "importâncias", enfrentamentos contínuos por verbas, detenção de poderes e "posições" estão muito abaixo de questões reais e aprofundadas de pesquisa, de poéticas, de busca, de elaboração artística e de conhecimento.

Em outro extremo, os supostos maiores coletivismo e intensidade catártica de contextos de produção mais populares podem ser pensados em outro registro, ou seja, como outro âmbito de participação a ser pensado e criticado em vários níveis e circunstâncias, como o que ocorre com a massa ou com a quantidade de gente movida (quando não teleguiada) por expressões e tendências vinculadas ao que se chamou, e às vezes ainda se chama, de indústria cultural, ou então quanto à alta carga mimética e exemplar que uma canção popular pode carregar, não raro como uma bomba.

Hoje, costuma-se falar de uma virada da sensibilidade operada pelos novos dispositivos eletrônicos (o que também podemos vincular anacronicamente ao que os gregos chamavam de *aisthesis*, nos mais variados processos miméticos). Por exemplo, como essa virada tem lidado com toda a teatrocracia ou com toda atitude de cunho mais ou menos aristocrático nos dias atuais? As questões

MIMESE MUSICAL E A FILOSOFIA MODERNA E CONTEMPORÂNEA 183

pululam em tempos de transformação da sensibilidade, quanto à relação entre sensação, quem julga e quem pode.

Para voltar à mimese, pensando com os antigos, qual seria a razão da ampla rejeição que certa música adquiriu, quase como mote teórico que correu séculos, entre autores gregos e latinos? Tratava-se apenas de conservadorismo aristocrático, moral, de um hábito cultural reacionário como alguns procuraram entender, especialmente a partir de Platão?

Pelo que pudemos perceber pela leitura mais próxima de determinados textos antigos, com um esforço sobre as línguas de origem, a resposta é não, ou ao menos, não somente isto. Parecia haver um problema ético/rítmico maior, ou arquiético, complexo e delicado de se discutir. A (falta de) ética (*éthos*/*páthos*/*méthexis*) a qual certas músicas corresponderiam seria mesmo algo a ser pensado, cuidado, quando não controlado. Pois conceito semelhante poderia ser pensado a respeito da produção de música de ponta, popular e de massa, em dias recentes? Outros homens, outras histórias, outros contextos. A questão é em tudo anacrônica e provocante, mas levantá-la não é incoerente ou apenas sem fundamento ao pensarmos na situação participativa (e, portanto, mimética) de diferentes músicas dos dias de hoje. Que aspectos geram restrições e fazem variar a *méthexis* das músicas atuais? Estariam muitas de suas produções fadadas a uma falta ou perda de *éthos* e *páthos* mimeticamente talhados, ou, num contexto moderno, à falta de uma eticidade rítmica que procuramos aqui teorizar em temos de eficácia mimético-participativa, também vinculada à formação de singularidades ou dipatias socialmente efetivas, num plano socioafetivo vívido, em certa medida pensável e observável? E, para continuar na nossa anacronia assumida, até que ponto, no caso moderno, uma suposta falta de *ruthmos* ou *éthos* da música atual estaria relacionada com o sentimento comum sobre "mais do mesmo", tanto em contextos populares como de ponta?

Muitos apontam a prova do tempo como meio de saber, mas creio que a história não costuma ser tão justa com o que, ao não querer se impor ou se legitimar, pode sumir sem ter deixado de ser razoavelmente efetivo do ponta de vista mimético e participativo. Quanto à investigação sociológica e estrutural mais extensa e sua forma de explicar alguns comportamentos sociais questionáveis ou aberrações, sejam elas de cunho aristocrático ou teatrocrático, afetando diretamente, portanto, processos "metéticos" e contextos sociais, não teremos o tempo e o espaço para discuti-la com o cuidado e o interesse devido; seria preciso procurar explicitar, a partir de detalhes sobre formas de vida, de economia, de política e de institucionalização, problemas de ética razoavelmente frequentes, observáveis em diferentes ambientes de produção, tanto em relação à lógica do mercado como em relação à lógica da legitimação. Vale a sugestão para o futuro, no entanto. Pois, a partir de uma investigação dessa ordem, talvez se possa repensar toda a questão da participação em diferentes contextos e aspectos da experiência mimética da música de tempos atuais. A questão mereceria todo um trabalho que poderíamos aspirar, porventura com foco maior na *méthexis* ou participação do que na mimese.

Seguindo nosso propósito principal, neste livro, veremos a partir de agora como certos conceitos e algumas concepções composicionais recentes revelam processos miméticos mais ou menos apreensíveis e diferenciados, dentro de um contexto muito amplo e diversificado da produção musical de hoje.

PARTE III

A Mimese de Produção Musical: Concepções Recentes

Apesar de constituir aqui um capítulo à parte, a discussão sobre conceitos musicais mais correntes na nossa época – gesto, figura, objeto e textura – não será detalhada ou minuciosa. Os breves comentários a respeito têm apenas o intuito de demonstrar os fundamentos desses conceitos junto à experiência mais ampla que chamamos de mimese. Aqui, a discussão um pouco mais detalhada foi reservada, de modo intencional, ao trabalho com textos mais antigos, pois, em relação a eles, costumamos ter contato e conhecimento menores, hoje, sendo as fontes bem menos acessíveis e raramente lidas com a intenção de formar alguma teorização mais global e sintética, positivamente anacrônica, conforme a nossa proposta. As notas que seguem sugerem alguns pensamentos possíveis sobre a relação da mimese com a concepção de escuta e de obras em torno de alguns dos conceitos citados, os quais serão avaliados de forma sintética.

GESTO, APRENDIZADO E MIMESE EM MÚSICA

Costumamos aprender música por meio do gesto corporal, do gesto que se aplica a um instrumento musical, à voz ou, então, a partir do gesto da regência. Não será preciso, portanto, afirmar e justificar a importância da prática gestual na educação musical e na produção de grande parte dos sons e da música, mesmo com as recentes transformações tecnológicas. Como vimos, a partir de Aristóteles, nossa educação é basicamente mimética, ela se dá ao imitar e seguir o que observamos em outras pessoas, na natureza ou em determinados conteúdos, indicações linguísticas, regras etc. Com o gesto e o comportamento físico do corpo não é diferente. Aprendemos a tocar um instrumento musical a partir de práticas mais ou menos comuns, compartilhadas, assimilando movimentos, dedilhados, articulações, leituras etc. Essa prática mimética do gesto corporal pode parecer-nos mais evidente, a da assimilação de movimentos apropriados e condicionados para determinados fins auditivos, não sem pensar nas singularidades a que cada sujeito pode chegar com ela. É essa a mimese que a performance musical envolve e que é discutida desde a Antiguidade.

Mas a consideração sobre o gesto em música pode se tornar mais ampla, diversa ou intrincada, dependendo da prática de músicos diferentes, como intérpretes, improvisadores, regentes ou compositores. As diferenças de prática e de foco levam a diferentes processos miméticos relativos ao gesto. Em suma, vale dizer que o gesto, em música, sempre será mimético em algum aspecto, mas diferenciado conforme as práticas e as ideias de cada músico e de cada momento.

Em música, o gesto pode ser compreendido como o intermediário ou o meio entre pensamento e som produzido, por exemplo. Inclusive em contextos em que a cadeia energética é quebrada ou mais indireta, como no caso do computador ou de um sistema digital. Neste último, o gesto continua sendo o meio de ação entre pensamento e produção sonora, sem precisar ter uma relação tão direta, imediata ou reflexiva com o som. Podemos dizer que a condição mediadora do gesto já o aproxima da mimese que teorizamos, na medida em que faz a correspondência entre pensamentos, afetos, emoções, sensações e a produção de sons[1]. Como a mimese,

---

1. No nosso esquema teórico, disposto no fim do livro, bastará pensar no receptor também como produtor. No caso da mimese de produção, pensar no receptor como produtor é fundamental. Não existe produção de música sem um longo e diverso processo mimético de recepção, daí a recepção ter sempre certa prevalência no esquema apresentado.

A MIMESE DE PRODUÇÃO MUSICAL: CONCEPÇÕES RECENTES 189

ele pode ser visto como um veículo de ligação entre o pensamento até o som ou, em via de mão dupla, como meio sensível e participativo para qualquer cognição ou sensação a respeito de sons.

Por outro lado, o conteúdo (ético e afetivo) vinculado ao som, ou seja, mimético, pode depender também da qualidade, da forma e das características do gesto. Podemos ponderar sobre o quanto a mimese de execução ou de performance, como processo singular de um sujeito (que pode ser um intérprete, um improvisador, um cantor ou instrumentista, um grupo, uma orquestra etc.) influencia a assimilação de conteúdos éticos, afetivos, representativos e de sensação. Por que, por exemplo, podemos preferir a versão de uma música tocada por fulano ou por sicrano, quando a partitura é exatamente a mesma? Em geral, uma série de qualidades ético-afetivas, rítmicas no sentido amplo da palavra, processadas por cada sujeito, isto é, não meramente sonoras ou formais, estarão envolvidas na intersubjetividade da relação entre *performer* e ouvinte. O processo mimético de um sujeito singular de produção (intérprete ou músico em geral) pode causar maior ou menor efeito na sujeição de um receptor específico. A singularidade de um intérprete está relacionada tanto com características físicas como com contextos sociais, bem como com processos miméticos singulares que emergem do próprio sujeito de produção e do instrumento. Toda essa relação não linear entre sujeitos e contextos participativos diferentes forma um processo mimético mais ou menos efetivo.

Mais uma abordagem mimética do gesto em música é aquela desenvolvida por compositores, cada qual com uma concepção ligeiramente diferente do que nomeiam de gesto. Veremos o que Brian Ferneyhough chama de gesto, no capítulo sobre a relação entre mimese e figura. Comentaremos com brevidade uma concepção de gesto encontrada nos escritos do compositor Luciano Berio, a qual nos servirá de exemplo para pensar outro aspecto da relação entre mimese e gesto. Em seu texto "Du geste et de la Piazza Carità", o gesto é visto como uma espécie de linguagem universal, presente em qualquer esforço humano. Gesto que também é observado como traço de processos já produzidos. A relação entre gesto e traço (ou marca) nos indica o processo mimético, posto que o traço ou re-traço, retrato, marca, tipo, retratamento ou retraimento, como vimos, é uma das formas de se aproximar e de entender a mimese. O gesto pode muito bem ser avaliado por tipos, marcas, determinações históricas etc.

Ainda cabe ressaltar que a relação entre gesto e história é fundamental na concepção de Berio e nos diz bastante sobre a sedimentação de forças sociais contidas na ação sobre sons. Diz ele: "reencontramos esses gestos na enorme acumulação de formas e formações, mesmo quando não podemos demarcar uma origem"[2]. Trata-se, nos nossos termos, da mimese do gesto. Pelo termo, pode-se pensar genericamente em qualquer ação de fazer alguma coisa, de suscitar uma comunicação qualquer. Mas, também, segundo o compositor, numa ação que gera um resíduo, uma síntese, uma seleção de procedimentos, deduzidos ou extraídos de um contexto, ou, dito de outra forma, um signo. Não entraremos nos detalhes aqui. Bastará afirmar que gesto, nesse contexto, ganha a condição de uma figuração mimética mais geral, na medida em que, entre outras coisas, tem o poder de apresentar uma espécie de dialética entre material e história presente em qualquer atividade composicional ou interpretativa.

NOTA SOBRE TEXTURA MUSICAL E MIMESE

A textura como conceito ou termo que sinaliza determinados processos miméticos na música parece ser um fato moderno, registrado principalmente a partir da segunda metade do século XX[3]. O termo emerge como parte do vocabulário crítico e teórico da música pós-tonal, pois, com a música moderna, muitos termos familiares da música se tornavam praticamente irrelevantes. A textura se tornou um conceito importante no auxílio da assimilação da nova música, servindo depois para descrever

---

2 Luciano Berio, *Du geste et de Piazza Carita. La Musique et ses problèmes contemporains*, Cahiers Renaud-Barrault, n. 41, Paris: Julliard, 1963.

3 Embora o vínculo entre textura e música seja muito antigo, como no caso grego de expressões como ἀοιδῆς ὕμνον (*haoidēs humnos* da canção), o verbo *humnos* pode derivar da raiz de *huphainein*, tecer, no sentido metafórico de tecido ou algo entrelaçado. Uma alternativa é explicar *humnos* por meio de *humen*, ambas derivadas de uma palavra referente ao ato de costurar. O uso, em geral, da palavra *humnos* confirma a relação que os gregos já estabeleciam entre o rapsodo e o tecelão. Aliás, vale lembrar novamente que rapsodo significa "aquele que costura a canção", referindo-se, portanto, ao trabalho artesanal do poeta, cantor e compositor.

A MIMESE DE PRODUÇÃO MUSICAL: CONCEPÇÕES RECENTES 191

todo tipo de construção ou experiência sintética de escuta e de produção musical.

Nas palavras de Leonard Meyer, textura diz respeito aos modos como a mente agrupa estímulos musicais simultâneos em figuras simultâneas, figura e fundo etc. A questão do agrupamento e da globalidade são importantes ao pensar no termo, uma vez que uma série de linhas melódicas simultâneas, por exemplo, pode resultar em texturas e processos miméticos bem diferentes: uma de camadas e objetos diferenciados, outra de um todo resultante mais indistinto, como no que os alemães nomeiam de *Klangstruktur*. Nesse sentido, veremos que o que Salvatore Sciarrino chamará de figura não deixa de ser uma espécie de textura, mimetizada a partir de comportamentos dinâmicos globais de sons agrupados, organizados a partir do que seria observável na natureza. Comentaremos um pouco mais a sua concepção na parte seguinte, sobre a figura.

A própria realidade sonora, vivida no campo ou nas grandes cidades, pode ser sentida ou escutada como uma grande textura. A paisagem sonora pode fazer com que determinados elementos se destaquem, depois recuem e assim por diante, como um grande tecido de figuras mais ou menos variáveis, mais ou menos homogêneas.

A compreensão da textura depende, evidentemente, da escuta e de determinados processos perceptivos. Sua associação mimética, háptica ou sinestésica, com o sentido da tatilidade e da visão, como pode ocorrer com os conceitos de grão ou de superfície, permite uma compreensão e apreensão específica de determinadas sensações sonoras. Com ela, podemos inclusive fazer a escuta entrar ou participar mais facilmente do que chamamos de zona de indistinção mimética, aquela onde senso de realidade e figuração se misturam. Como essa zona, sensações baseadas na comunhão ou participação de sentidos sensíveis, como o táctil, o visível e o audível, também costumam caracterizar uma maior efetividade de um processo mimético na música.

É notório que podemos falar de uma textura mais simples ou mais complexa, mais áspera, rugosa ou mais lisa, mais heterogênea ou mais homogênea, mais densa ou mais rarefeita etc. Muitas das texturas sonoras de Iannis Xenakis (1922-2001) costumam ser planejadas e sentidas como superfícies, sendo geralmente mais lisas e homogêneas do que as de um compositor como Brian Ferneyhough, para o qual a articulação detalhada e diferida das suas figuras circunstanciais e dos elementos paramétricos costuma produzir uma textura mais complexa e heterogênea, o que não significa ser mais ou menos interessante, ou necessariamente mais rica para uma escuta. Isso dependerá dos sujeitos de escuta, da formação de seus valores ético-miméticos e, entre outras coisas, da maneira como a textura resultante específica flui e é tratada em relação ao tempo da forma musical e ao que nomeamos aqui de ritmo ético da composição.

Como muito se falou, na segunda metade do século passado, talvez o compositor mais notável quanto à expressão textural na música de concerto tenha sido Gyorgy Ligeti (1923-2006). Peças de períodos, técnicas e estilos bem diferentes indicam ter como terreno comum o domínio da sensação textural na sua relação com o transcurso temporal. Não se trata apenas de ter produzido texturas sonoras até então inusitadas, ou mesmo de uma exploração sonora de grande beleza, mas principalmente de ter pensado com bastante precisão e cuidado o desenrolar de cada textura no tempo. Das peças orquestrais da década de 1950 aos concertos e estudos dos anos de 1980, ou até na peça para cem metrônomos, a relação entre textura, sensações e afetos de expectativa, suspense, processo e conclusão parece ter atingido com grande destreza aquilo que chamamos de ritmo ético e mimético no sentido amplo, o domínio da proporção e o contorno das formas no tempo, em sua relação com qualidades ético-afetivas promovidas pelo material explorado, algo que, em geral, encontramos em obras de compositores tão diversos como Beethoven, Lachenmann, Monteverdi ou Brahms, para mencionar alguns. Ou seja, uma espécie de direção ou senso de mudança e fluência na forma das texturas, que está sempre em função da qualidade ética e afetiva dos materiais (qualidade ética e afetiva, no sentido de tudo que eles podem evocar no âmbito do que nos é comum). Penso aqui no domínio da transformação e da mudança textural da composição em relação à sua capacidade de evocação através dos materiais explorados, evocação que ocorre num domínio mimético, isto é, num domínio do que nos é assimilável por meio de sensações, afetos e representações que trafegam no campo do que nos é compartilhável, mesmo que inconscientemente.

A MIMESE DE PRODUÇÃO MUSICAL: CONCEPÇÕES RECENTES 193

Imagens de sonho, como o do seu quarto de infância enredado por uma grande e complexa teia, densa e intrincada, com criaturas e objetos capturados por ela, são dadas por Ligeti para descrever como a sua imaginação sonhada foi uma influência originária decisiva para a confecção da sua música, aquela escrita a partir do final da década de 1950. Nada melhor como exemplo de processo mimético, descrito pelo próprio compositor: partir da imagem sonhada e fazê-la corresponder a uma trama de sons. A correspondência entre a estruturação musical e determinadas sensações visuais e tácteis sonhadas, imaginadas ou correspondidas constitui um campo mimético bastante comum de especulação criativa para diversos compositores. Ela indica um dos tipos mais comuns da mimese de produção, vinculando sentidos diferentes e sensações entre si. Ligeti diz: "a conversão involuntária de sensações tácteis e visuais em acústicas é habitual em mim. Eu quase sempre associo sons a cor, forma e textura; e forma, cor e qualidade material com toda sensação acústica. Até conceitos mais abstratos, como quantidades, relações, conexões e processos [...] têm seu lugar nesse espaço imaginário"[4]. Ligeti nos fala, com isso, de seu processamento mimético, que vai de sensações a abstrações. Como vimos, desde Platão, passando pela reconsideração renovadora de Aristides Quintiliano, presumir a música a partir da imagem pode fazer parte dos fundamentos de todo um jogo mimético.

Para dar apenas um exemplo do seu pensamento textural, vale mencionar, conforme a descrição de Ligeti, como esse sonho da teia envolvente é, de certa forma, transplantado para a organização dos sons. Em *Apparitions*, para grande orquestra, as estruturas sonoras remetem ao sonho, assim como o curso da obra no tempo, que representaria as transformações sofridas pela teia. Há dois tipos básicos de material musical. O primeiro é um derivado de um *cluster*, algo entre som e ruído, formado de várias vozes estratificadas e entrelaçadas em semitons, vozes que abrem mão da sua individualidade e se dissolvem na resultante global. Como um tecido que podemos observar ou tocar, muitas vezes não percebemos os detalhes do entrelaçamento individual das linhas, mas antes uma resultante global em grande escala. Essa é uma das principais formas de se pensar no conceito de textura, na música do século passado.

4   Gyorgy Ligeti, States, Events and Transformations, *Perspectives of New Music*, v. 31, n. 1, 1993, p. 165.

As texturas ressonantes e delicadas variam em qualidade, então, de acordo com o registro, o tipo e a densidade do entrelaçamento e a natureza das vozes individuais constituintes. Também diferem em face do naipe de instrumentos, sendo mais suaves nas cordas, mais espessas nos metais e assim por diante. O outro tipo de material utilizado na peça é formado por grupos fixos de sons que habitam o labirinto de ruído do primeiro tipo de material. Eles aparecem de forma súbita, e desaparecem, na sua maioria, da mesma maneira, como a visão de besouros ou outros objetos capturados na rede envolvente do sonho. No entanto, esses grupos deixam traços nas texturas suaves, alterando as suas configurações. A magnitude das alterações na rede corresponde à magnitude desses ataques de sons mais pontuais.

A correspondência entre imagens de sonho e a imaginação de texturas equivalentes em sons é uma forma de mimese por correspondência e instalação indireta. Uma forma até mais direta de correspondência mimética de uma textura por instalação foi elaborada por Iannis Xenakis, a partir das superfícies curvas que calculava para obras como o pavilhão Phillips, de 1958. Trajetórias similares às das linhas curvas de suporte de concreto armado que formavam as paredes da construção foram transplantadas para o controle do percurso e da velocidade dos *glissandos* das cordas de *Metastasis* (1954), revelando um processo claro de mimese musical por correspondência e instalação, num plano expositivo de maior abstração por cálculo. Exemplos como esses são inúmeros na composição musical e sempre nos darão uma ideia da relação que pode se estabelecer entre textura musical ou sonora e mimese.

MIMESE E OBJETO SONORO

Um dos conceitos mais influentes na criação da música do século passado foi o de objeto sonoro, concebido por Pierre Schaeffer a partir de uma leitura e de uma transferência conceitual de origem fenomenológica e eidética (de *eidos*, essencialista e imagética, portanto)[5], para o contexto de exploração e pesquisa de sons gra-

---

5 Não nos parece à toa que seu sucessor, François Bayle, tenho criado o conceito de i-som, imagem de som, e que muitos compositores associados a essa tradição recente pensem no som por meio de imagens ou como imagens.

A MIMESE DE PRODUÇÃO MUSICAL: CONCEPÇÕES RECENTES   195

vados, da música concreta e eletroacústica. Só a origem eidética, assim, já aponta para o seu fundamento mimético. Classificados por uma morfologia e por uma tipologia (vê-se nisso outro sinal da mimese aqui – o tipo e a forma) bem desenvolvidas desde seu *Tratado dos Objetos Musicais*, os objetos sonoros emergem, em sua concepção, somente por intermédio da chamada escuta reduzida, ou seja, a escuta que resulta de uma situação acusmática: o som ouvido sem que suas causas sejam vistas ou consideradas. Na redução da escuta, na dita escuta reduzida, as causas do som passam a ser intencionalmente ignoradas. Grande exemplo de desinstalação mimética. Pois a escuta reduzida é aquela que abstrai ou ignora a causa e a fonte real ou imaginária do som escutado, provocando assim uma desinstalação do som como índice de outra coisa, para que, então, possamos nos concentrar nas suas qualidades formais e sensíveis, descritas por uma nova instalação de conceitos, como perfis, texturas, densidades de massa, calibre, granulosidade, tessitura, duração etc. Com esse tipo de escuta, tanto faz se o som foi produzido por uma cafeteira ou um avião à distância. Trata-se, portanto, de uma forma de desinstalação mimética, desistência de alguma relação considerada verdadeira, a da correspondência indicial entre som e fonte, que abre caminho para outras tantas instalações miméticas conceituais a partir de uma mais geral, a do conceito de objeto sonoro.

Ao deslocar a atenção do signo indicial do objeto físico que causa a percepção auditiva para o conteúdo da percepção, Schaeffer busca propor um tipo de atenção ao objeto por si mesmo não mais como referência ou meio para se falar de outro objeto. À parte a idealização e a mistificação de seu discurso sobre o objeto quase como uma ontologia do fenômeno, que se vê a-histórica, imemorial, e que hoje consideramos de forma histórica e em boa parte datada, o fato que nos interessa é que a abertura proporcionada pela escuta reduzida do som possibilitou a emergência mimética de uma série de ideias e conceitos abstratos para a identificação, a descrição e a classificação do som e da sua percepção: muitos dos conceitos e ideias não parecem vingar até hoje, mas alguns ainda são bastante usados e outros emergiram a partir de autores posteriores, vinculados a essa tradição, como François Bayle e Denis Smalley. Em suma, concepções as mais variadas de descrição e classificação do som (ou, mais especificamente, do objeto sonoro) e seu comportamento no tempo e no espaço demonstraram, mais uma vez, a natureza mimética e figuracional da música no curso de sua história. Os registros e a discussão detalhada de tais ideias e conceitos é ampla e razoavelmente comum no meio acadêmico de tempos recentes, não nos caberá entrar nela. A nós, bastará apenas comentar algo de sua relação genérica com a mimese.

Conceitos como massa, calibre, sustentação, fatura ajudaram a descrever e classificar tipos e formas de sons muito variados, ampliando a visão mimética sobre sons que antes não eram tratados como musicais, e que, com toda a nova e vasta nomenclatura, novas formas de representação, passaram a ser. A capacidade de sentir, figurar e representar o som de outras maneiras, não sem deixar de criar uma zona efetiva de indistinção mimética entre senso de realidade sonora e figuração, revela mais uma vez a relação contínua entre mimese e música, observável também ao longo da história mais recente; nesse caso, pela ideia de objeto e de processos de instalação e desinstalação conceituais.

A mimese por desinstalação e instalação da música concreta baseia-se no questionamento, operado inicialmente por Schaeffer, dos conceitos tradicionais de música, os quais não davam conta das características, das formas e da escuta dos sons. Características que, como está na origem da palavra, remetem ao caractere, à marca sônica-ética, a toda uma tiposonia levada então à condição de tipologias e morfologias classificatórias. Logo, marcas e formas de ou no som passam a ser sentidas de outras maneiras, assim como o caráter ou o comportamento que se quer instalar ou descobrir nos próprios sons, nas suas formas de manipulação e de expressão.

A IDEIA DE FIGURA EM OPERAÇÕES MIMÉTICAS DE COMPOSIÇÃO: OS CASOS DE SCIARRINO E FERNEYHOUGH

Como vimos ao longo do nosso estudo, mediante, entre outras coisas, termos gregos como *plassein* e *morphē*, qualquer ideia que se faça de figura ou de figuração em música costuma se aliar a um processo mimético, seja por meio da concepção de formas, seja de conteúdos, de processos, de modelagens, de operações de

A MIMESE DE PRODUÇÃO MUSICAL: CONCEPÇÕES RECENTES   197

escrita e de representações mais ou menos específicas. No caso da música, pode existir uma correspondência do que se chama de figura ou de imagem a algum processo, operação ou objeto da composição. No entanto, tal noção ou conceito de figura ou de imagem pode ser bem diferente de um autor para outro. Daí nosso interesse em comentar apenas dois casos recentes, mais notórios quanto ao uso do termo figura.

O compositor siciliano Salvatore Sciarrino (1947-) defendeu explicitamente uma visão naturalista da arte, apresentando suas figuras como formas genéricas de agrupamento de sons, as quais seriam trans-históricas, ou seja, encontradas em estilos e épocas os mais diversos. Segundo ele, os processos que elas representam podem ser encontrados na natureza ou na experiência do ser humano desde tempos imemoriais. Assim, os processos descritos e, pelo autor, chamados de figuras seriam genéricos o suficiente para serem encontrados em épocas distintas.

Podemos falar de uma pretensão semelhante a uma a-historicidade ou trans-historicidade universal, aqui pela ideia de figura, como a atribuída ao objeto por Schaeffer, em sua época. No entanto, sabemos que as formas de conceber uma figuração em arte são sempre históricas e podem ser vistas como parte de um *Zeitgeist*, de uma singularidade mimética até certo ponto localizada numa época e em certo raio de ação artístico.

Por um lado, a concepção de Sciarrino da figura pode ser aproximada de uma ideia aristotélica de mimese, aquela que diz imitar não a natureza, mas processos encontrados na natureza. No entanto, para Sciarrino, as "estruturas lógicas do moderno florescem lentamente [...] elas devem assim estar configurando o *naturalismo* da nossa época"[6]. É interessante observar como esse seu naturalismo é ambivalente (modernista e trans-histórico), bebendo num tipo de legitimação baseada na idealização (pode-se dizer, ainda um tanto romântico-revolucionária) que se faz do "moderno". Mais importante é procurar notar como o compositor parece buscar no naturalismo um fundamento existencial – universalizante ou ontológico, legitimador e permanente – para a concepção de figuras como processos genéricos que, ao menos no livro *Le figure della musica*, são apresentados

6   Salvatore Sciarrino, *Le figure della Musica*, Milano: Ricordi, 1998, p. 23.

em número de cinco: acumulação, multiplicação, *little-big-bang*, transformações genéticas e forma por janelas.

De certa forma, esse jogo mimético conceitual consiste, para além de conceber as figuras, em querer legitimá-las com o que, para ele, é defendido e colocado quase como uma inevitabilidade da realidade: o "naturalismo da nossa época". Assim, podemos observar na sua exposição estética tanto o que chamamos de processo mimético por desinstalação, ao procurar se desgarrar das formas existentes de conceber e pensar a música, quanto uma consequente instalação, ao propor outras formas de sentir e entender a música, como por meio da sua concepção de figura. Além disso, o compositor procura instalar uma zona de indistinção entre senso de realidade e figuração, baseada no que pondera sobre uma realidade do naturalismo, o que, como teorizamos, busca tornar a sua mimese mais eficaz e contundente.

Hoje em dia, pouca coisa parece mais evidente como concepção mimética na área da música do que as figuras e as propostas estéticas elaboradas por um compositor como Sciarrino. Inclusive, suas figuras são definidas como "de pensamento", o que, para nós, como vimos, pode se associar à ideia da mimese como *cosa mentale*. Além disso, as figuras representariam a forma como, segundo ele, escutamos. "Quando escutamos com atenção, nosso ouvido segue os sons por agrupamentos."[7] Aí está a sua tentativa de fazer corresponder uma mimese de produção a uma de recepção. A própria escuta nos brindaria com agrupamentos característicos, como aqueles que ele propõe. Isto decerto pode ser questionado, posto que o compositor busca reforçar a tentativa de instalar uma verdade ou um senso de realidade sobre as suas figuras baseada na ideia de como supostamente escutamos. Entretanto, sabemos que não escutamos música necessariamente conforme as figuras que ele apresenta, ou como agrupamentos tipificados desta ou daquela forma. Vale lembrar que escutamos de muitas formas e sua acepção singular de figura é uma entre tantas possíveis.

Já comentamos uma ideia de mimese associada à escuta pela ideia de contato ou configuração, ou seja, a mimese como aquilo que alia os sons entre si e em nós, podendo conduzir até certo

7   Ibidem, p. 19.

A MIMESE DE PRODUÇÃO MUSICAL: CONCEPÇÕES RECENTES 199

ponto nossa experiência. Mas a ideia de agrupamento característico por ele discutida igualmente revela a mimese a partir do que elaboramos sobre o caractere, o tipo, a marca configurada, como numa acepção antiga do ritmo, podendo assim, associar--se ao conteúdo ético e ao caráter compartilhado entre sujeitos. Sua ideia de figura tem esse mérito e, também por isso, não deixa de querer expressar a ética de um naturalismo, mesmo que um tanto idealizado. Dissemos que Sciarrino procura aliar uma mimese de recepção com uma de produção. Como compositor, seu discurso sabe se esquivar do puro objetivismo da produção, buscando efetivar uma zona de indistinção entre senso de realidade e figuração. Todavia, é preciso ter cuidado com o discurso. O compositor siciliano diz acreditar numa evolução da música, baseada numa história de transgressões feitas por indivíduos singulares. Uma visão como essa, comum entre compositores, ainda resguarda e promove o mesmo quê modernista-romântico de tipo revolucionário sobre o artista. Pode-se concordar ou discordar, evidentemente. Mas ideias de evolução, indivíduo e transgressão costumam camuflar e esconder processos miméticos nos quais os sujeitos operam. Por isso, em nossa visão, preferimos pensar em sujeitos, transplantes, derivações, transposições, correspondências, transformações, desinstalações, instalações etc.

Cabe expor um pouco mais a questão. A sua concepção de figura, por exemplo, não surgiu do seu indivíduo isolado, mas da assimilação, do desvio e da transmigração, operados por sujeição singular, de processos e conceitos advindos da assimilação de obras e de aspectos de disciplinas correntes e diferentes de toda uma época, como a matemática (teoria de grupo ou de conjuntos), a física (*little big-bang*), a biologia (transformação genética), as artes visuais e cinematográficas (forma por janelas) etc., sendo estas últimas transpostas para o terreno de elementos musicais vistos como formas de agrupamento.

Sem dúvida, mesmo se não acatarmos a sua ontologia naturalista e trans-histórica, todos os processos por ele concebidos, e descritos na forma de diferentes figuras, tornam-se agentes de uma instalação mimética singular. Sabemos como a expressividade da sua música é característica e marcante, ou seja, fruto de um processo mimético singular que se sustenta sozinho, independente do discurso legitimador.

A sua ideia de figura como agrupamento de sons característicos em determinado comportamento processual remete tanto ao que é global como ao que é geral, na medida em que procura pensar ou organizar os sons sob formas genéricas que os englobam, formas que podem se tornar sensíveis aos ouvidos, conforme os exemplos sonoros que o compositor seleciona e dispõe. Mas essa ideia específica de figura, muito próxima da sensação que envolve a dinâmica de uma textura, procura fazer corresponder uma concepção ou forma de representação do comportamento dos sons ao que se apresenta sensivelmente para a escuta. Ao mesmo tempo, para legitimar tal instalação, busca criar uma correspondência mimética entre um conteúdo ético, social, sentido como "o real" ("o naturalismo da nossa época") e essas figuras musicais. Trata-se, portanto, de um caso característico da mimese por instalação que procura, com a afirmação sobre uma suposta realidade ("o naturalismo de nossa época") e a produção de suas figuras, criar uma zona de indistinção entre senso de realidade e figuração, sensação e sentido, apresentação e representação e, com isto, tornar sua mimese mais efetiva para os receptores.

Como vemos, cada compositor pode desenvolver seu jogo mimético por meio de uma concepção da figura (como da textura, do gesto, da força, da energia, da imagem, da ação, do objeto etc.). Isto também parece depender de certas circunstâncias, apelos ao contexto social, filosófico e estético de uma época e a sensibilidades vividas em determinados contextos, que se colocam, na voz de muitos compositores e quase que invariavelmente, como "históricos" ou "trans-históricos".

Uma concepção muito diferente de figura emergiu do discurso do compositor britânico Brian Ferneyhough (1943-), ao criticar a ideia de estilo e o que sentiu como convencionalismo do gesto, por ele localizado de forma típica nas aspirações de uma corrente musical da época, etiquetada de expressionismo neorromântico. Se o compositor italiano vê a figura como um processo dinâmico global que envolve ou pensa o agrupamento dos sons, quase como um grande objeto textural complexo e dinâmico, em Ferneyhough, a figura passa a se referir a um gesto ou a uma "natureza sintética" cujos componentes tendem a escapar de seu contexto específico, tornando-se radicais independentemente significantes, livres para se recombinar e assim formar novos gestos.

A figura, nesse caso, também indica um trabalho, uma operação, sendo o nome dado para descrever a categoria, o gesto ou a atividade capaz de operar e representar, por intermédio da escrita musical, o potencial transformador da expressão musical, uma vez que pode articular os subcomponentes do gesto, escapando do seu contexto. A sua concepção mimética de desinstalação, portanto, envolve uma espécie de mesa operatória do gesto (que equivaleria à forma convencionalmente instalada), baseada na articulação expressiva que a escrita composicional do detalhe, por múltiplos processos de transformação, articulação e estratificação, pode promover. O aprimoramento da articulação do trabalho paramétrico sobre as figuras, segundo o compositor, integra diferentes aspectos das "linhas de força organizacional" (o aspecto material, semântico e temporariamente focal), as quais, em outro texto, são explicadas pelo que há de ímpeto conectivo no espaço entre "objetos".

Com esse tipo de afirmação, boa parte do discurso, embora dotado de uma exemplificação a partir de figuras rítmicas, não deixará de descrever, de certa forma, um imaginário legitimador abstraído que se vê como realidade transformadora das práticas composicionais de uma época. Ou seja, nesse caso, a "realidade" transformadora da figura promoveria, assim, a sua forma de criar uma zona de indistinção mimética entre senso de realidade (do mundo da música) e figuração: a própria efetividade da mimese se dá na transformação da suposta realidade dada do gesto pela figura transformadora.

A sua ideia de gesto está ligada ao formato externo, convencionado, referencial e superficial de um objeto, a algo como o quê do clichê, digamos, ao passo que a figura potencializaria sua transformação por dentro, na sua busca por uma "perspectiva de profundidade". Essa perspectiva é criada com o aprimoramento da articulação, da combinação e do cruzamento de operações sobre parâmetros diversos. A ideia de desinstalação/instalação mimética sobre o que seria o gesto exerceu, quando não ainda exerce, bastante influência no meio acadêmico de produção da música, no final do século passado. Valerá, portanto, observar aqui, com maior atenção, como essa efetividade mimética se deu durante aquelas últimas décadas.

Para tanto, podemos partir de um pequeno comentário sobre a relação entre o discurso do compositor e a suposta ação da intensa figuração projetada pela escrita na música escutada, para depois destacarmos o que acredito ser o lado mais efetivo na sua mimese como um todo. Sentimos, com clareza, um foco nas operações da mimese de produção, especialmente junto à escrita, tanto a musical quanto aquela efetuada por palavras, num discurso altamente retórico. No caso dos textos especulativos do compositor, o uso de expressões como "energia formal", "energia expressiva" ou "linhas de força organizacional" – não tanto pelo que podem expressar (com legitimidade, cabe dizer) sobre a operacionalidade e o resultado do trabalho composicional, ou mesmo como ambivalência, poeticidade livre e imaginativa sobre uma escuta bastante idealizada ou abstraída, e mais pelo que diria respeito à escuta propriamente dita na recepção participativa das peças produzidas – não deixa de poder ser questionado; sobretudo quando as estruturações projetadas por escrito como figuras detalhadas, vistas como fonte da expressividade, defendidas por meio desses conceitos de origem científica, retórica ou filosófica, muitas vezes não parecem levar em conta o poder evocador, sensacional e afetivo de sonoridades resultantes, principalmente no que diz respeito a sua relação com o transcurso rítmico-ético do fluxo musical, em particular nas escalas média e global; ou, ainda, com frequência não parecem levar em conta o contexto associativo e de contágio participativo de sons e timbres entre si, e em suas relações com registros materiais e sígnicos distintos, mesmo aqueles exteriores ao que é apenas sonoro, os quais ajudam a estabelecer o ritmo no sentido ético que temos analisado.

Num campo de sensação, de participação e de escuta, por exemplo, boa parte das peças apresentadas pelo que foi chamado de "complexidade" pode ser sentida como foz mimética de uma tradição figural do serialismo. Por outro lado, a idealização de uma variedade contínua de distribuição figural é pensada e realizada essencialmente através da projeção da escrita musical, e não de características de sensação, de vínculo afetivo e emocional, apreensíveis nos sons e na escuta: por isso, a atividade pode não trazer à baila outras dimensões associativas de evocação e sensação, independentes da articulação minuciosa e localizada que a própria escrita complexa permite, resultando, muitas vezes, na ausência de uma zona de indistinção mimética mais equilibrada ou efetiva (entre senso de realidade sonora e figuração), ou de uma

A MIMESE DE PRODUÇÃO MUSICAL: CONCEPÇÕES RECENTES   203

condução ético-rítmica subjacente, efetiva no curso das peças. O trabalho enfoca e faz dominar uma figuração local purificada pela abstração da escrita; assim, o foco quase absoluto numa figuração localizada e abstraída na escrita compromete a sondagem de uma ritmia, no sentido ético e participativo que temos concebido, porque desequilibra a zona de indistinção mimética, ao atribuir um peso muito maior à ação da figuração do que à condução de um senso de realidade sobre o que é sonoro. O que queremos dizer, mais sinteticamente, é que o trabalho de figuração se impõe de maneira obstinada ao senso de realidade e de percepção mais amplo dos sons e do seu transcurso, também no sentido da ética e da participação, dissolvendo em grande parte a zona de indistinção mimética entre senso de realidade e figuração que dinamiza a escuta e torna sua mimese de recepção mais efetiva. O peso da figuração pode ainda comprometer a formação de um ritmo ético insensível e condutor, no sentido amplo que temos teorizado. Acredito não ser por acaso que esse compositor tenha procurado rumar, em obras mais recentes ou posteriores, para uma preocupação maior com o som ou com a sonoridade na sua concepção de figuras.

A sensação sobre a forma ou sobre o tempo vivido na escuta sem uma condução ética-mimética subjacente mais efetiva pode nos conduzir a um, não raro, sentimento de saturação ou de estaticidade; no caso, estaticidade de uma esquizofrenia figural, em que a distribuição articulada de signos e de energia se torna mais importante que a própria condução ético-mimética. Sentimento associado ao que foi descrito literariamente como "ramagens caprichosas de uma fachada rococó"[8].

Sem a ação subterrânea ou inaudível do que chamamos, em outros momentos, de um ritmo ético ou de uma zona mais equilibrada que confunda o senso de realidade das sonoridades com sua figuração – algo, como foi dito, bem mais presente em suas peças posteriores, como nos últimos quartetos de cordas –, muitas peças associadas ao gênero composicional dito "complexo" podem, paradoxalmente, empobrecer a escuta, pois não intensificam a participação ético-mimética dos ouvintes, ou, então, produzem um excedente de figuração que pode saturar o processo ou canal

8   Robert Musil, *O Homem Sem Qualidades*, Rio de Janeiro: Nova Fronteira, 2006, p. 99.

de participação. Algo diferente podemos encontrar em outros compositores e obras da mesma época, aqueles que conseguem erigir esse ritmo ético global e essa zona de indistinção mimética com mais frequência: os condutores éticos parciais, aliados a uma zona de indistinção mimética mais efetiva, são até certo ponto insensíveis e indescritíveis, mas dinamizam em muito a escuta de uma obra musical; caso do que ocorre em vários trabalhos de Helmut Lachenmann ou de Giacinto Scelsi, por exemplo.

Voltemos à questão da concepção especulativa da sua mimese de tipo figural escrito, pois é ela que, por seu lado, dá um interesse não puramente artístico, mas também político e participativo à sua produção. As explanações de textos como "Il tempo della figura" ajudam a compreender aspectos miméticos da prática desse compositor, como ao usar termos como figura, energia e força, pensados a partir da imagem poética de John Ashberry. Acreditamos que uma das formas mais efetivas criadas por Ferneyhough para tentar fabricar uma zona de indistinção mimética entre senso de realidade e figuração se dá justamente por meio da sua discussão especulativa.

Energia e força são conceitos que, segundo o compositor, têm alguma utilidade para podermos vislumbrar a relação entre objetos musicais e perspectivas formais sugeridas pela interação de aspectos locais e ancilares desses objetos, considerados radicais livres que possuem o potencial de desdobrar e de se reproduzir em trajetórias lineares independentes. Forças atuariam sobre objetos musicais que podem ou não resistir a elas. A violação da integridade do objeto assinala a medida da força e da energia dispendida, que ele associa a sua "história expressiva". Quanto mais resiliente é um objeto ou gesto musical, maior o cálculo de forças e de energia necessário para que ele se desmaterialize. A visão mimética que o compositor desenvolve em toda sua especulação verbal se baseia num trânsito poético ou metafórico, operado por fluxos de determinações em rede, de noções provindas tanto da física como da literatura, da retórica e da filosofia.

O poema de Ashberry descreve o lapso do sonho – como única forma de percebermos que se trata de um sonho – com a imagem de uma onda quebrando numa rocha que, assim, abre mão da sua forma, mas num gesto que expressa essa forma. Diz o compositor (claro que é a sua interpretação) que duas ideias

A MIMESE DE PRODUÇÃO MUSICAL: CONCEPÇÕES RECENTES 205

principais estão ali costuradas: primeiro, a visão de que o presente só se constitui como "ausência sentida"; segundo, que nossa linha de vida para a realidade pode ser interpretada como uma forma de movimento; em suma, que o próprio momento percebido tem movimento.

A imagem da onda pode indicar tanto uma natureza física, cuja energia interna constitui um potencial de "criação", como o momento da percepção. Então, noções e aspectos que provêm da experiência, do senso de realidade e de figuração humanos passam a se confundir: tem-se aqui uma forma discursiva de tentar suscitar uma zona de indistinção mimética, a partir de uma imagem poética que servirá para descrever o que chama de tatilidade do tempo. A energia presa na onda é lançada numa forma concreta, de uma grandeza física ela se torna uma configuração. Trata-se, como diz o compositor, de uma ação com estatura simbólica, pensada, portanto, como zona de indistinção, por intermédio da correspondência entre a sensação de uma realidade física e uma figurada. Logo, a zona de indistinção, assim imaginada mimeticamente, parece também visar o seguinte: a realidade do gesto deve ser implodida como a onda, liberando sua energia em partículas mais soltas e livres; liberação operada pelo que nomeia de figura (ou seja, aquela que configura o que antes era uma forma global de energia aprisionada). Poderíamos dizer com isso que a sua zona de indistinção mimética pretende operar nesse trânsito entre o gesto "real" e a figuração operatória e transformadora da sua realidade.

Como dissemos, seu processo mimético discursivo se vale de reflexões que mesclam e mimetizam conceitos físicos, imagens poéticas, interpretações singulares, considerações sobre semântica, entre outras áreas e temas, envolvidos numa rede de correspondência verbal que busca descrever e legitimar a sua prática composicional.

Num exemplo musical concreto, em que o compositor busca fazer uma demonstração, "linhas de força" atuariam na transformação de uma linha rítmica inicial, mediante o mapeamento de outras características sobre seus componentes (como variação métrica, número de ataques, níveis de subdivisão), multiplicando as tendências perceptivas, ou dissolvendo, gradualmente ou não, uma tendência inicial. Um gesto rítmico, visto como força cristalizada, é apresentado à sala de operação onde "linhas de força" irão desmembrá-lo e transformá-lo. Claro que o que o compositor expressa é somente uma das possíveis formas de se escutar o processo de transformação efetuado pela escrita, pois, de certa forma, nem sempre sentimos tal processo como desintegração e reconfiguração de um gesto, mesmo numa figura tão simples.

A rede de conceitos, reflexões e imagens do seu discurso verbalizado parece procurar legitimar, quando não enfeitar retoricamente, seu rico pensamento sobre os processos de composição, operando de modo mimético tanto por instalação como por desinstalação. Cabe especificar: tanto pelo que procura fazer corresponder por intermédio de conceitos e estruturas (por exemplo, quando relaciona o que pode chamar de "categorias perceptuais" ou significação a sua concepção de figura, ou quando vincula o aprimoramento e a re-funcionalização de parâmetros ao que nomeia de linhas de força entre objetos) como por sua idealização da figura como categoria, ação ou meio que permitiria desinstalar as propriedades culturalmente cristalizadas do gesto instalado. Nas suas palavras, "só a desconstrução consciente e sistemática do gesto em constelações figurais móveis promete ultrapassarmos as limitações inerentes a ele"[9]. Podemos notar o desejo e o esforço consciente de procurar desinstalar determinadas configurações miméticas instituídas, com a instalação de outras relações e correspondências, numa espécie de "dissecação reordenadora". Sem dúvida, esse ideário fomentou infindáveis formas locais de expressividade singular, operadas em diversas composições musicais, assim como serviu de modelo de ação composicional para muitos compositores, improvisadores e seguidores. Mas isto, é evidente, não retira a crítica efetuada quanto ao peso atribuído à figuração e um consequente desequilíbrio, bastante sensível quanto à zona de indistinção mimética referente à escuta. Ou seja, o nosso questionamento não estaria na escrita complexa em si, mas na sua capacidade ou não de se vincular a uma ritmicidade ética dos sons na escuta, pensada especialmente a nível médio e global, que permita maior adesão participativa a partir da zona de indistinção mimética, onde senso de realidade

---

9　Brian Ferneyhough, Form-Figure-Style: an intermediate assessment, *Perspectives of New Music*, v. 31, n. 1, 1993, p. 39.

A MIMESE DE PRODUÇÃO MUSICAL: CONCEPÇÕES RECENTES 207

e figuração costumam se confundir e se entrelaçar, tendo pesos mais ou menos equivalentes.

Por seu lado, podemos observar, mediante o jogo discursivo, uma forma de instalação mimética bastante efetiva, especulada e promovida por esse compositor, a qual gira em torno de uma concepção sem definição fixa de figura, figura que ele mesmo pretende conceber de um novo modo, como diz em "Il tempo della figura", para dar conta de uma distinção que tem em mente: "entre o delineamento global de um formato musical e seu potencial interno de auxílio à formação de estados musicais aos quais não é coexistente, como um pré-requisito para se chegar num *insight* mais preciso na condição problemática do pensamento formal/composicional". Dessa maneira, a figura é proposta como "um elemento de significação musical composto inteiramente de detalhes definidos por sua disposição contextual e não por sua capacidade referencial inata, estilisticamente definida". Ela pode se referir, no entanto, ao que é detalhado em um contexto, a uma rede de trocas "energéticas", a uma instância mediadora entre objeto e processos estruturantes, enfim, a algo que pode se aproximar do que chamo, na teorização deste livro, de singularidade, sem operar por referenciais considerados inatos, produzidos pelo reconhecimento sígnico mais imediato. A sua noção de figura é idealizada, portanto, podendo ser comparada ao que identificamos, em nossa teoria, como singularidade.

Singularidade, em aproximação nossa, também por aquilo que o compositor definiu como o propósito da figura: desconstruir a organicidade e abrir o em si do organismo para um número indefinido de direções possíveis. A indefinição *a priori* – no caso de Ferneyhough, das possibilidades de direção – caracteriza o que nomeamos de singularidade e de sujeito de maneira genérica, na nossa teorização. Essa indefinição, na visão de Ferneyhough, é gerada pela sobreposição e pelo constante remapeamento de operações distintas para cada contexto específico.

A sua especulação reflexiva, juntamente com o que assume ser a sua posição diante do momento sócio-histórico em que vive, busca tornar a sua mimese mais efetiva. A sua concepção de uma zona de indistinção mimética emerge da tentativa contínua de provar a mobilidade contextual do que chama de figura e a fatalidade imóvel e convencional do que identifica por gesto, na cultura musical. Tivemos assim, do ponto de vista específico e discursivo, uma mimese bastante efetiva, que idealiza a desinstalação ou des-istência do gesto formatado por meio da instalação contextual de processos múltiplos de manipulação escrita, a fim de gerar novos ou potenciais gestos futuros. Mais do que ter uma definição fixa, a figura deveria ser notada, de acordo com Ferneyhough, como um jeito de perceber, categorizar e mobilizar as configurações concretas do gesto. Para legitimá-la, ele chega ao ponto de relacionar a sua figura com a ideia benjaminiana de aura, ao dizer que a ideia de figura deve clarear o caminho até a aura, ideal visionário da obra em conversação com o ouvinte, como se fosse um "sujeito consciente". Nada nos parecerá mais distante dos propósitos do próprio Benjamin. No seu jogo conceitual, a figura se alinhará de alguma maneira ao que há de sujeito e singularidade na obra, conforme a nossa teoria. Por isso, podemos aproximar sua concepção de figura à ideia de singularidade subjetiva que temos discutido, tanto por sua caracterização sempre contextual, por sua indefinição transcendental e por sua ação não autônoma quanto pelo que é, por fim, relacionado pelo compositor com a ação de um sujeito (seja na obra, seja no ouvinte); a figura como aquilo que faz da obra um sujeito, o que estará em acordo com nossa teoria mimética.

Assim sendo, não nos parece à toa que todo o discurso estético de Ferneyhough, como no texto "Parallel Universes", defende a manutenção do sujeito, em meio ao seu questionamento comum do que se convencionou nomear, na época, de forma perigosamente totalizante, de pós-modernismo. A retórica é forte: "meu sujeito, em certo sentido, é o Sujeito, o mais dolorosamente ambíguo dos constructos sociais". Sujeito que, embora seja evocado e defendido por Ferneyhough como aquele mesmo que surgiu do iluminismo (daí o compositor não fugir de um ideário romântico revolucionário da sua atividade; o Sujeito tratado com "s" maiúsculo não indica apenas uma generalidade, mas uma espécie de heroísmo), é certamente um operador ou ator indispensável no que chama de figura.

Temos defendido, neste livro, uma ideia de sujeito como singularidade que se dá na obra, no produtor ou no receptor para se pensar em processos miméticos tão diversificados. No discurso

A MIMESE DE PRODUÇÃO MUSICAL: CONCEPÇÕES RECENTES 209

de Ferneyhough, o sujeito é elevado ou agigantado, e isto não precisa ser visto apenas como aberração. Vale perceber ainda que muitos de seus processos de sujeição são derivados da tradição serialista, bem como emergem do cruzamento das suas tantas leituras e análises de outros autores, assuntos e áreas. Ou seja, seu "sujeito" também advém do pensamento cruzado de leituras variadas que ele assimila e processa com grande avidez, muitas das quais ressoam e são comentadas, outras que nem são mencionadas no seu discurso escrito (por exemplo, toda crítica de Adorno ao gesto, toda visão libertadora sobre a figura, em autores como Lyotard). São elas que lhe permitem, por meio de seu processo subjetivo, especular sobre o que seria a relação entre significação e expressão na música e, assim, propor a sua visão de como uma composição fugiria das formas carregadas de convenção e referência.

Portanto, um sujeito como singularidade pode ser considerado para toda operação mimética de cruzamento e manipulação detalhados dessas heranças intelectuais e artísticas, ou seja, do cruzamento e da transformação de ideias e obras preexistentes, e, sem dúvida, é isto que encontramos em sua obra e em sua fala. Eis uma boa amostra de um complexo processo mimético. Mas é preciso dizer apenas que o que entendemos por sujeito não é o Sujeito de origem iluminada, moderno centro solar que o compositor mesmo espelha para si ou se auto-outorga com a ênfase no "s" maiúsculo. Talvez por isso, se o neorromantismo não estará mais na sua música, ironicamente, ele ainda pode ser detectado na sua retórica discursiva (não resistimos a uma pequena anedota: com o "S" de sujeito num peito inflado pela própria mimese, só nos resta pensar: para o alto e avante). Sem dúvida, tal tipo de autoaferição discursiva, com tons grandiosamente épicos, ajudou a promover a singularidade inquestionável de um sujeito, promovida por uma ideia móvel, retoricamente talhada, de figura. Isso está longe de ser exclusividade desse compositor, é algo com frequência reivindicado e promovido por diversos compositores de tempos recentes, numa lógica de (auto)legitimação pessoal e histórica, via discurso retórico e conceitual.

É também curioso observar como todo o esforço conceitual e artesanal para se livrar das convenções e refencialidades culturais mediante a escrita figural, qual seja, todo esforço real e louvável de operar uma forma de desinstalação mimética (legitimado, em grande parte, pela pena de Brian Ferneyhough, mas efetuado, vale dizer, por todo um grupo de compositores, no final do século xx) tenha se tornado ele mesmo – e rapidamente – a fonte de uma prática convencional e fetichizada de composição e improvisação, fruto da instalação de um academismo dignificador, quando não repetitivo. Um academismo dignificador em torno das ideias e das práticas descritas por compositores como Ferneyhough, assim como para compositores de gerações imediatamente anteriores, parece ter sido fundado, por um lado, em uma fetichização da ideia de complexidade como valor teórico e prático de composição, complexidade não raro considerada, àquela época, algo elevado ou até superior em música; por outro, fundado em um culto praticamente acrítico e quase místico ao redor de um ideal de "desconstrução", fosse ela derivada de um *Zeitgeist* de origem filosófica ou não, a partir do que chegou a ser chamado por emblemas como "sabedoria recebida".

Cabe observar como a idealização em torno de uma "sabedoria recebida" e, por vezes, supostamente desconstruída pelo artista foi retoricamente propagada, se não promulgada na forma de verdade artística, por todo um círculo acadêmico do período. Convém lembrar que uma crítica como a que fazemos aqui tem por base a ideia de que respeitar o trabalho singular do artista e do excelente professor de composição, como Ferneyhough, não significa acatar de modo incondicional o que disse ou escreveu, verbal e musicalmente, e que foi muitas vezes enfeitado e propalado de forma acrítica por uma espécie de amplificador acadêmico. Nem significa deixar de questionar os efeitos de estaticidade e saturação em muitos casos da música produzida, de um ponto de vista rítmico-ético (algo que também ajuda a entender, pelo menos em parte, a queda mais abrupta de sua *mimēsis/ méthexis* numa recepção e numa produção musical mais recentes – o que parece não ocorrer de maneira tão acentuada com relação a autores como Ligeti, Scelsi e Lachenmann).

No entanto, não há dúvida de que esse campo mimético se tornou e ainda é efetivo, tanto no plano das práticas como no discurso acadêmico. Como exemplo de amplificação mistificadora, pouca coisa nos parece soar melhor do que o que foi intitulado a respeito do compositor, como antecipamos, pela bela

A MIMESE DE PRODUÇÃO MUSICAL: CONCEPÇÕES RECENTES 211

sonoridade da língua de origem: *shattering the vessels of received wisdom*. Esse tipo de idealização que legitima o compositor de forma mistificadora ainda costuma aparecer aqui ou ali, mas foi bem mais comum ao final do século xx, conforme demonstram livros e publicações sobre compositores vivos, suas obras ou o teor de alguns textos dos próprios artistas[10]. Boa parcela de uma ideologia sobre a condição aurática do compositor – compositor que, como vimos, persistia almejando até então o caminho supostamente aurático de suas obras – foi desfeita, em parte, por certo esgotamento do sentimento de extrema novidade ou radicalidade que ainda rondava as formas de expressão composicional. Com a intensificação das comunicações e das redes de circulação de informação, de áudio, de partituras e de músicas, de trocas e participações diversas, esse tipo de ambição parece ter envelhecido rapidamente, em tempos mais recentes. Podemos perceber que uma nova geração de sujeitos singulares, produtores de música com marcas singulares, já não se vê no mesmo tipo de contexto ou de pretensão que as gerações anteriores. A forma da participação se transformou.

A observação mais independente e distanciada de buscar a maneira como são criadas correspondências e desinstalações miméticas, como a que procuramos desenvolver, permite, ao menos de modo parcial, desmistificar alguns aspectos de certas produções artísticas, demonstrando que uma atividade pretensamente aurática sempre é mais artificial, relativa e construída

---

10 Vide a série de livros sobre compositores de instituições como o Ircam, nas últimas décadas do século xx, hoje inexistentes. Um tipo de projeção aurática sobre compositores, ou mesmo romântico-revolucionária (seja de cunho equivocadamente benjaminiano, modernista ou não), ainda se reproduzia com força em certa lógica de legitimação do meio musical de ponta, mas se torna bem mais relativa, menos épica e fetichista, a partir do século xxi. Já a monumentalização ou a megalomania associada a certas práticas composicionais ou compositores, algo que parecia resistir como valor de culto, inclusive na segunda metade do século xx, se não se tornou cômica e risível, em tempos mais recentes, ao menos costuma ser vista com mais ironia ou sentimento de anacronismo até por quem é passível de ser manipulado, por falta de conhecimento da diversidade e da riqueza das práticas e dos discursos musicais mais recentes. Felizmente, não levamos mais tal construção mítica (e, muitas vezes, autobiográfica), baseada em grandeza ou importância, tão a sério como no passado, com exceção de algum academismo autolegitimador um tanto rançoso, ou seja, que ainda se expressa em torno de uma suposta "relevância", um sentimento de propriedade privada sobre o que faz ou sua aparente "importância".

do que o que o discurso e a política de valores do artista e de seu entorno costumam querer demonstrar, não raro de forma um tanto fetichizada (seja através de um feitiço retórico, poético, dignificador, ou da constante tentativa de promover uma zona de indistinção mimética entre uma realidade figurada e uma figuração realista a respeito da arte, do discurso e do autor). Uma construção do sujeito da obra como algo atado ou que se mescla a uma figuração idealizada ou heroica do compositor, muitas vezes promovida pelo próprio, parece especialmente notável a partir do início da era moderna ou do que costumamos chamar de Renascença (falamos do caso de Vicentino, por exemplo). No entanto, a mesma construção parece recuar um pouco nas últimas décadas, graças a uma sensibilidade cada vez mais coletiva e ampla para uma grande rede de artistas e de obras singulares, passíveis de serem observadas numa ontologia mais plana, a partir de processos miméticos os mais diversos; sensibilidade promovida, em grande parte, pelas possibilidades tecnológicas recentemente ampliadas de acesso, de participação e de compartilhamento de conhecimentos, informações, valores e técnicas, enfim, de perda positiva da aura mistificadora, no cruzamento dos mais variados campos e das mais variadas práticas artísticas.

PARTE IV

Concepções Miméticas de Amigos Compositores

Breve Comentário Sobre Exemplos Sonoros

Os exemplos sonoros vinculados a esse livro contam com a colaboração de amigos, compositores e intérpretes, mais próximos do autor. Eles podem ser ouvidos e apreciados no site indicado[1]. Cada um dos compositores elabora processos miméticos diferentes, alguns dos quais pretendemos comentar a partir de agora, em geral de forma sintética e resumida, não apenas a título de ilustração, mas como meio de exemplificar alguns aspectos do que temos discutido, sem nem de perto querer esgotar o assunto e muito menos o que pode ser dito sobre as músicas. Com as peças expostas e os comentários que as acompanham, desejamos oferecer ao leitor a exposição de uma face concreta de alguns processos miméticos diferentes que podem ocorrer na concepção de uma obra musical e na sua escuta, a partir de um repertório corrente, da nossa época.

1   Acesso em <https://soundcloud.com/editora-perspectiva> ou pelo QR-code à direita

MIMESES TEXTURAIS DE TEMPO E ESPAÇO
EM GUILHERME NASCIMENTO

O amigo compositor Guilherme Nascimento (1970-) elaborou conceitos próprios para fazer corresponder sensações, afetos e representações espaciais e temporais a determinadas texturas musicais; conceitos que se tornam úteis também para pensarmos processos de composição de uma textura musical[2]. Ele os localiza no repertório e os utiliza na sua prática. De certa forma, assemelham-se ao que Sciarrino chama de figura, mas representam e descrevem sensações, representações e afetos diferentes. Alguns estão voltados para a questão de como o tempo é sentido, ou ganha sentido, em texturas musicais. Como já vimos para outros casos, tais noções demonstram um processo de instalação mimética, na medida em que o compositor procura estabelecer correspondências entre sensações, afetos e representações espaciotemporais, no caso, sensíveis em texturas musicais, a conceitos que os descrevem, elaborados a partir da discussão de outras artes, como a pintura, o cinema e a literatura.

O seu conceito de "tempo de ancoragem" tem por base um estudo comparativo com a questão da passagem do tempo em narrativas literárias. O autor constata que, pela ausência em música de recursos como "nos dias que se seguiram" ou "dois meses depois", o tempo da história se torna impraticável, em relação ao tempo do discurso[3]. Em música, no entanto, pode-se sentir algo como uma história que vai ao futuro (*flashforward*) ou volta ao passado (*flashback*), mas não se pode estabelecer, pelo significado de uma linguagem objetiva, "há quanto tempo aconteceu o passado nem acontecerá o futuro".

Seu conceito de tempo de ancoragem vem descrever a constância temporal de um trecho musical, determinada por uma noção global de velocidade, no momento em que uma textura musical se estabelece. Uma vez determinado um tempo de ancoragem padrão, pode-se verificar onde e como se dão momentos

---

2 Textura aqui como instância musical que prioriza alguma sensação global promovida pelos elementos sonoros envolvidos; como um tecido, no qual a trama dos fios pode resultar numa sensação percebida globalmente.

3 Distinção teorizada, entre outros, por Umberto Eco, *Seis Passeios Pelos Bosques da Ficção*, São Paulo: Companhia das Letraas, 1994.

de aceleração e desaceleração da sensação global de tempo. Além das figurações rítmicas, outros elementos podem influenciar nas sensações de aceleração e desaceleração, como acentos, ataques, intensidades, comportamento dinâmico em registros distintos, articulações etc. Isto é demonstrado em seu livro, por meio de casos diversos[4].

Contando com a generosidade e a amizade do compositor, gostaria de comentar dois exemplos que considero mais claros, extraídos de sua obra. No primeiro, a peça para orquestra *Lembro-me de Ter Visto um Boticário* (2008) estabelece uma textura alongada e contemplativa, com certo padrão temporal que podemos vincular ao que chama de tempo de ancoragem. A sensação de uma constante temporal é formada tanto por uma regularidade espaçada na aparição dos sons alongados na textura quanto pelo timbre mais homogêneo e simples dos harmônicos de cordas do início. O tempo de ancoragem é mantido durante a peça, mas, aos poucos, sofre algumas perturbações causadas pela entrada gradual de outros timbres, modos de tocar e gestos, forçando a escuta a acelerar e desacelerar o padrão temporal de forma bastante sutil e momentânea. Há como que uma leve ondulação temporal da forma musical, tendo por base esse tempo de ancoragem alongado, estabelecido com clareza e homogeneidade tímbrica, no início da peça. Mesmo com a entrada de sons médios e graves mais articulados e percussivos, e com a saída dos harmônicos das cordas, a memória de um tempo alongado é sustentada por outros instrumentos, como os metais e os sopros. A complexidade gradual de timbres parece influenciar mais a ondulação sutil do tempo de ancoragem do que operações rítmicas ou discursivas específicas. A pureza dos harmônicos do início vai ganhando em complexidade tímbrica pela mudança gradual dos modos de tocá-los. É assim, entre outras coisas, que a mimese da peça também nos parece se tornar mais efetiva e participativa: a "realidade" do som, estabelecida como sensação tímbrica, vai se misturar com a mudança gradual promovida por sua figuração, conforme o que falamos sobre uma zona de indistinção entre o que se apresenta como realidade e como figuração. Além disso, tanto gradativa como repentinamente, diferentes registros físicos e de materiais

---

4   Para esse e outros conceitos, ver o livro de Guilherme Nascimento, *Os Sapatos Floridos Não Voam*, São Paulo: Annablume, 2012.

passam a entrar em relação participativa, a partir da sua diferença sutil ou não de timbre, como o lenhoso, o metálico, o aéreo[5].

Esse contágio ou essa relação participativa através de timbres é de uma ordem mimética, conforme o que expusemos sobre o ruído e sobre outras peças, em acordo com as especulações de Jean-Luc Nancy.

Sons articulados de forma extremamente rápida, como os improvisos balizados e condicionados da peça, ganham a mesma condição do tempo de ancoragem, na medida em que se fixam; seu alto grau de agitação perturba apenas com sutileza a sensação global do tempo, uma vez que são percebidos como uma sonoridade mais complexa e áspera, mas ainda global e contínua. Ao juntar-se, gradualmente, com um fundo grave, também em ebulição localizada, essas figuras mais agitadas de sentido global vão ganhando o fundo, enquanto o que era fundo grave pode ganhar seu momento de figura destacada, no primeiro plano da escuta. O processo reflete outro conceito do compositor, baseado na ideia de figura e fundo da pintura, especialmente quando diz: "um fundo muito interessante pode se tornar figura, e uma figura de pouco interesse corre o risco de acabar como fundo"[6]. Assim, uma peça como essa doa, para a escuta, a possiblidade de sentir uma oscilação sutil, tanto entre figura e fundo quanto na sustentação de um tempo de ancoragem.

O segundo exemplo a comentar é a peça *Só Assim Eu Ficaria Com os Sapatos Floridos* (2005-2006), para flauta, vibrafone e piano. No prefácio do seu livro, eu havia comentado meu arrebatamento subjetivo ao ouvi-la ao vivo. Minha sujeição mimética a descreveu como uma "temporalidade regida por uma fina linha flutuante, com toda sua elegância, transparência, sombra interna quase invisível e a contorção sutil das leves transformações". Conforme a nossa teorização da mimese, essa imagem mais poética é exemplo de um reflexo mimético, provindo do efeito do que

---

5 Na primeira seção da peça, é interessante observar a diferença gradual entre modos de tocar os harmônicos para cada nota vizinha que vai aparecendo (do *sul tasto* apenas, ao *sul ponticello* e depois ao ½ *legno* ½ *crine* etc., gradativamente acumulados). O processo reflete a própria ideia de participação e de contágio por timbres como mimese. Após um grande corte, estruturas melódicas e improvisatórias que se fundem também provocam o sentimento de contágio e participação entre as sonoridades.

6 G. Nascimento, op. cit.

se apresenta no receptor, com alguma singularidade subjetiva da sua parte.

Outra maneira de sentir tal peça pode ser analisada com os conceitos elaborados pelo próprio compositor, uma vez que eles também parecem servir para a descrição da sua experiência, embora aqui de forma mais induzida. A mesma ondulação sutil do tempo de ancoragem da peça para orquestra pode ser considerada, assim como uma oscilação – – no caso, menos sutil - entre figura e fundo, que se dá pela alternância de intensidade e de presença dos três instrumentos distintos. Entre outras instalações conceituais do compositor, a sua noção de *flashback* igualmente pode ser evocada, ao pensar em como o final da peça prolonga os sons de vibrafone. A prolongação, no caso da minha escuta, auxiliou a evocar a memória do seu início, como um *flashback*.

Logo, Guilherme Nascimento estabelece uma relação entre situações musicais sensíveis e conceitos que procuram descrever as sensações de tempo e espaço a elas vinculadas. Essa correspondência, como vimos em teoria, opera um processo mimético por instalação. Ela se dá entre situações audíveis e determinados conteúdos sensoriais, representativos e ético-afetivos por nós compartilhados. Em contraposição, os títulos de suas peças procuram desinstalar correspondências, operando, portanto, uma mimese por desinstalação, já que o desejo do compositor é que eles não tenham qualquer vínculo estabelecido com o conteúdo musical das peças.

MIMESE E CEIFA DE SONS NOTURNOS EM RODOLFO CAESAR

Rodolfo Caesar (1950-), compositor amigo, oferece, com sua obra, um conjunto variado de associações e processos miméticos passíveis de observação, tanto em sua pesquisa e prática musical como em seus textos descritivos e críticos, os quais entram em sintonia fina com boa parte do que temos teorizado neste livro. Com a escuta de algumas peças e o auxílio de seus escritos, podemos inferir uma série de associações ao que temos explorado e pensado até aqui sobre a mimese. Comentaremos apenas algumas destas associações, a partir do seu relato sobre a peça eletroacústica

Círculos Ceifados (1997), título do seu livro homônimo[7], e da generosidade provinda, como em Guilherme Nascimento, Michelle Agnes e Bruno Ruviaro, de uma amizade pessoal.

Uma primeira consideração geral sobre mimese no pensamento do compositor gira em torno de uma definição sintética da escuta, exemplarmente intuída no livro citado (p. 94). O compositor diz: "nossa escuta agora é primitiva como a da caverna; participante como aquela, a escuta é uma escrita". Só nessa frase, já podemos encontrar pelo menos três níveis do processo mimético que temos discutido, sintetizados por Caesar num denso e simples comentário. Em primeiro lugar, o primitivismo associado à mimese, como foi bem apontado pelo antropólogo Michael Taussig, a partir de autores como Walter Benjamin e Adorno, ou a mimese como experiência remota e fundamental no limiar entre natureza e cultura; em segundo lugar, a relação participativa, que vimos como o outro lado da moeda da mimese (*mimēsis/méthexis*) e, pela participação, a definição da escuta como escrita (o que se compara ao que vimos ao analisar a mimese pelo que tem de retraço, traçado ou retratamento, como comentado antes).

No caso da sua peça *Círculos Ceifados*, a correspondência mimética global tem um lado bem evidente: está na perceptibilidade e na proximidade explícita da música composta com os sons noturnos de animais diversos (grilos, sapos, morcegos, micos etc.), efetuada na mistura combinada entre gravação e síntese. Já o jogo mimético menos evidente se encontra nos contínuos processos de instalação e desinstalação de semelhanças e de diferenças – feitas por meio sintético, mas também com uso de gravações e observações espectrais, e fundadas num respeito especial pela escuta dos objetos observados e fabricados – em relação ao que seria o som e o contexto "natural" desses animais.

Vimos como, em especial no período moderno, a ideia de mimese se alia frequentemente a uma ideia de desistência ou afastamento da verdade, ou, então, de uma relação mutante com ela (ou com o conhecimento). Em seus escritos, Caesar não deixa de insistir na desinstalação da verdade sobre o que dirá sobre sua obra, questionando a necessidade de o ouvinte saber o que ele buscou instalar, ao descrever e produzir a sua mimese de

---

7   Para a visão e o pensamento detalhados sobre sua obra, ver o livro *Círculos Ceifados*, São Paulo: 7Letras/Fapesp, 2008.

CONCEPÇÕES MIMÉTICAS DE AMIGOS COMPOSITORES...

produção. Esse respeito pela desistência ou desinstalação (ela mesma um sinal da mimese como desistência da verdade, como vimos) também se alia ao que o compositor desejou valorizar como efeito sem causa atribuída, na experiência estética do que se apresenta. Ou seja, aquilo que fascina ou encanta ao deixar um quê de mistério ou magia a seu respeito, uma causa misteriosa ou escondida, algo sempre associado à experiência mimética[8], como no seu gosto pelo mistério sobre a causa dos círculos ceifados nos campos da Europa, que, por não contar com qualquer testemunho ou declaração de autoria, gerou tanta fascinação e dúvida, quando não diversão e comicidade[9].

Tanto a escuta quanto a descrição de uma obra musical são sempre miméticas, exatamente porque podem desde instalar correspondências até desinstalá-las, independendo, em certa medida, do que já foi instalado. É por isso que o compositor adverte o leitor do seu livro quando começa a descrever a própria peça, da sua maneira: "o interesse do texto não está em sua conformação à verdade, mas em sua verossimilhança". A verossimilhança, sinal da mimese de notória origem aristotélica, também passa a indicar a legitimidade de se experimentar uma obra justamente ao escapar de qualquer realidade ou conhecimento sobre ela que se suponham verdadeiros. Daí, de novo, a importância da desistência mimética em relação à verdade.

Na concepção de *Círculos Ceifados*, uma forma de entender a zona de indistinção mimética entre apresentação e representação, sensação e sentido, figuração e senso de realidade, que já especulamos e teorizamos, encontra-se, para além da mistura da síntese com a gravação, no jogo sobre o limiar delicado entre o

8 Taussig, por exemplo, discute a associação entre o poder mágico, ou as simpatias, e a mimese, no estudo de diversas culturas não ocidentais. Não que no Ocidente não encontremos efeitos bastante parecidos, especialmente aqueles oferecidos pela reprodutibilidade técnica ou por novas tecnologias. Um efeito de magicização recente, operando no que chamamos de zona de indistinção mimética entre senso de realidade e figuração, é observável no caso do *frisson* passageiro causado pelo jogo *Pokémon Go*.

9 O compositor também não costuma separar sua escuta da ideia de imagem. A imagem sempre se associou a um poder de mistério e de revelação, como na tradição benjaminiana de discussão sobre ela. Um ensaio de minha autoria a respeito, do ponto de vista mais filosófico, encontra-se em *O Sonoro e o Imaginável*, São Paulo: Lamparina Luminosa, 2014, p. 95: O "Ser" da Imagem e o Imponderável: Hipótese Ontológica.

222

sonoro e o musical. Por exemplo, Caesar descreve como sua peça se inicia de forma mais "naturalista", isto é, com uma parte em que os sons estão mais próximos do que seria uma "realidade" noturna escutada, para então, aos poucos, ir ganhando gestos, qualidades e contornos mais figurados, ou seja, mais conduzidos ou musicais, via manipulação sintética. Essa passagem de uma situação sonora mais naturalista para aquela de uma figuração operada "culturalmente"[10] – ou, no dizer do compositor, mais "musical", mas de forma ambígua e gradual – é uma das formas de se pensar e efetuar a zona de indistinção mimética que teorizamos como efetividade da mimese. Não é à toa que o compositor vê com maus olhos qualquer diferenciação por linhas duras entre natureza e cultura. Seu propósito parece ser justamente o de valorizar e promover essa zona de indistinção, efetivando com maior intensidade, assim, a sua mimese, o que também parece fortalecer o elo entre a riqueza da produção e da recepção da obra.

A experiência da escuta noturna faz Caesar associar, em seu processo mimético, o que é descrito numa lenda indígena a respeito da criação da noite aos *crop circles* da Inglaterra, a espirais geométricas, a um tratado sobre conchas do século XVIII, com seus desenhos de moluscos semelhantes à forma de uma orelha, à própria lógica da espiral etc. Esse jogo de semelhanças e analogias entre assuntos tão diferentes parece enriquecer o processo mimético como um todo, na medida em que não segue uma simples correspondência a um conhecimento científico ou faz derivar, de maneira pretensamente lógica, uma coisa da outra. Uma trama de semelhanças e analogias é criada, sem um desejo de fundamentar uma configuração na outra. O conhecimento científico será mais um ator no seu jogo mimético de semelhanças, sendo abordado por meio de analogias e metáforas próprias, como na descrição geométrica desses objetos e circularidades, na programação

10 Gosto de expor uma definição de cultura que extraio do antropólogo Marshall Sahlins, a qual nos serve aqui: a organização da experiência humana por meios simbólicos. Por exemplo: um animal não organizaria sua experiência ou seu comportamento em função da diferença entre uma água-benta e uma água filtrada. A organização e o comportamento dos sons manipulados por meios simbólicos, de forma a sair do que aconteceria "naturalmente", pode ser visto como uma espécie de "culturalização" de certos traços ou características. Interessante, nessa obra, é a atenção do compositor para uma zona de indistinção mimética operada entre ambas as situações, onde um senso de "realidade" e a figuração podem se confundir e se entremear, intensificando a efetividade mimética.

simbólica do comportamento e das características dos sons sintéticos, ou do que chamará de dínamo. Já comentamos o uso de um termo muito próximo em autores gregos (*dynamis*), como em Quintiliano, para descrever uma força ou potência contida em determinada altura ou sonoridade (presente até nas vogais). Alguns teóricos a vinculam à ideia de função (como no tonalismo, a função harmônica). Interessante, no caso de Caesar, é que esse conceito parece se tornar mais semelhante àquele um tanto esquecido em textos de alguns teóricos gregos, especialmente no que diz respeito à relação entre potência (ou energia) e movimento. Por exemplo, quando descreve o seu dínamo como "tipo energizado", ou pela projeção do que chama de "braçada": imitação do gesto corporal nas dimensões panorâmica e distancial, ou seja, na projeção da sonoridade no espaço. A noção ilusória de movimento no espaço parece não se separar de uma noção ilusória de energia aplicada, expressa ou "gasta" pelo objeto ou fonte ilusória do objeto em movimento (na forma de uma mudança tímbrica paralela ao "movimento" ou deslocamento do som entre caixas). Mimese, no caso, de certa organicidade, baseada numa espécie de comunhão entre as noções de energia e movimento, e vinculada, como diz o compositor, a um conceito clássico da eletroacústica que descreve processos dinâmicos.

Mas talvez a correspondência mimética mais fundamental da pesquisa em torno dos sons noturnos que a obra *Círculos Ceifados* explorou seja aquela que o próprio compositor me explicou de forma mais direta, informal e casual: a correspondência por semelhança, por ele efetuada, entre o comportamento das manchas de um espectrograma visualizado do som de uma rã e a clássica técnica de FM, que gera as chamadas bandas laterais (técnica que veio do rádio, passou para o âmbito audível, com John Chowning, e para o controle da articulação rítmica, de perfis e andaduras do som (*allure*), com Caesar (controle rítmico efetuado com frequências de subáudio na relação moduladora/portadora da FM)). Ou seja, ao observar a sequência regular de manchas verticais, no espectro, o compositor vislumbrou a correspondência entre o comportamento das frequências observadas e o que é gerado com a clássica técnica de síntese, que, junto com a técnica FOF, foi capaz de produzir relações entre frequências, grãos e articulação temporal muito similares a dos sons daqueles animais. Isto permitiu graduar e tornar mais livre e sutil o jogo de semelhanças e diferenças entre as sonoridades, algo que seria impossível, ao menos naquela época, com um trabalho somente baseado em gravações. Essa forma de correspondência mimética ofereceu ao compositor não apenas todo um campo de gradação, distinção e indistinção possível entre figuração (sintética) e "realidade" gravada, como possibilitou pensar e manipular uma zona de indistinção entre sons de animais diferentes. A ampliação das formas de figuração das sonoridades via FM permitiu ainda uma condução mimética (ou ritmo-ética) mais efetiva (por dínamos, licenças poéticas quanto às características dos grãos, do comportamento frequencial e das figurações rítmicas etc.), gerando uma zona de indistinção ampla e diversa entre figuração e senso de "realidade", onde a figuração se mistura ou se oculta no próprio senso de realidade a respeito do sons. Trata-se, entre outras coisas, de uma amostra de mão-cheia do que identificamos, neste livro, como efetividade mimética via zona de indistinção.

MIMESE DE VIZINHANÇAS SONORAS E AFETOS DESPOSSUÍDOS EM BRUNO RUVIARO

O amigo compositor Bruno Ruviaro (1976-) expõe seus processos de composição mediante uma filosofia mimética em geral bastante explícita. A peça *Cleaner* (2009), por exemplo, se vale de centenas de amostras sonoras armazenadas, extraídas da música de outros compositores e artistas, do *pop* ao erudito, sendo manipuladas, filtradas e selecionadas por meio de um tipo de síntese sonora chamada concatenativa. A perceptibilidade do material de origem se torna improvável e desnecessária, mas o processo explicitado já nos permite associá-lo diretamente à mimese: uma ideia de transformação do que nos é comum, ou seja, um vasto repertório de material gravado.

Além do nível mimético inicial, Bruno diz também que a peça pode ser parcialmente citada, transformada ou imitada sem qualquer necessidade da indicação da origem. Tal afirmação parece questionar de forma explícita a lógica em torno da propriedade e da originalidade do que é feito. Esses conceitos de propriedade e originalidade, como discutimos na teoria, costumam ofuscar processos miméticos incontornáveis em qualquer obra musical ou artística. Assim, o caráter mimético do seu fazer musical é explicitado e incentivado, ao pensar na obra não como sua propriedade, mas como processamento singular do seu sujeito, a partir do que nos é comum. Algo que entra em perfeita sintonia com nossa teoria.

Numa breve descrição de escuta, posso sentir a peça *Cleaner* com outra ideia sobre mimese que teorizamos a partir de Jean-Luc Nancy, a ideia do contágio e da mistura de registros sensíveis potencialmente diferentes, com sensações que podem remeter ao ar, à água, ao vidro e à madeira. Um aspecto interessante da peça é que essas diferentes qualidades sensíveis podem ser evocadas no entrelaçamento de sonoridades tanto ritmadas quanto lisas, quase todas bastante agudas, as quais vão aparecendo gradativamente, até dar a condição de figura a um fundo grave mais harmônico. Esse fundo volta a ser fundo depois de se tornar figura por um momento e vai se afastando e sumindo ao final, dando lugar às sonoridades ritmadas agudas que agora apresentam novas qualidades, marcas e misturas de timbre. Podemos evocar o que Jean-Luc Nancy chama, ao descrever a mimese, de contiguidade metonímica, em que diferentes registros sensíveis entram em relação participativa. Mas a contiguidade não deixa de ser formal e singular também, pois o tipo de síntese utilizada pelo compositor torna vizinhos fragmentos de som que não costumam se relacionar por vizinhança (síntese concatenativa). Esse tipo de síntese, entre outras coisas, procura aproximar "geograficamente" átomos de sons que se revelam vizinhos de acordo com parâmetros psicoacústicos selecionados. No aplicativo utilizado pelo compositor, à época (o CataRT), para um espaço dois D de manipulação, podemos ter como eixos os parâmetros "brilho" e "volume". Fatias de amostras de músicas em tudo diferentes são aproximadas ali de acordo com esses parâmetros, podendo ser manipuladas e gravadas segundo a exploração particular do usuário, algo que nos remete à relação entre mimese e gesto, como discutimos. Esse processo mimético não deixa de revelar, formal e sensivelmente, uma característica comum da mimese de tipo poética: a aproximação de elementos ou conteúdos distantes.

Outra concepção mimética pode ser pensada a partir da sua peça *Seis Vícios de Garlândia* (2006), não sem uma dose de bom

226

humor e uso da ironia. Já comentamos, na primeira parte do livro, algumas correspondências miméticas entre música, poesia e retórica, expressas por Jean de Garlande (ou Garlândia), na Idade Média. No contexto moderno e contemporâneo, a ironia sobre proibições e censuras antigas – baseadas em tópicas e tradições clássicas, como vimos com os "erros" de composição apontados por Platão – torna-se uma forma do que chamamos de desinstalação mimética efetiva, como aponta a nota de programa da peça em questão de Bruno Ruviaro, cuja citação integral de Garlande explicita o que será explorado em suas seis partes: "há seis vícios na composição [...]: a mistura de comédia e tragédia na mesma parte da obra; digressões inadequadas; brevidade obscura; mistura inadequada de estilos; mistura imprópria de temas; e o uso de finalizações inadequadas ao tipo de escrita"[11]. A desinstalação irônica efetuada pelo compositor acaba fornecendo uma forma de instalação por correspondência entre as práticas censuradas por Garlande e certas características texturais e ético-afetivas da composição.

Por exemplo, o afeto cômico que muitas vezes se atribui a *glisssandos*, especialmente em timbres como os da clarineta ou do fagote, ainda mais com uso expressivo que faz Bruno de *sforzandos* nos limites de altura, parece desembocar, da primeira parte da peça até a segunda, no afeto mais lúgubre ou sério associável à entrada da marimba e de sons mais sóbrios do violoncelo e clarineta baixo. Isto pode ou não remeter ao que Garlande censura como primeiro vício, o da mistura de elementos cômicos e trágicos num mesmo momento musical. A emenda da primeira parte com a segunda também pode se vincular a mais vícios, como as "digressões inadequadas".

Outro momento bastante rico da peça se encontra na quarta parte, quando a ideia de misturar gestos dispersos de forma condensada gera texturas heterogêneas e momentâneas de grande expressão – epifânicas, para o meu sujeito de escuta –, separadas por silêncios consideráveis. Tais texturas resultantes e momentâneas parecem remeter tanto aos vícios de misturas diversas, que Garlande quer condenar, quanto aos de brevidade e finalização "inadequadas". Assim, Bruno Ruviaro opera um processo

---

11 Bruno Ruviaro, *Seis Vícios de Garlândia*, partitura *copyleft*, 2006.

mimético que desinstala convenções éticas antigas, ao procurar explorar e instalar em sons e afetos, pelo menos em parte, o que foi visto como vício condenável num passado mais remoto.

IMANTAÇÃO DE TIMBRES E SUJEITOS EM MICHELLE AGNES MAGALHAES

De Michelle Agnes Magalhaes (1979-), compositora amiga, escolhemos duas peças instrumentais bem diferentes entre si, que revelam distintas associações miméticas por suas sugestões sensoriais e também por marcas formais e rítmico-éticas, conforme a nossa teoria. A primeira, *Vento Noroeste* (2012), é uma obra que remete a correspondências literárias e sensoriais em relação à experiência do vento. A partitura inclui uma citação sobre o vento de Marcel Proust, "Brisa marinha no campo", em *Os Prazeres e os Dias*. A sensação do sopro natural ou vital, os fluxos de origens distantes, o vento como aquilo que, por exemplo, permite a navegação, a viagem, tanto interna como externa; ou, ainda, o vento como aquilo que expande e goza da liberdade de movimento (como a *kaze* japonesa), expressão do espírito ou da força decorrente dos voos, o vento como forma de energia e sensação táctil em movimento; pensemos ainda em suas formas variadas, massas, correntes, ventania, vendaval, brisa, rodamoinho, tufão, respiração, vórtice, turbilhão, resfôlego, suspiro, soluço etc.; o vento como índice de diferentes distâncias, mas também por suas associações técnicas: fole, hélice, balão, cata-vento etc. Como diz Proust, o vento depreende "um ardor selvagem e inútil, que se dispersa nas rajadas do sol". Em suma, um vasto campo mimético de exploração em música, como nos casos de Salvatore Sciarrino e Dai Fujikura, lembrando que, de acordo com nossa teoria mimética, qualquer correspondência a algo como o vento, suas representações, suas sensações e seus afetos pode tanto ser instalada como desinstalada a qualquer momento.

Não será, portanto, o caso de apontar nas partes da música possíveis associações com os termos e as imagens poéticas que expus sobre o vento, mas antes de observar recursos explorados pela composição que ajudam a instalar e desinstalar continuamente essas correspondências com a experiência do vento como mimese, ou seja, sem que isso seja encarado como uma verdade da obra. Por exemplo, podemos começar dizendo que o uso das técnicas estendidas de sopro e de cordas podem se associar a sonoridades ou comportamentos "aéreos", sendo, nesse caso, um uso bem variado: *bisbigliando*, *flutter tongue*, díades e multifônicos de sopro, o toque misto de altura e sopro na clarineta; nas cordas, o toque na madeira da surdina, o *etouffé* de diferentes formas, os toques circulares, os tremolos irregulares, o toque atrás do cavalete com um som que pode lembrar a respiração ou o resfôlego e assim por diante. Todos esses tipos podem remeter em algum grau (como sentido sensível ou sensato) a características e sensações que também sentimos, percebemos e associamos ao vento, seja como sensação qualitativa, seja por seu comportamento dinâmico característico, ambos em possível relação de extrema singularidade e diferença.

Nesta peça, a mistura de registros materiais, em especial entre a sensação aérea e a de uma espécie de "metalicidade", parece ganhar contornos e comportamentos próprios, como se o comportamento da sensação metálica ganhasse o movimento do ar, e o ar, comportamentos do que sentimos em sensações metálicas (algo próximo ao que chamamos de participação, contágio ou contiguidade metonímica, já comentado como aspecto da mimese).

Para que esses argumentos se tornem mais vivos, vale descrever o percurso do início da peça, através da nossa subjetividade de escuta, é claro, e do uso de imagens de alguns registros materiais, conforme a ideia de uma mimese vista pelo contágio ou pela participação de registros materiais diferentes, em parte evocada por Jean-Luc Nancy como terreno mimético, e por nós transformada em algo ligeiramente diferente. A descrição, cabe ressaltar, é resultante do encontro de um sujeito de escuta com o sujeito da obra, segundo nossa teoria, não sendo totalmente objetiva ou simplesmente "verdadeira", aproveitando a subjetividade contida na obra como forma de evitar o que seria visto como uma espécie de puro relativismo ou devaneio de uma escuta subjetiva.

No início de *Vento Noroeste*, as diferentes sensações de distância de um material aéreo e a regularidade de quanto esse é sentido como mais próximo ou mais distante, como mais externo ou como mais íntimo, emendam-se com a aparição efêmera da altura mais grave, corpulenta, menos aérea do clarinete, assim como com a curvatura de sensação mais metálica do trilo de harmônicos; materiais que são estendidos em traços curvilíneos em momentos subsequentes, ou antes, até a chegada a uma pausa mais contundente. Certa mudança do clima sonoro é marcada pelo *etouffé* sincronizado das cordas. Ela ainda se dá, além do uso sensível do silêncio de suspensão, por meio de um acréscimo repetido no índice de agitação dos materiais utilizados anteriormente, até a entrada de notas mais agudas na clarineta.

Essa entrada parece marcar um novo ambiente de exploração e de possibilidades, que inclui figurações arpejadas (isto é, também em sensação de curvatura) na sua região média, bem como a nota repetida em *staccato*, em relação de contágio entre diferentes timbres e instrumentos. A repetição tende a incitar ou provocar microprocessos de variação de objetos repetidos. Os contrastes de dinâmica e a fragmentação de materiais aumentam, como se se tratasse de uma seção de desenvolvimento, com recortes bem acentuados que levam a outra seção estendida e mais contínua de glissandos em sensação de "assobio", seção esta que parece, por força de outra metáfora, retirar a textura musical de um chão mais granuloso, terreno e corpulento, em direção a âmbitos mais celestiais. No entanto, tudo sempre se mostra um tanto efêmero e fragmentário no discurso da música, pois esse momento é logo sucedido por uma breve seção de materiais giratórios e repetidos, novamente em leve variação, entre os quais há uma configuração textural que lembra algo como um cata-vento mecânico, mais sólido, que em seguida também se "desmancha no ar", para evocar aqui a notória frase de Karl Marx. Após uma série de misturas e sobreposições que não narraremos, materiais do início são reaproveitados, como os trilos de harmônicos mais metálicos, a clarineta tendo pequenos momentos de protagonismo em curvaturas e pontuações. A peça termina, de forma repentina, num acúmulo regular de materiais agudos junto de um som aéreo mais distante de clarineta, que não deixa de evocar a regularidade frágil do início e uma série de formas diferentes de repetição ao longo da peça. Outra pista, sem dúvida, da presença de seu ritmo ético, conforme nossa teoria.

Lembremos mais uma vez, para não parecermos meramente metafóricos e para falar nos termos da teoria deste livro, que tal tipo de descrição, é evidente, vale-se da mimese de uma escuta subjetiva, o que não significa se valer de um relativismo puro e simples, mas de uma relação entre singularidades ou sujeitos, ou seja, relação entre o sujeito que se dá na escuta de um receptor e o sujeito que se dá na própria obra escutada. Tudo isso passando pelo filtro que vai do sentido sensível ao sentido sensato, gerador da descrição verbal. A mesma mimese como participação ou contágio de registros materiais diferentes ainda poderá ser pensada de várias formas, como no caso a seguir, que nos permitirá supor algo mais além, sobre a base mimética de uma ritmia de caráter ético, uma ritmia vivida eticamente.

O segundo exemplo de autoria de Michelle Agnes, a peça *Mobile* (2012), para piano preparado, chama a atenção, de início, pela exploração sonora do instrumento. De acordo com nossa teoria, a exploração de sonoridades e ritmos como singularidades enriquece a mimese, podendo pensá-la em diferentes planos. Podemos sentir nessa exploração todo um processo mimético que parte de figurações e trabalhos com timbre que geralmente associamos a outras fontes sonoras, na música da segunda metade do século passado. Com uso de objetos diversos de preparação, como imãs específicos, vasos de vidro, parafusos, madeiras, a peça parece recriar de forma singular um universo de tipo eletroacústico no âmbito exclusivo do instrumento convencional. Se quisermos, portanto, podemos evocar uma espécie de mimese já na correspondência de um âmbito de produção (eletroacústico) a outro (acústico e instrumental), quando elementos ou objetos antes típicos da música eletroacústica, tipos sônicos, são recompostos e reapresentados de forma própria com a sua pesquisa de preparação do piano (a "tiposonia" definida por marcas características que compartilhamos socialmente, em nossa época).

A compositora repensa e reconfigura o instrumento acústico, o piano, em relação à toda exploração sonora que foi feita dentro e fora dele, ao longo da segunda metade do século xx: pelo menos desde John Cage e Christian Wolff, passando, por exemplo, pela aplicação mais sistemática de ímãs e de eletromagnetismo em composições mais recentes para piano, até toda a relação com a tradição externa ao piano, que vem, como dissemos, da música concreta ou eletroacústica. Certos momentos da peça evocam texturas e comportamentos sonoros semelhantes àqueles que encontramos na escuta de peças eletroacústicas. Isto, não apenas pela exploração e a riqueza dos timbres, da granularidade, da ressonância, mas também pelo uso de figuras mais ou menos típicas, como a de ataque-ressonância, figuras de configuração rítmica contínua, como as estruturas em tercina, as notas repetidas ou em blocos, em geral de três ataques secos ou então seguidos de timbres ressonantes, como no início; enfim, aprendemos a apreciar muitos dos tipos sônicos, uma tiposonia como marca ética comum da segunda metade do século passado, não somente por meio da música eletroacústica ou de concerto, como, igualmente, de ritmos e timbres de outras culturas e tradições, como as da música africana ou balinesa.

No entanto, para além de um processo mimético de figuras e tipos tímbricos mais característicos, podemos sentir a mimese na exploração do timbre ou da sonoridade em si, o timbre como um campo próprio da busca expressiva, tanto pelo que está definido na composição como no que propõe abertamente ao intérprete, para a singularidade da interpretação. Por um lado, a singularidade do timbre ou o sujeito singular da sonoridade explorada provém da sensação de "pianicidade" que envolve todas as sonoridades estranhas ao piano convencional. E, mais do que a singularidade de timbre trazida pela escolha de objetos de preparação específicos (tipo específico de imã, de vidro, de madeira, de posições mais efetivas etc.), outro lado que deflagra a mimese, bastante mencionado antes, decorrerá da mesma exploração: a mimese ligada à ideia de *méthexis*, de participação ou contágio, contaminação ou contiguidade metonímica de registros materiais sensíveis distintos. O que há de madeira junto do metal, o que há de ar junto da madeira, o que há de metal e de aéreo junto do vidro, todos entremeados num véu de pianicidade, provindo dos componentes materiais próprios ao instrumento no contato com objetos externos, todos envolvidos em sua caixa acústica privilegiada que mais parece um ventre abissal de sonoridades. Qual a linha de demarcação e a permeabilidade entre essas vizinhanças materiais, na nossa escuta?

Pergunta sem reposta clara possível. Tal dificuldade também ajuda a promover a zona de indistinção mimética entre senso de realidade de sons e figuração que teorizamos como efetividade da mimese. Mas seria preciso pensar mais além, pelo menos por um instante, sobre algo que me intriga na escuta de peças como essa, a partir da ideia de contágio ou *méthexis* tímbrica que já tanto mencionamos como marca expressiva de compositores da nossa época, desde o *insight* de Jean-Luc Nancy sobre participação e contágio de registros materiais distintos vistos como mimese, no seu À l'écoute. Em *Mobile*, como em muitas peças recentes de ampla exploração tímbrica de instrumentos acústicos, a compositora faz com que o âmbito de contágio de registros materiais diferentes remeta à singularidade de um sujeito, forma que emerge a partir da sua ressonância – ressonância aqui no sentido dado pelo mesmo Jean-Luc Nancy, vinculado à ideia de sujeito ou de um "si" –, forma singular também por estar embebida, como dissemos, em um véu ou fundo de pianicidade. Logo, é possível sentir, por nosso sujeito de escuta e do sujeito que se forma na obra através da exploração rítmico-ética do timbre, um aceno a um sentido ou arquissentido, a partir do além-sentido formado pelas ressonâncias, pela ritmia e pelos timbres singularizados em seu conjunto, na sua zona de indistinção mimética. Marcas entrelaçadas de timbres, de tempos e comportamentos que, assim, formam um sujeito que se dá na obra, agindo sobre nós como um aceno ao sentido que nunca pode se completar como sentido "verdadeiro" ou plenamente definível; indica-se com isto, pois, o seu ritmo ético insensível, ou seja, a própria nudez da mimese, conforme o que antes foi especulado.

Ou mais: entre o que é sensível e o que é sensato, um verdadeiro questionamento do sentido ou do além-sentido musical pode ser evocado a partir da escuta, exatamente no imbricamento especial entre ritmo e timbre que peças como essa promovem (talvez algo, pelo menos em parte, que se aproxima do que alguns antigos chamavam de dicção), em que a presença do sentido ou do seu limiar parece ser convocada ou evocada, mas nunca confirmada ou fechada; convocação ou evocação de sentido, por meio da ressonância em si ou de um si (de um sujeito) tímbrico singularizado, que se sente nos sons, combinado à fulguração frágil, delicada e fragmentada da repetição ou do ritmo (no sentido puramente musical).

Mas é justo essa combinação entre singularidade tímbrica e fulguração frágil do ritmo o que parece promover não apenas a zona de indistinção mimética, mas aquele mesmo ritmo no sentido ético e vital, aquele ritmo no sentido mais amplo, vivido, de que

CONCEPÇÕES MIMÉTICAS DE AMIGOS COMPOSITORES... 233

falamos em teoria e na prática da escuta da peça de Clara Iannotta, e também a partir de toda a discussão antiga e moderna do ritmo feita pela filosofia: um ritmo ético não sensível, originário na ou irmanado à mimese, que, apesar de insensível, conduz, de certa forma e até certo ponto, a nossa experiência. Para nós, hoje, e de acordo com nossa teoria, ele igualmente indica e promove a presença de sujeitos de topologia singular, tanto na obra como naquele que a escuta (em relação, portanto, ao que remeteria ao processo singular de cada sujeito quanto ao que se define de forma mais ou menos paradoxal como dentro e fora de um si, ou à ressonância em termos amplos e não apenas científicos, ou seja, também como sonância singular de um si na sua relação com o fora de si, podendo com isto, levar à evocação de possíveis arquissentidos ou a conduções/orientações éticas subterrâneas, inaudíveis, na relação intersubjetiva ou cossubjetiva entre obra e escuta).

MIMESE DE ESPECTROS E HUMORES EM LEONARDO ALDROVANDI

A meu ver, comentar brevemente a minha produção artística é um pouco como se sentir o guia turístico de uma escuta, com o microfone na mão, em um micro-ônibus panorâmico, apontando direções com uma viseira colorida. Alguém poderá dizer que esse livro seria algo como um pacote de excursão, mas sabemos que a viagem de qualquer um é sempre mais livre, com os próprios processos miméticos. Junto de obras de meus amigos compositores aqui comentadas, resolvi escolher trechos da minha prática musical que exploram diferentes aspectos miméticos: de uma imagem ou de uma projeção até a composição em partitura, da intensidade de uma escuta a uma improvisação e assim por diante. Algumas das minhas músicas têm como princípio o uso mimético da teoria humoral antiga, por exemplo. Acredito que essa teoria oferece um campo interessante, pois lida com a diferença entre humores humanos, algo que por si já transita pelo que cogitamos, envolvendo a expressão do éthos, de afetos, de sensações e representações.

No caso de uma série de peças para instrumento solo e de improvisações dirigidas, a extração e a manipulação de estruturas espectrais de sonoridades vocais, em geral aquelas menos estáveis (no caso, de uma performance vocal com humores variados de um ator shakespeariano e de um grupo de oito cantores experimentais), permitiram gerar figurações musicais cada vez mais determinadas, formando assim uma boa parte do material inicial de composição das peças e de suas projeções formais (extração de acordes, pequenas figurações rítmico-melódicas, gestos e microtexturas), desenhados em função de aspectos do timbre (granular, ruidoso ou liso, oscilante, de envelopes etc.) e da distribuição de energia no tempo e no campo das alturas.

Esses materiais são então repensados e escritos a partir do caráter, das idiossincrasias e dos aspectos de timbre dos instrumentos musicais em questão, procurando fazer corresponder o comportamento do som e certas características sonoras de cada momento textural ou tipo de material construído a algum aspecto humorístico (ou à passagem *entre* expressões de humores considerados diferentes), sempre tendo por base a limitação classificatória da antiga teoria humoral (a bile negra e amarela, o colérico, o fleumático e suas combinações). Ao processo é somada uma mimese mais direta de determinadas técnicas conhecidas, como aquela do flamenco no violão ou das sonoridades múltiplas no clarone, embora sempre conduzidas ou dispostas pelo jogo humoral. Além disso, algumas melodias ou texturas projetadas de improviso, tendo em mente o caráter gerado por suas tiposonias ou marcas características em relação à forma global, são inseridas de forma mais livre. A forma das peças como um todo é então montada como uma exposição desses quadros sucessivos, sobrepostos e cruzados de "humores sonoros", com suas sobreposições e transições pensadas como singulares.

Assim, a análise das mudanças de estado de alma ou de humor, expressos tanto na forma como no conteúdo sonoro das vocalizações analisadas espectralmente, serve de base para extrações e configurações de estruturas e de comportamentos sonoros que formam, em parte, materiais e processos formais da composição para cada instrumento musical. O intuito geral é captar a transição entre humores e não apenas a distribuição energética de gestos fechados, normalmente associados a cada humor de forma figurada ou previamente representada.

Acredito que os procedimentos baseados na teoria humoral ajudam na formação do que chamamos de ritmo ético de uma

CONCEPÇÕES MIMÉTICAS DE AMIGOS COMPOSITORES... 235

peça, algo que se pretende fazer sentir como fluência compartilhada ao longo do tempo por meio do ritmo visto tanto como forma do movimento, ou como desenho do recorte do tempo, quanto como instrumento de fluência dos conteúdos ético-afetivos. Dito de outra forma, a categorização analítica e imagética dos traços sonoros vinculados a humores diferentes e suas transições serve de instrumento, material expressivo e alimento de pensamento para a elaboração dos materiais e da forma das peças para instrumentos. Pretendia com isto chegar a uma almejada conexão entre a expressão sonora localizada de humores, de alguma forma já portadora de uma mimese de afetos, eticamente carregada, e o ritmo ético global tal qual teorizamos aqui: uma condução ética subterrânea da escuta para além da forma, a partir do que compartilhamos eticamente na própria forma. Uma escuta, portanto, sempre baseada na tentativa de certo equilíbrio entre um senso de realidade sobre sons e a sua figuração mais ou menos "humoral". Se isso tudo é realmente sensível em uma escuta, caberá apenas ao ouvinte dizer, com todo o risco de ser uma correspondência mimética que se desinstala na mesma medida que pretende instalar.

Por exemplo, a peça para violão solo *Lâmina da Lua* (2016), escrita para o amigo Thiago Abdalla, procura desenhar um trajeto de exploração sonora baseado em recortes de superposição e sobreposição de "humores" diferentes. Algumas estruturas harmônicas e melódicas foram extraídas dos espectros vocais mencionados, outras do repertório comum para violão, procurando, antes de mais nada, enfatizar a distribuição energética, a ligação entre eles e o conteúdo tímbrico e figural associado a determinados humores e suas transições. Ou seja, a fluência ética e afetiva da forma é pensada com a instalação de vínculos entre a expressão de humores e determinados aspectos texturais, tímbricos e idiossincráticos do instrumento, bem como de alguns comportamentos sonoros direcionados por seu caráter lúdico ou dramático. O momento inicial da peça para violão sobrepõe um humor considerado mais melancólico e contemplativo (vinculado aqui aos harmônicos isolados e ressonantes) a um mais colérico ou "esquizofrênico" (de pequenos gestos mais graves e efusivos). A trama vai-se desenvolvendo com base nas relações de contraposição, superposição e mistura de qualidades humorais, sempre fundadas nessas correspondências meio ilusórias que se veem como rítmico-éticas, isto é, presentes em comportamentos e afetos humanos variados. O fato de a peça não entrar em grandes processos graduais ou formais de longa duração, como costuma ser a praxe de uma *auctoritas* composicional recente, é uma escolha deliberada que pretende fazer do jogo cruzado, mais arlequinal e "brincante" de humores, a base da sua constituição, mimetizando com mais ênfase a expressividade da voz e dos gestos humanos. O mesmo tipo de processo ocorre na peça *Humores de Hamadríade* (2016), para clarone, criada para o amigo Thiago Tavares, na qual a distribuição humoral se baseia no temperamento conflitante e variado da ninfa da mitologia, o clarone sendo também uma imagem do sopro espiritual e humoral das madeiras.

No caso do sexteto de cordas *Díptico Céu-Terra* (2006), a ideia foi explorar a relação entre timbre e a imagem eticamente carregada que temos de céu e de terra. O trecho inicial expressa o céu como âmbito contemplativo e mais purificado, além de ambiente de choques de partículas, nuvens de gás e órbitas de objetos diversos, em fluxos baseados na imagem de mecânicas mais celestes. A terra expõe um material mais ruidoso e granular a ela associado, assim como uma mecânica mais terrena, ou seja, como a de um maquinário mais pesado que espana e que então se mistura com essas mecânicas, mais vinculadas a sensações do que imaginamos como celestes.

Outra abordagem mimética é exemplificada por dois trechos de movimentos extraídos da suíte de arte sonora *Sonho das Formigas* (versão para o Festival de Garanhuns, 2017). O primeiro foi feito com harmonias e gestos espectrais sintéticos, entremeados de velhas gravações de canções da era do rádio. Nesse caso, a mimese busca amplificar a aura perdida de canções ou de vozes antigas com um fundo harmônico sintético reverberado, em que o timbre e o gesto das harmonias ressonantes buscam enaltecer essa aura associada à nostálgica sensação de intimidade ético-afetiva e beleza efêmera da voz nas emissões e canções do rádio do passado. Porém, o trecho da quarta parte exemplifica a tentativa de criar uma zona de indistinção mimética efetiva, quando o senso de realidade sobre o som se confunde com a sua figuração rítmica, sintética e de filtragem. No seu início, o som das baquetas de palha gravados em gestos rítmicos variados são

CONCEPÇÕES MIMÉTICAS DE AMIGOS COMPOSITORES... 237

granulados em taxas diferentes e sobrepostos. O pensamento e a representação medida de taxas e sobreposições permitem um trabalho figural sobre as gravações que conduz, em parte, a narrativa da peça, assim como o trabalho de filtragem e manipulação espectral de sons aquáticos.

Beirais (2011), composta para o flautista amigo Filipe de Castro, nasceu de sensações e afetos vividos no bairro do Capão Redondo, em São Paulo. Cada movimento tem o nome de uma rua local, onde experiências humanas e sonoras foram vividas por mim como professor. Por exemplo, o segundo movimento, cujo nome é "Rua Gingadinho", procura expressar um pequeno gingado rítmico feito de timbres, numa associação livre ao que foi vivido como atividade percussiva de uma oficina com crianças. Já *Dança de Nana Buruku* (2015), realizada para o amigo clarinetista Esequias Ferreira, busca explorar uma temporalidade estendida a partir do contraste intenso de energia e de afinação, contraste que buscar refletir, de alguma forma, a espacialidade universal da antiga deusa de origem africana e sua lenta dança cósmica.

A mimese via improvisação é exemplificada por meio de duas produções diferentes. *Delantales*, feita para uma coreografia do grupo catalão "***", em 1996, é um improviso de marimba sintética que nasceu de uma mimese de escuta (em êxtase, devo dizer) do grande mestre Adama Dramé, da Costa do Marfim, mesclada com a mimese gestual da minha formação de pianista chopiniano. Quanto à improvisação dirigida original, que gerou a reescrita do terceiro movimento da peça Águavolúpiametal, de 2000, a obra partiu da escuta da chamada música espectral e da prática e manipulação com espectros, mimetizados em improviso a partir da análise de um coro experimental, cuja forma e dinâmica sempre buscou a eticidade rítmica que a fizesse fluir. Ambas partem, portanto, de explorações improvisatórias ao teclado, mais espontâneas (mimese de escuta) ou mais dirigidas (mimese de um esquema), de forma a ser apresentadas diretamente ao público ou como material vívido a ser repensado, analisado e reescrito *a posteriori*, via gravação, a fim de ser repassado a outro processo mimético com amigos intérpretes. De acordo com nossa teoria, portanto, todos esses processos de correspondência ou transferência – seleção espectral e projeção escrita, montagem humoral das texturas e da forma, características sonoras e seus vínculos simbólicos, relação entre improvisação, imagem, esquema, toque, reescrita e reinterpretação, entre outros – podem ser considerados essencialmente miméticos, parte de uma mimese de produção. Para mais exemplos, meus e de amigos compositores, pedimos a sua visita no site associado a esse livro, ou então em meu site.

POSLÚDIO

Resumo Sintético da Nossa Teoria

Em nossa proposta teórica global, talvez de raiz mais aristotélica do que platônica, a mimese, um processo do que é impróprio e comum, sem essência definitiva, pode ser pensada na forma de uma correspondência entre o que se apresenta e o efeito que a apresentação produz num receptor. Essa correspondência se dá por meio de sensações, representações e afetos que, trafegando no terreno do que nos é comum, podem ser (re)apropriados e transformados por um sujeito, a qualquer momento. O sujeito, processo que se dá mediante a (re)apropriação, pode se localizar tanto no que se apresenta como no receptor ou produtor. O sujeito é singular quando valores de representação, sensação e afeto, apropriados e transformados por ele, são indefinidos *a priori*, sendo também infinitamente desdobráveis.

O efeito no receptor se dá na medida em que esse participa, como sujeito, do que se apresenta. O sujeito pode se dar, como processo, numa pessoa, num conjunto de pessoas, num povo, numa cultura, num artista, numa obra de arte, numa paisagem etc. A relação entre sujeitos é sempre reflexiva (age ao receber, recebe ao agir), e o que caracteriza um sujeito, além de sua possível singularidade, é ser-como-alguém, em contraposição a ser-como-algo. Mesmo em uma obra acabada, pode se dar um ser-como-alguém. Como sujeito, uma obra ou paisagem age sobre nós (fazendo-nos participar dela), assim como recebe de nós o impacto das nossas ações e projeções como sujeitos. Como sujeito, um receptor recebe os traços do que se apresenta, apropriando-se e transformando representações, sensações e afetos, provindos da zona intermediária de impropriedade mimética, zona do que nos é comum.

Dos três meios miméticos, a sensação pode ser vista como o processamento de elementos sensoriais mais diretamente dependente dos sentidos, tais como as sensações de calor, de frio, de secura, de golpe, de agitação, de movimento, de turbulência, de estabilidade, de lisura, de aspereza etc. Já o afeto é um processamento mais abstraído, política e culturalmente construído, nomeado por palavras como medo, terror, expectativa, angústia, previsibilidade, ansiedade, piedade, coragem, temperança, monotonia, alegria, tristeza, esperança, silêncio etc. O silêncio, por exemplo, não é uma sensação sem ser também um afeto (por seu conteúdo ético compartilhado, culturalmente construído). A representação, em nossa visão, é aquilo que se apresenta de forma figurada, tanto por meio da figuração quanto de uma correspondência por substituição, estabelecida *a priori*. Logo, pode haver, num processo mimético, afetos e sensações previamente representados, assim como aqueles mais independentes de uma figuração ou correspondência por substituição específica.

A mimese pode ser pensada com foco no processo de produção (mimese de produção), no processo de recepção (mimese de recepção), ou, como na visão mais global que estabelecemos no esquema a seguir, na interseção de ambos. A mimese de produção e de recepção possui duas formas básicas de operação. A primeira é por instalação. Nela, uma correspondência é criada entre uma situação sensível e determinados conteúdos éticos e afetivos (podendo ser descritos por conceitos, e aspirar a condição de verdade ou de realidade). A segunda é por desinstalação (ou desistência). Nela, alguma correspondência do tipo é quebrada ou destituída, gerando outras correspondências, ainda que sorrateiramente ou sem alguma intenção prévia.

Uma maior efetividade da mimese costuma se apoiar numa zona de indistinção ou de embaçamento entre senso de realidade e figuração, apresentação e representação, sensação e sentido.

Junto com a presença de um ritmo ético condutor, inaudível e invisível, até certo ponto coletivamente compartilhado, essa zona faz a participação de um receptor se tornar mais forte e ativa.

Esquema Teórico Geral

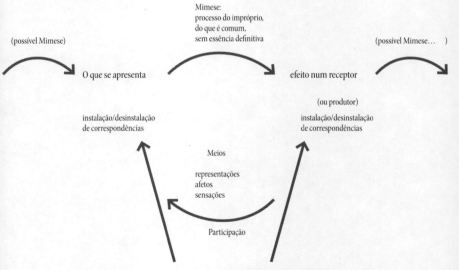

Esse livro foi impresso em São Bernardo do Campo,
nas oficinas da Paym Gráfica e Editora, em setembro de 2019,
para a Editora Perspectiva.